WiWi klipp & klar

Reihe herausgegeben von

Peter Schuster, Fakultät Wirtschaftswissenschaften, Hochschule
Schmalkalden, Schmalkalden, Deutschland

WiWi klipp & klar steht für verständliche Einführungen und prägnante Darstellungen aller wirtschaftswissenschaftlichen Bereiche. Jeder Band ist didaktisch aufbereitet und behandelt ein Teilgebiet der Betriebs- oder Volkswirtschaftslehre, indem alle wichtigen Kenntnisse aufgezeigt werden, die in Studium und Berufspraxis benötigt werden.

Vertiefungsfragen und Verweise auf weiterführende Literatur helfen insbesondere bei der Prüfungsvorbereitung im Studium und zum Anregen und Auffinden weiterer Informationen. Alle Autoren der Reihe sind fundierte und akademisch geschulte Kenner ihres Gebietes und liefern innovative Darstellungen – WiWi klipp & klar.

Weitere Bände in dieser Reihe: http://www.springer.com/series/15236

Robert Richert

Internationale Wirtschaftsbeziehungen klipp & klar

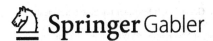 Springer Gabler

Robert Richert
Hochschule Schmalkalden
Schmalkalden, Deutschland

ISSN 2569-2194   ISSN 2569-2216 (electronic)
WiWi klipp & klar
ISBN 978-3-658-34767-3   ISBN 978-3-658-34768-0 (eBook)
https://doi.org/10.1007/978-3-658-34768-0

Die Deutsche Nationalbibliothek verzeichnet diese Publikation in der Deutschen Nationalbibliografie;
detaillierte bibliografische Daten sind im Internet über http://dnb.d-nb.de abrufbar.

Springer Gabler
© Springer Fachmedien Wiesbaden GmbH, ein Teil von Springer Nature 2021

Lektorat/Planung: Carina Reibold
Springer Gabler ist ein Imprint der eingetragenen Gesellschaft Springer Fachmedien Wiesbaden
GmbH und ist ein Teil von Springer Nature.
Die Anschrift der Gesellschaft ist: Abraham-Lincoln-Str. 46, 65189 Wiesbaden, Germany

Vorwort

Mit fortschreitender Globalisierung nimmt die Bedeutung internationaler Wirtschaftsbeziehungen zu. In diesem Buch werden ihre Grundlagen dargestellt. Der Text ist in vier größere Themen gegliedert: In den ersten beiden liegt das Hauptaugenmerk auf den realwirtschaftlichen Beziehungen: den Außenhandelstheorien sowie den protektionistischen Instrumenten. Dabei geht es zum einen darum zu zeigen, inwiefern Freihandel für ein ganzes Land von Vorteil sein kann. Da Handel aber auch die Einkommensverteilung eines Landes beeinflusst, werden zum anderen zur Durchsetzung von Partikularinteressen protektionistische Instrumente bemüht. Inzidenzanalysen zeigen, wer die ökonomische Last dieser handelsbeschränkenden Maßnahmen trägt. In der zweiten Hälfte dieses Buches liegt der Schwerpunkt auf der monetären Außenwirtschaftstheorie: In der Zahlungsbilanz wird das Ausmaß der internationalen Wirtschaftsbeziehungen quantitativ erfasst. Die Politik versucht durch Wechselkurspolitik den Leistungsbilanzsaldo zu beeinflussen. Inwiefern ihr das gelingen kann, wird durch den Elastizitätsansatz, den Absorptionsansatz und die monetäre Zahlungsbilanztheorie beantwortet. Zum Abschluss wird die Wirksamkeit geld- und fiskalpolitischer Maßnahmen in offenen Volkswirtschaften untersucht. Die Resultate zeigen, dass der Erfolg stabilisierungspolitischer Maßnahmen insbesondere von Elastizitäten, Wechselkursregimes und dem Grad der Kapitalmobilität abhängt.

Dieses Buch richtet sich in erster Linie an Studenten wirtschaftswissenschaftlicher Studiengänge an Universitäten, Hochschulen angewandter Wissenschaften sowie an dualen Hochschulen. Dadurch, dass algebraische und geometrische Darstellungen ausführlich verbal erläutert werden, ist dieses Buch auch zum Selbststudium geeignet. Am Ende jedes Kapitels sorgen Zusammenfassungen für Prägnanz („klipp"), Wiederholungsfragen, Aufgaben und Lösungsvorschläge für die Festigung der Inhalte („klar").

Mein größter Dank gebührt Frau Dipl.-Betriebswirtin (FH) Franziska Ewald, M.A., die von Barcelona aus mit ihrem – im wahren Sinne des Wortes – unermüdlichen Einsatz sämtliche Graphiken von der analogen in die digitale Form übertragen hat. Verbliebene Fehler gehen selbstverständlich zulasten des Autors. Kraft schöpfte dieser bei der Vorstellung, dass Nic, Lule, Willi und Lotte dieses Buch eines Tages vielleicht auch einmal lesen werden.

Berlin, Deutschland   Robert Richert
März 2021

Inhaltsverzeichnis

Abbildungsverzeichnis

Tabellenverzeichnis

Einleitung

Zusammenfassung

Die internationalen Wirtschaftsbeziehungen sind keineswegs ein neues Gebiet der Wirtschaftswissenschaften. Die Welt rückte nicht erst mit dem Globalisierungshype seit dem Ende des 20. Jahrhunderts näher zusammen. Bereits vor Jahrtausenden waren Babylonier aus dem Zweistromland zwischen Euphrat und Tigris, Phönizier aus der Levante, Ägypter aus dem Nildelta, Perser, Griechen, Römer, Araber, Chinesen und Inder im internationalen Handel aktiv.

Die internationalen Wirtschaftsbeziehungen sind keineswegs ein neues Gebiet der Wirtschaftswissenschaften. Die Welt rückte nicht erst mit dem Globalisierungshype seit dem Ende des 20. Jahrhunderts näher zusammen. Bereits vor Jahrtausenden waren Babylonier aus dem Zweistromland zwischen Euphrat und Tigris, Phönizier aus der Levante, Ägypter aus dem Nildelta, Perser, Griechen, Römer, Araber, Chinesen und Inder im internationalen Handel aktiv.

Einige außenwirtschaftstheoretische Grundlagen der internationalen Wirtschaftsbeziehungen werden in diesem Buch vorgestellt. Nach der Einleitung befasst sich das zweite Kapitel mit der Außenhandelstheorie, die im Besonderen der Frage nachgeht, ob internationaler Handel liberal oder protektionistisch zu organisieren ist. Diese Frage ist an Aktualität kaum zu überbieten, seit die grundsätzlich eher freihandelsorientierten USA eine ungewohnt protektionistische Politik betreiben, die von den anderen beiden großen Wirtschaftsblöcken, China und der EU, zwar verbal gegeißelt, realiter aber noch stärker betrieben wird als von den Amerikanern.

Im dritten Kapitel werden die Effekte protektionistischer Instrumente untersucht. In Inzidenzanalysen werden Preis-, Mengen- und Wohlfahrtseffekte erläutert, die immer wieder zu einem für den Laien überraschenden Ergebnis kommen: Die Hauptlast protektionistischer Maßnahmen tragen inländische Konsumenten, die paradoxerweise mehrheitlich zu den Unterstützern eben dieser Maßnahmen zählen.

Im vierten Kapitel liegt der Schwerpunkt auf der Zahlungsbilanztheorie. In der Zahlungsbilanz werden die internationalen Wirtschaftsbeziehungen der Marktteilnehmer, seien sie realwirtschaftlicher oder monetärer Art, numerisch sicht-

© Springer Fachmedien Wiesbaden GmbH, ein Teil von Springer Nature 2021
R. Richert, *Internationale Wirtschaftsbeziehungen klipp & klar*, WiWi klipp & klar,
https://doi.org/10.1007/978-3-658-34768-0_1

bar. Es wird untersucht, ob wechselkurspolitische Maßnahmen, denen in der Politik eine fast gesetzmäßige Gültigkeit nachgesagt wird, das halten, was sie zu versprechen vorgeben.

Im fünften Kapitel werden die Wirkungen stabilisierungspolitischer Maßnahmen analysiert. In offenen Volkswirtschaften, die ökonomisch mit-einander stark verflochten sind, zeigen Geld- und Fiskalpolitik andere Wirkungen als in geschlossenen Volkswirtschaften mit geringer internationaler wirtschaftlicher Aktivität.

Ein kurzes Resümee rundet die Ausführungen zu den internationalen Wirtschaftsbeziehungen ab.

Außenhandelstheorie

2

Zusammenfassung

In diesem Kapitel werden verschiedene Theorien zum Außenhandel dargestellt. Nach einigen Bemerkungen zum Merkantilismus, der in der Frühen Neuzeit stark verbreitet gewesen ist, folgt die Erläuterung der Theorie komparativer Vorteile. Diese im Jahr 1817 von David Ricardo vorgestellte Theorie ist zwar die älteste Freihandelstheorie, gleichwohl bis heute diejenige, welche die möglichen wechselseitigen Vorteile des Außenhandels am besten zu erklären vermag. Es folgt die Vorstellung des Modells spezifischer Faktoren, in welcher die Anpassungsgeschwindigkeit, mit der Produktionsfaktoren ihre Einsatzbereiche wechseln können, entscheidend dafür ist, wer vom Freihandel profitiert und wer nicht. Internationale Unterschiede in den relativen Faktorausstattungen (Ressourcen) und in den relativen Faktorintensitäten stellen zwei schwedische Ökonomen, Heckscher und der mit dem Wirtschaftsnobelpreis ausgezeichnete Ohlin, in einem nach ihnen benannten Modell in den Vordergrund. Marktunvollkommenheiten wie monopolistische Konkurrenz, steigende „Skalenerträge" oder externe Effekte sowie dynamische Außenhandelsgewinne werden in der Neuen Außenhandelstheorie betont, für die insbesondere der Nobelpreisträger Krugman steht. Deren Abkehr von Märkten mit vollständiger Konkurrenz kann im Gegensatz zu ihren traditionellen Vorläufern die mittlerweile bedeutendste Kategorie internationalen Handels erklären: den intra-industriellen Handel.

2.1 Einführung

Lernziele: Beschreiben, Erklären, Interpretieren, Beurteilen

- der Theorie komparativer Vorteile,
- des Modells spezifischer Faktoren,
- des Heckscher-Ohlin-Modells,
- der Neuen Außenhandelstheorie.

Mit der Bildung der europäischen Nationalstaaten im Zuge des Dreißigjährigen Krieges (1618–1648) gewann die Frage an Bedeutung, durch welche handelspolitischen Maßnahmen ein Staat seinen Wohlstand fördern kann. Die damals populärste Antwort gab der **Merkantilismus**, der bis zur Geburtsstunde der klassischen Ökonomik mit der Veröffentlichung des „Wohlstands der Nationen" (vgl. Smith 2019/1776) durch den schottischen Moralphilosophen Adam Smith (1723–1790) die herrschende Lehre gewesen war.

Der Merkantilismus ist eine protektionistische Strömung, die den Freihandel bekämpft (vgl.

© Springer Fachmedien Wiesbaden GmbH, ein Teil von Springer Nature 2021
R. Richert, *Internationale Wirtschaftsbeziehungen klipp & klar*, WiWi klipp & klar,
https://doi.org/10.1007/978-3-658-34768-0_2

Hesse 2018, S. 29–42). Das wichtigste Ziel merkantilistischer Politik liegt in der Akkumulation inländischen Finanzvermögens. Die Politik ist darauf ausgerichtet, Zuflüsse von Gold, Silber und anderer Edelmetalle zu maximieren. Diese Nettokapitalimporte sollen durch Außenhandelsbilanz*überschüsse* erwirtschaftet werden. Überschüsse in der Außenhandelsbilanz werden generiert, wenn der Wert der Warenexporte den Wert der Warenimporte übersteigt. Die Politik verfolgt daher das Ziel, Exporte zu erhöhen und Importe zu reduzieren.

Rohstoffe im Inland sind auszubeuten, um Rohstoffimporte, die mit unerwünschten Geldabflüssen verbunden sind, zu unterbinden. Der Engländer Thomas Mun (1571–1641) räumt in seiner postum veröffentlichten außenhandelspolitischen Monographie ein, dass ein Verkauf von Edelmetallen als zweitbeste Lösung gerechtfertigt ist, sofern dadurch im Gegenzug wichtige Rohstoffe importiert werden, die von der Exportwirtschaft für die Veredelung ihrer Produkte benötigt werden (vgl. Mun 1664). Als erstbeste Lösung präferieren Merkantilisten Tauschhandel, weil so die Edelmetalle im Inland verbleiben. Ungeplante Produktionsüberschüsse sind nicht auf Lager zu nehmen, sondern gegen Bares ans Ausland zu verkaufen. Die Kolonialmächte plünderten ihre Kolonien auch ohne korrespondierende Warengeschäfte. Den Kolonien wurde untersagt, Waren aus Drittstaaten zu importieren, um so den Abfluss liquider Mittel zu verhindern. Stattdessen schufen die europäischen Kolonialmächte Handelsmonopole. Merkantilisten streben nach einer großen, arbeitenden Bevölkerung, die dem Land – präziser: dem Hofstaat – Wohlstand bringt, weniger nach der Verbesserung der Lebensverhältnisse der einzelnen Bauern und Bürger.

Der Merkantilismus setzte sich in drei großen Schulen durch: in England als Bullionismus, in Frankreich als Colbertismus, in Deutschland als Kameralismus. Im *englischen* Bullionismus kommt die hohe Bedeutung zum Tragen, die den im Inland zu haltenden Reserven von Edelmetallen wie Gold und Silber zugeschrieben wird. Die Etymologie dieses Begriffs verweist auf „bullion", auf den „Goldbarren". Der *französische*

Colbertismus ist benannt nach Jean-Baptiste Colbert (1619–1683), dem Finanzminister Ludwig XIV (1638–1715), der 72 seiner 77 Lebensjahre als französischer „Sonnenkönig" verbracht hat. Colbert setzt auf eine hohe staatliche Regulierung, die selbst Eingriffe in konkrete betriebliche Abläufe nicht scheut. Experten ist untersagt, ihr Heimatland zu verlassen, um so die Wettbewerbsvorteile versprechende Expertise dem Ausland vorzuenthalten. Der *deutsche* Kameralismus konzentriert sich auf den Ausbau eines ausgefeilten Finanz- und Rechnungswesens. Ein geschickt verfasstes Steuersystem soll dazu beitragen, die Einnahmen der „Fürstenkammer" zu maximieren. Der „camera principis" hat die deutsche Ausprägung des Merkantilismus ihre Bezeichnung „Kameralismus" zu verdanken.

Merkantilisten unterschätzen jedoch die langfristig oft beobachtete Korrelation zwischen der Höhe der Geldmenge und der Höhe des Preisniveaus: Die einseitige Ausrichtung auf monetäre Zuflüsse trägt den Keim importierter Inflation in sich. Die merkantilistische Annahme, dass Außenhandel ein Nullsummenspiel ist, bei dem der Gewinn des einen der Verlust des anderen ist, erfreut sich zwar auch heute noch hoher Popularität, kann gleichwohl als empirisch und theoretisch widerlegt angesehen werden. Es blieb David Ricardo (1772–1823) überlassen, der Welt zu erklären, warum Freihandel ein Positivsummenspiel ist, bei dem beide Seiten gewinnen. Die letzten merkantilistischen Atemzüge erloschen mit der Veröffentlichung von David Ricardos Theorie komparativer Vorteile (vgl. Ricardo 2018/1817), in der die intellektuellen Defizite des Merkantilismus offengelegt wurden.

2.2 Theorie komparativer Vorteile

2.2.1 Grundlagen

Das Ricardo-Modell der komparativen Vorteile ist das älteste Modell des Außenhandels (vgl. Krugman et al. 2018, S. 57–90). Ricardo erläutert den wechselseitigen Vorteil des Freihandels anhand des Stoff- und Weinhandels zwischen Eng land und Portugal. Trotz des „Alters" dieser Theorie von über zwei Jahrhunderten und trotz seiner analytischen Simplizität ist dieses klassische Modell der Außenhandelstheorie gleichwohl ein Modell, das unter Ökonomen hohe, zum Teil sogar höchste Wertschätzung genießt (vgl. auch Mac Dougall 1951, S. 697–724, 1952, S. 487–521; Dornbusch et al. 1977, S. 823–839). Auch wenn der US-amerikanische Nobelpreisträger Paul Krugman mitnichten als kompromissloser Verfechter des Freihandels angesehen werden kann, sind seine folgenden Äußerungen grundsätzlich eine Apologie des Freihandels (Krugman 1993, S. 362):

> „One thing that almost all economists have almost always agreed about, however, is the desirability of free trade. … By emphasizing the virtues of free trade, we also emphasize our intellectual superiority over the unenlightened who do not understand comparative advantage. In other words: The idea of free trade takes on special meaning precisely because it is someplace where the ideas of economists clash particularly strongly with popular perceptions … Usually what their objections amount to is simply a failure to understand the idea of opportunity cost."

Im Folgenden wird ein **Zwei-Länder-zwei-Güter-Fall** untersucht: Die beiden Länder sind das Inland (England) und das Ausland (Portugal):

H: Inland („**H**ome")
F: Ausland („**F**oreign")

Beide Länder produzieren zwei Güter, Stoff und Wein, die vom Inland und vom Ausland auch konsumiert werden:

X_C: Menge an Stoff („**C**loth")
X_W: Menge an Wein („**W**ine")

Annahmegemäß verfügen beide Länder nur über *einen* **Produktionsfaktor**, nämlich **Arbeitskraft**. Das Inland und das Ausland unterscheiden sich ausschließlich hinsichtlich ihrer jeweiligen **Arbeitsproduktivität**. Die Arbeitskoeffizienten zeigen die Einheiten (Stunden) von Arbeit (lateinisch: „Negotium"), die notwendig sind, um eine Einheit des jeweiligen Gutes zu produzieren:

Tab. 2.1 Arbeitskoeffizienten

	Stoff	Wein
Inland (England)	$N_C^H = 1$	$N_W^H = 2$
Ausland (Portugal)	$N_C^F = 4$	$N_W^F = 3$

N_C: Arbeitsstunden, um eine Einheit (Ballen) Stoff zu produzieren
N_W: Arbeitsstunden, um eine Einheit (Flasche) Wein zu produzieren

Die gesamten Ressourcen entsprechen dem gesamtwirtschaftlichen Angebot von Arbeitskraft N, die in der Herstellung von Stoffen oder in der Herstellung von Wein eingesetzt werden kann. Die **Restriktion** für die Arbeitsstunden lautet:

$$N_C \cdot X_C + N_W \cdot X_W \leq N \qquad 2.1$$

Ein Beispiel für mögliche Arbeitskoeffizienten ist in Tab. 2.1 gegeben: Das Inland benötigt eine Arbeitsstunde, um eine Einheit Stoff zu produzieren, und zwei Arbeitsstunden, um eine Einheit Wein herzustellen. Das Ausland benötigt vier Arbeitsstunden, um eine Einheit Stoff zu produzieren, und drei Arbeitsstunden, um eine Einheit Wein herzustellen.

Entscheidend für den Außenhandel ist jedoch nicht die Frage nach dem absoluten, sondern die nach dem komparativen Vorteil.

2.2.2 Absolute und komparative Vorteile

2.2.2.1 Absolute Vorteile

Um den absoluten Vorteil zu messen, werden zwei Arbeitskoeffizienten benötigt:

Das **Inland** hat im Vergleich zum Ausland einen *absoluten* **Vorteil** in der Produktion von **Stoff**, weil das Inland in nur einer Arbeitsstunde, das Ausland hingegen in vier Arbeitsstunden eine Einheit Stoff herstellen kann:

$$N_C^H < N_C^F \qquad 2.2$$

$$\Rightarrow 1 < 4 \qquad 2.3$$

Ebenso hat das **Inland** im Vergleich zum Ausland einen *absoluten* **Vorteil** in der Produktion von **Wein**, weil das Inland eine Einheit Wein in zwei Stunden, das Ausland hingegen in drei Stunden herstellen kann:

$$N_W^H < N_W^F \qquad 2.4$$

$$\Rightarrow 2 < 3 \qquad 2.5$$

Demzufolge hat das **Inland** *absolute* **Vorteile** in der Produktion *beider* **Güter**.

2.2.2.2 Komparative Vorteile

Entscheidend für den Außenhandel ist jedoch nicht die Frage nach dem absoluten, sondern die nach dem komparativen Vorteil.

▶ Ein Land hat gegenüber einem anderen Land einen komparativen Vorteil, wenn seine **Opportunitätskosten** für die Produktion eines Gutes, gemessen in Einheiten eines anderen Gutes, *niedriger* sind.

Opportunitätskosten sind *relative* **Kosten**:
Die Opportunitätskosten des Inlandes für die Produktion einer Einheit Stoff, gemessen in Einheiten von Wein, lauten:

$$\frac{N_C^H}{N_W^H} = \frac{1}{2} \qquad 2.6$$

Die Opportunitätskosten des Inlandes für die Produktion einer Einheit Wein, gemessen in Einheiten Stoff, lauten:

$$\frac{N_W^H}{N_C^H} = 2 \qquad 2.7$$

Die Opportunitätskosten des Auslandes für die Produktion einer Einheit Stoff, gemessen in Einheiten von Wein, lauten:

$$\frac{N_C^F}{N_W^F} = \frac{4}{3} \qquad 2.8$$

Die Opportunitätskosten des Auslandes für die Produktion einer Einheit Wein, gemessen in Einheiten von Stoff, lauten:

$$\frac{N_W^F}{N_C^F} = \frac{3}{4} \qquad 2.9$$

▶ Die Frage „**Wer ist besser?**" zielt auf den *absoluten* **Vorteil**, die Frage „**Um wieviel ist jemand besser?**" auf den *komparativen* **Vorteil** ab.

Um den komparativen Vorteil zu messen, werden nicht nur zwei Arbeitskoeffizienten wie bei der Messung des absoluten Vorteils benötigt, sondern vier:
Das **Inland** hat gegenüber dem Ausland einen *komparativen* **Vorteil** in der Produktion von **Stoff**, weil das Inland nur eine halbe Einheit Wein „verliert", wenn es eine Einheit Stoff herstellt, während das Ausland auf vier Drittel Einheiten verzichten muss, um eine Einheit Stoff zu produzieren:

$$\frac{N_C^H}{N_W^H} < \frac{N_C^F}{N_W^F} \qquad 2.10$$

$$\frac{1}{2} < \frac{4}{3} \qquad 2.11$$

Im Inland sind die **Opportunitätskosten** in der Produktion von **Stoff** *niedriger* als im Ausland: Während der Zeit, in der das Inland eine Einheit Stoff herstellt, kann das Ausland nur eine Viertel Einheit Stoff produzieren, wogegen während der Zeit, in der das Inland eine Einheit Wein herstellt, das Ausland zwei Drittel Einheiten Stoff produzieren kann:

$$\frac{N_C^H}{N_C^F} < \frac{N_W^H}{N_W^F} \qquad 2.12$$

$$\Rightarrow \frac{1}{4} < \frac{2}{3} \qquad 2.13$$

Das **Ausland** hat gegenüber dem Inland einen *komparativen* **Vorteil** in der Produktion von **Wein**, weil das Ausland nur drei Viertel Einheiten Stoff „verliert", wenn es eine Einheit Wein herstellt, während das Inland auf zwei Einheiten Stoff verzichten muss, um eine Einheit Wein zu produzieren:

$$\frac{N_W^F}{N_C^F} < \frac{N_W^H}{N_C^H} \qquad 2.14$$

$$\Rightarrow \frac{3}{4} < \frac{2}{1} \qquad 2.15$$

Im Ausland sind die **Opportunitätskosten** in der Produktion von **Wein** *niedriger* als im Inland: Während der Zeit, in der das Ausland eine Einheit Wein herstellt, kann das Inland eineinhalb Einheiten Wein produzieren, wogegen während der Zeit, in der das Ausland eine Einheit Stoff herstellt, das Inland sogar vier Einheiten Stoff produzieren kann:

$$\frac{N_W^F}{N_W^H} < \frac{N_C^F}{N_C^H} \qquad 2.16$$

$$\Rightarrow \frac{3}{2} < \frac{4}{1} \qquad 2.17$$

▶ *Jedes* Land – sogar ein Land, das in jeder Hinsicht die niedrigste Produktivität aufweist – hat *komparative* Vorteile in der Produktion irgendwelcher Güter.

Unter Berücksichtigung der jeweiligen komparativen Vorteile ergeben sich Empfehlungen für die Spezialisierung und die Außenhandelsstruktur.

2.2.2.3 Spezialisierung und Außenhandelsstruktur

Im **Inland** sind die Opportunitätskosten für die Produktion von Stoff (1/2) niedriger als die Opportunitätskosten für die Produktion von Wein (2/1). Deshalb ist seine *relative* **Produktivität** in der Stoffproduktion höher als in der Weinproduktion. Daher ist es für das Inland von Vorteil, wenn es sich auf die Produktion von Stoff spezialisiert. Dies bedeutet, dass das Inland

- **Stoff** *direkt* **produzieren** und seinen Angebotsüberschuss an Stoff **exportieren** sollte,
- **Wein** *indirekt* „**produzieren**" und seinen Nachfrageüberschuss an Wein im Austausch für seine exportierten Stoffe **importieren** sollte.

Es ist besser, eine Arbeitsstunde für die Produktion einer Einheit Stoff zu verwenden und diese Einheit Stoff gegen eine Einheit Wein zu tauschen als eine Stunde für die Produktion nur einer halben Einheit Wein zu opfern.

Im **Ausland** sind die Opportunitätskosten für die Produktion von Wein (3/4) niedriger als die Opportunitätskosten für die Produktion von Stoff (4/3). Deshalb ist seine *relative* **Produktivität** in der Weinproduktion höher als in der Stoffproduktion. Daher ist es für das Ausland von Vorteil, wenn es sich auf die Produktion von Wein spezialisiert. Dies bedeutet, dass das Ausland

- **Wein** *direkt* **produzieren** und seinen Angebotsüberschuss an Wein **exportieren** sollte,
- **Stoff** *indirekt* „**produzieren**" und seinen Nachfrageüberschuss an Stoff im Austausch für seinen exportierten Wein **importieren** sollte.

Es ist besser, eine Arbeitsstunde für die Produktion einer Drittel Einheit Wein zu verwenden und diese eine Drittel Einheit Wein gegen eine Drittel Einheit Stoff zu tauschen als eine Stunde für die Produktion nur einer Viertel Einheit Stoff zu opfern.

2.2.3 Relative Preise

2.2.3.1 Relative Güterpreise
Die relativen Arbeitskoeffizienten bestimmen die relativen Güterpreise:

▶ Der *relative* **Güterpreis** für Stoff P_C/P_W ist der Preis für eine Einheit Stoff, gemessen in Einheiten von Wein. Der relative Güterpreis für Wein P_W/P_C ist der Preis für eine Einheit Wein, gemessen in Einheiten von Stoff.

In einer geschlossenen Volkswirtschaft sind die *relativen* **Preise** gleich den *relativen* **Arbeitskoeffizienten** im Inland beziehungsweise im Ausland:

Im **Inland** ist der *relative* Preis für Stoff, gemessen in Einheiten von Wein:

$$\frac{P_C^H}{P_W^H} = \frac{N_C^H}{N_W^H} = \frac{1}{2}$$

2.18

Im Inland ist der *relative* Preis für Wein, gemessen in Einheiten von Stoff:

$$\frac{P_W^H}{P_C^H} = \frac{N_W^H}{N_C^H} = 2$$

2.19

Im **Ausland** ist der *relative* Preis für Stoff, gemessen in Einheiten von Wein:

$$\frac{P_C^F}{P_W^F} = \frac{N_C^F}{N_W^F} = \frac{4}{3}$$

2.20

Im Ausland ist der *relative* Preis für Wein, gemessen in Einheiten von Stoff:

$$\frac{P_W^F}{P_C^F} = \frac{N_W^F}{N_C^F} = \frac{3}{4}$$

2.21

In einer *offenen* Volkswirtschaft müssen die **relativen** **Preise zwischen** den **Opportunitätskosten** beider Länder liegen.
Der **relative Preis** für **Stoff**, gemessen in Einheiten von Wein, lautet:

$$\frac{N_C^H}{N_W^H} \leq \frac{P_C}{P_W} \leq \frac{N_C^F}{N_W^F}$$

2.22

$$\Rightarrow \frac{1}{2} \leq \frac{P_C}{P_W} \leq \frac{4}{3}$$

2.23

Der **relative Preis** für **Wein**, gemessen in Einheiten von Stoff, lautet:

$$\frac{N_W^F}{N_C^F} \leq \frac{P_W}{P_C} \leq \frac{N_W^H}{N_C^H}$$

2.24

$$\Rightarrow \frac{3}{4} \leq \frac{P_W}{P_C} \leq 2$$

2.25

Aus Vereinfachungsgründen gehen wir im Folgenden von der Parität der relativen Preise aus:

$$\frac{P_C}{P_W} = \frac{P_W}{P_C} = 1$$

2.26

Dies bedeutet, dass eine Einheit Stoff für eine Einheit Wein getauscht werden kann und umgekehrt.

2.2.3.2 Relative Faktorpreise

In einer Ein-Faktor-Ökonomie sind Gewinne nicht möglich, deshalb können die Lohnsätze auf folgende Weise festgelegt werden: Der **Lohnsatz** pro Stunde ist gleich dem **Produktionswert** pro Stunde. Somit entspricht der Lohnsatz dem **Verhältnis** des **Güterpreises** zu seinem entsprechenden **Arbeitskoeffizienten**. Angenommen, der Wert der Produktion pro Stunde liegt bei 1, dann ergeben sich für das Inland und für das Ausland folgende Ergebnisse:

$$W_C^H = \frac{P_C^H}{N_C^H} = 1$$

2.27

$$W_W^H = \frac{P_W^H}{N_W^H} = \frac{1}{2}$$

2.28

$$W_C^F = \frac{P_C^F}{N_C^F} = \frac{1}{4}$$

2.29

$$W_W^F = \frac{P_W^F}{N_W^F} = \frac{1}{3}$$

2.30

Im Fall der **Spezialisierung** ist der *relative* **Lohnsatz** im Inland (1 für die ausschließliche Produktion von Stoff) dreimal höher als der relative Lohnsatz im Ausland (1/3 für die ausschließliche Produktion von Wein).

Aus den Lohnsatzgleichungen für inländische Stoff- und Weinproduktion lässt sich ableiten:

$$\frac{P_C^H}{N_C^H} > \frac{P_W^H}{N_W^H}$$

2.31

Nach Umformung erhalten wir:

$$\Rightarrow \frac{P_C^H}{P_W^H} > \frac{N_C^H}{N_W^H}$$

2.32

Im **Inland** ist der Lohnsatz im Stoffsektor höher als im Weinsektor, solange der relative Preis für Stoff, gemessen in Einheiten von Wein, höher ist als es die Opportunitätskosten von Stoff, gemessen in Einheiten von Wein, sind.

Aus den Lohnsatzgleichungen für ausländische Stoff- und Weinproduktion lässt sich ableiten:

$$\frac{P_W^F}{N_W^F} > \frac{P_C^F}{N_C^F} \qquad 2.33$$

Nach Umformung erhalten wir:

$$\Rightarrow \frac{P_W^F}{P_C^F} > \frac{N_W^F}{N_C^F} \qquad 2.34$$

Im **Ausland** ist der Lohnsatz im Weinsektor höher als im Stoffsektor, solange der relative Preis für Wein, gemessen in Einheiten von Stoff, höher ist als es die Opportunitätskosten von Wein, gemessen in Einheiten von Stoff, sind.

Eine Spezialisierung auf die Produktion von Stoff ist dem Inland zu empfehlen, wenn der relative Preis von Stoff, gemessen in Einheiten von Wein, höher ist als es die Opportunitätskosten von Stoff, gemessen in Einheiten von Wein, sind.

Das Inland ist in der Produktion von Stoff viermal produktiver als das Ausland, in der Produktion von Wein eineinhalb Mal produktiver als das Ausland. Der inländische Lohnsatz ist dreimal höher als der ausländische. Weil der relative Lohnsatz zwischen den relativen Arbeitsproduktivitäten liegt, ist Freihandel von wechselseitigem Vorteil: Das Inland hat – trotz seines höheren Lohnsatzes (dreimal so hoch) aufgrund seines Produktivitätsvorteils (viermal so hoch) – einen komparativen Vorteil in der Produktion von Stoff. Das Ausland hat – trotz seines Produktivitätsnachteils (zwei Drittel der inländischen Produktivität) aufgrund seines niedrigeren

Lohnsatzes (ein Drittel des inländischen Lohnsatzes) – einen komparativen Vorteil in der Produktion von Wein.

2.2.4   Zahlenbeispiele

2.2.4.1 Handel mit Stoff und Wein

Das erste numerische Beispiel bezieht sich auf Ricardo und erläutert das Prinzip der Arbeitsteilung in der Produktion von Stoff und Wein in England und Portugal. Dieses Beispiel belegt, dass Freihandel von wechselseitigem Vorteil ist:

In Tab. 2.1 sind die Arbeitskoeffizienten dargestellt: England benötigt eine Arbeitsstunde, um einen Stoffballen herzustellen, und zwei Arbeitsstunden, um eine Flasche Wein zu produzieren. Portugal benötigt vier Arbeitsstunden für die Herstellung eines Stoffballens und drei Arbeitsstunden für die Produktion einer Flasche Wein.

In Tab. 2.2 betrachten wir *geschlossene* **Volkswirtschaften**: Weder England noch Portugal betreiben Außenhandel. Sie konsumieren alles, was sie selbst herstellen. Annahmegemäß soll die Kapazität zu 100 Prozent ausgelastet sein. Diese soll in jedem Land 60 Arbeitsstunden umfassen. England plant, 48 Stoffballen und 6 Flaschen Wein zu konsumieren und somit auch zu produzieren. Portugal beabsichtigt, 9 Stoffballen und 8 Flaschen Wein zu konsumieren und somit auch zu produzieren. Zusammen konsumieren und produzieren beide Länder 57 Stoffballen sowie 14 Flaschen Wein.

In Tab. 2.3 betrachten wir *offene* **Volkswirtschaften**: England und Portugal betreiben Au-

Tab. 2.2 Produktion und Konsum geschlossener Volkswirtschaften

	Stoff: Produktion/Konsum	Wein: Produktion/Konsum
Inland (England)	48/48	6/6
Ausland (Portugal)	9/9	8/8
Welt	57/57	14/14

Tab. 2.3 Produktion und Konsum offener Volkswirtschaften

	Stoff: Produktion/Konsum	Wein: Produktion/Konsum
Inland (England)	60/48	0/**12**
Ausland (Portugal)	0/**12**	20/8
Welt	**60/60**	**20/20**

ßenhandel. Jedes Land hat sich auf die Produktion des Gutes spezialisiert, für dessen Herstellung es einen komparativen Vorteil aufweist. Deshalb nutzt England seine 60 Arbeitsstunden für die alleinige Produktion von 60 Stoffballen, Portugal für die alleinige Produktion von 20 Flaschen Wein. England plant, weiterhin 48 Ballen des selbst hergestellten Stoffs zu konsumieren, sodass 12 Stoffballen exportiert werden können. Portugal plant, weiterhin 8 Flaschen des selbst produzierten Weins zu konsumieren, sodass 12 Flaschen Wein exportiert werden können. Dies bedeutet, dass England 12 Ballen Stoff gegen 12 Flaschen Wein und Portugal 12 Flaschen Wein gegen 12 Ballen Stoff tauschen kann. Bezüglich des Konsums mit dem selbst produzierten Gut (England: 48 Stoffballen; Portugal: 8 Flaschen Wein) ist somit kein Land schlechter gestellt. Jedoch haben sich die Konsummöglichkeiten für beide Länder erweitert: England kann nunmehr 12 Flaschen (importierten) Wein konsumieren anstatt nur 6 Flaschen (selbst produzierten). Portugal kann nunmehr 12 (importierte) Stoffballen konsumieren anstatt nur 9 (selbst produzierte).

Die ökonomische Situation hat sich in beiden Ländern verbessert, das Pareto-Kriterium (vgl. Stiglitz 1981, S. 235–251), nach dem durch eine Maßnahme (wie die Öffnung einer Volkswirtschaft) niemand schlechter gestellt sein darf als vorher, ist erfüllt.

2.2.4.2 Aufstellung einer Schwimmstaffel

Für das Finale der Olympischen Spiele sollen die Schwimmer einer Lagen-Staffel ausgewählt werden. In einer Lagen-Staffel müssen alle vier Lagen (Rücken, Brust, Schmetterling, Freistil) von jeweils einem Schwimmer geschwommen werden. Wilhelm ist Deutscher Meister über 100 m Schmetterling und über 100 m Freistil. Er ist ver-

wundert, dass er in der Lagen-Staffel für keine seiner beiden besten Lagen nominiert worden ist. Sein Trainer Richard teilt ihm mit, dass er Startschwimmer der Lagen-Staffel ist und er somit Rücken, seine schlechteste Disziplin, schwimmen soll, in der er nur – ebenso wie im Brustschwimmen – Deutscher Vizemeister ist. Sein Trainer Richard, ein promovierter Volkswirt, erläutert Wilhelm diese auf den ersten Blick paradox anmutende Situation, indem er auf die über 200 Jahre alte Theorie seines Namensvetters Ricardo zurückgreift: In Tab. 2.4 sind die jeweiligen Bestzeiten (in Minuten) der Nationalmannschaftsschwimmer in allen vier Disziplinen dargestellt.

Obwohl Wilhelm einen absoluten Vorteil im Schmetterlings- und Freistilschwimmen hat, weist er gleichzeitig komparative Nachteile in diesen beiden Disziplinen sowie einen komparativen Vorteil im Rückenschwimmen auf. Wir rekapitulieren: Der *absolute* Vorteil beantwortet die Frage „Wer ist besser?" Der *komparative* Vorteil beantwortet die Frage: „Um wieviel ist jemand besser?" Im Schmetterlingsschwimmen ist August der zweitbeste Schwimmer und nur eine Sekunde langsamer als Wilhelm. Im Freistilschwimmen liegen alle anderen Mannschaftsmitglieder Friedrich, August und Karl jeweils nur eine Sekunde hinter Wilhelm. Im Rückenschwimmen ist Friedrich eine Sekunde schneller als Wilhelm, aber Friedrich ist im Brustschwimmen mit großem Abstand – drei Sekunden – der schnellste Schwimmer. Im Rückenschwimmen ist Wilhelm nur eine Sekunde langsamer als Friedrich, aber zwei Sekunden schneller als Karl und drei Sekunden schneller als August. Wenn die jeweiligen komparativen Vorteile der Schwimmer berücksichtigt werden, sollte Wilhelm mit dem Rückenschwimmen starten, Friedrich in der Brustlage folgen, danach August

Tab. 2.4 Schwimmbestzeiten (in Minuten) der Nationalmannschaft

	Wilhelm	Friedrich	August	Karl
Rücken	**0:54**	0:53 Meister	0:57	0:56
Brust	1:04	**1:01** Meister	1:06	1:05
Schmetterling	0:51 Meister	0:54	**0:52**	0:53
Freistil	0:48 Meister	0:49	0:49	**0:49**
Staffel	0:54 + 1:01 + 0:52 + 0:49 – 0:01,5 (3 × „fliegender Start") = 3:34,5			

schmettern und schließlich Karl kraulen. Wenn alle in guter Form sind und wir annehmen, dass die letzten drei Schwimmer durch ihren „fliegenden Start" jeweils etwa eine halbe Sekunde (an Startverzögerung aufgrund der Reaktionszeit) sparen, ist eine Gesamtzeit von 3:34,5 Minuten zu erwarten.

2.2.5 Interpretation

Die wichtigsten Schlussfolgerungen aus Ricardos Theorie komparativer Vorteile lassen sich auf folgende Weise interpretieren:

▶ Außenhandel basiert auf *komparativen* Vorteilen.

Ein Land hat einen komparativen Vorteil, wenn seine **Opportunitätskosten** bei der Herstellung eines bestimmten Gutes, gemessen in potenziellen Produktionseinheiten eines anderen Gutes, niedriger sind als diejenigen eines anderen Landes. Ein Land sollte ausschließlich die Güter produzieren und exportieren, für die es komparative Vorteile hat, und ausschließlich Güter importieren, für die es komparative Nachteile hat.

▶ Außenhandel ist von *wechselseitigem* Vorteil.

Wenn Länder sich auf die Produktion der Güter spezialisieren, bei der sie komparative Vorteile haben, ihre Angebotsüberschüsse exportieren und die Güter importieren, bei deren Produktion sie komparative Nachteile haben, stellen sich beide Länder insgesamt besser. Durch die internationale Spezialisierung erhöht sich weltweit die Produktivität, sodass bei gegebenem Input die **Konsummöglichkeiten** *erweitert* werden. Außenhandel ist nicht nur für eine hochproduktive Volkswirtschaft vorteilhaft. Die Frage nach dem absoluten Vorteil in der Produktion eines Gutes ist weder eine notwendige noch eine hinreichende Bedingung für einen komparativen Vorteil. Die entscheidende Frage ist **nicht, ob** bei der Herstellung eines bestimmten Gutes die in-

ländische Produktivität höher ist als die ausländische, **sondern, um wieviel** höher die relative Produktivität ist. Eine Ökonomie, die nirgendwo einen absoluten Vorteil hat, weist gleichwohl komparative Vorteile in der Produktion der Güter auf, in der ihre relative Schwäche geringer ist als in der Produktion anderer Güter. Die entscheidende Variable ist der *relative* **Produktivitätsvorteil.**

▶ Außenhandel basiert nicht zwingend auf niedrigen Lohnsätzen.

Der komparative Vorteil eines Landes hängt von seinen **Lohnstückkosten** ab, die durch den Lohnsatz und die Arbeitsproduktivität bestimmt werden. Für das Inland ist es unerheblich, ob es bei seinen Exportgütern einen komparativen Vorteil hat

1. aufgrund seiner höheren Arbeitsproduktivität oder
2. aufgrund seiner niedrigeren Lohnsätze.

Analog ist es für das Inland unerheblich, ob es bei seinen Importgütern einen komparativen Nachteil hat

1. aufgrund seiner niedrigeren Arbeitsproduktivität oder
2. aufgrund seiner höheren Lohnsätze.

Daher liegt es im Ermessen eines Landes selbst, ob es für die Steigerung seiner internationalen Wettbewerbsfähigkeit

1. seine Arbeitsproduktivität erhöht oder
2. seine Lohnsätze senkt.

Das **„Pauper-Labour"-Argument**, das konstatiert, dass der Außenhandel reicher Länder auf den niedrigen Lohnsätzen armer Länder basiert und daher das Ergebnis unfairen Wettbewerbs ist, folgt einem argumentativen Fehlschluss, weil er statt der ökonomisch relevanten Lohnstückkosten nur die Lohnsätze als Ausweis internationaler Wettbewerbsfähigkeit erkennt.

▶ Außenhandel basiert nicht auf einer unglei-
chen **Einkommensverteilung** *zwischen* **Ländern**.

Die entscheidende Frage ist nicht, ob das Einkommen eines Landes niedriger ist als das Einkommen eines anderen Landes, sondern die
Frage, ob das Einkommen eines Landes *aufgrund*
von Freihandel niedriger oder höher ist. Die Geschichte von Ländern mit zunächst protektionistischer und später liberaler Außenhandelspolitik
unterstützt die Hypothese, dass Einkommens-
disparitäten zwischen reichen und armen Ländern bei Protektionismus größer sind als bei
Freihandel, der Einkommenslücken nicht erweitert, sondern reduziert.

Jedoch gibt es einige methodische Schwächen dieses Außenhandelsmodells: Ricardos
Modell

- berücksichtigt nur Unterschiede in den relativen Arbeitsproduktivitäten, also die **Lohnstückkosten**;
- geht von **extremer Arbeitsteilung** aus;
- vernachlässigt die Existenz **nicht-handelbarer Güter**;
- vernachlässigt **Einkommenseffekte** innerhalb eines Landes, indem es nur die Außenhandelsgewinne für ein Land als Ganzes untersucht (→ Modell spezifischer Faktoren);
- vernachlässigt Unterschiede in der Ausstattung mit **Ressourcen** (→ Heckscher-Ohlin-
  Modell);
- vernachlässigt **Marktunvollkommenheiten**,
  Skaleneffekte und **Externalitäten** (→ Neue
  Außenhandelstheorie).

Gleichwohl ist die empirische Evidenz für
die Gültigkeit der Hypothese des Ricardiani-
schen Modells relativ hoch: Komparative
Vorteile beeinflussen die Struktur des Außenhandels in erheblicher Weise. Obwohl das Ricardo-Modell das einfachste und älteste Modell
der Außenhandelstheorie ist, kann sich seine
Kernidee sowohl theoretisch als auch empirisch

mit allen anderen Ansätzen traditioneller und
„Neuer" Außenhandelstheorie messen lassen.

2.3 Modell spezifischer Faktoren

2.3.1 Grundlagen

In Ricardos Modell komparativer Vorteile, das
Arbeitskraft als einzigen Produktionsfaktor
berücksichtigt, ist Außenhandel für alle beteiligten Volkswirtschaften von wechselseitigem
Vorteil. Jedoch zeigt der Außenhandel in der
Realität ungleiche Auswirkungen auf die **Einkommensverteilung** *innerhalb* **eines Landes**: Makroökonomische Wohlfahrtsgewinne
ziehen Wohlfahrtsverluste Einzelner nach
sich. Beispielsweise entwickeln sich Lohnsätze aufgrund handelsbedingter Produktions-
verlagerungen unterschiedlich. Um die Wirkungen von Freihandel angemessen beurteilen
zu können, ist eine wichtige ordnungspoliti-
sche Unterscheidung zu treffen, nämlich die
zwischen

1. *Niveau*effekten, die bei Freihandel für die
   Gesamtheit der Marktteilnehmer grundsätzlich positiv sind, und
2. *Struktur*effekten, die für einzelne Marktteilnehmer negativ sein können.

Sind die negativen Struktureffekte in Summe
geringer als die positiven Niveaueffekte, sind bei
weiterhin positivem Gesamtnutzen **Kompensationszahlungen** von Außenhandelsgewinnern zu
Außenhandelsverlierern prinzipiell möglich (vgl.
Samuelson 1962, S. 820–829).

Das von Jacob Viner (1892–1970) herausgear-
beitete Modell spezifischer Faktoren (vgl. Viner
1931, S. 23–46), das später von Paul Samuelson
(1915–2009) und Ronald Winthrop Jones modifiziert worden ist (vgl. Samuelson 1971, S. 365–
384; Jones 1971, S. 3–21), versucht genau diese
Lücke zu schließen (vgl. Krugman et al. 2019,
S. 91–129): So werden mögliche Effekte auf die
intra-nationale Einkommensverteilung explizit

miteinbezogen. Wir beginnen mit der statischen Analyse.

2.3.2 Statische Analyse

2.3.2.1 Modellannahmen

Folgende Annahmen werden im Modell spezifischer Faktoren getroffen:

1. Zwei Güter werden produziert: Industriegüter und Agrargüter.
2. Drei Produktionsfaktoren werden berücksichtigt: Arbeitskraft, Kapital, Boden.
3. Ein Produktionsfaktor ist mobil, zwei Produktionsfaktoren sind spezifisch:
   a. **Arbeitskraft** N ist ein **mobiler** Produktionsfaktor, der sowohl in der Produktion von Industriegütern als auch in der Produktion von Agrargütern eingesetzt werden kann.
   b. **Kapital** K ist ein **spezifischer** Produktionsfaktor für die Produktion von **Industriegütern** I.
   c. **Boden** B ist ein **spezifischer** Produktionsfaktor für die Produktion von **Agrargütern** A.

Weil die Produktionsfaktoren nicht fortwährend, sondern nur zeitweilig spezifisch sind, ist die **Faktorspezifizität** nicht konstant. Ob ein Faktor als mobil oder als spezifisch angesehen wird, ist eine Frage der **Anpassungsgeschwindigkeit**, mit der ein Produktionsfaktor von einem Sektor in den anderen wandern kann.

Wir nehmen an, dass

- in der Industrieproduktion Arbeitskraft N und Kapital K,
- in der Agrarproduktion Arbeitskraft N und Boden B

in Anspruch genommen werden. Tab. 2.5 zeigt die **Produktionsmatrix** für die Produktionsfaktoren und die zu produzierenden Güter.

Die *gesamtwirtschaftliche* **Beschäftigungsmenge** N entspricht der Summe aus der Beschäftigungsmenge in der Industrieproduktion und der Beschäftigungsmenge in der Agrarproduktion:

$$N = N_I \cdot X_I + N_A \cdot X_A \qquad 2.35$$

Die **Produktionsfunktionen** hängen vom mobilen und von ihrem jeweiligen spezifischen Faktor ab:

Die Produktionsfunktion für Industriegüter I lautet:

$$X_I = X_I(N_I, K) \qquad 2.36$$

Die Produktionsfunktion für Agrargüter A lautet:

$$X_A = X_A(N_A, B) \qquad 2.37$$

Im Modell spezifischer Faktoren gelten *positive,* aber *abnehmende* Grenzerträge (Grenzproduktivitäten), sodass mit zunehmender Produktion der Output steigt (positive erste Ableitung), aber der *marginale* Output, der durch eine zusätzliche Einheit an Input geschaffen wird, sinkt (negative zweite Ableitung).

2.3.2.2 Gleichgewichtsbedingung

Im Ricardo-Modell komparativer Vorteile ist Arbeitskraft der einzige Produktionsfaktor, sodass unter der Annahme *konstanter* Opportunitätskosten die Transformationskurve eine Gerade bildet.

▶ Die **Transformationskurve** (Produktionsmöglichkeitskurve, Production Possibilities Frontier, PPF) ist der geometrische Ort aller effizienten Kombinationen von Industrie- und Agrargütermengen, die mit einer gegebenen Technik hergestellt werden können.

Im Modell spezifischer Faktoren gibt es mehrere Produktionsfaktoren: Arbeitskraft, Kapital und Boden, die aufgrund abnehmender Grenzerträge *variable* **Opportunitätskosten** aufweisen, sodass die Transformationskurve in Abb. 2.1 nicht-linear verläuft.

Tab. 2.5 Produktionsmatrix

	Industriegut I	Agrargut A
Arbeitskraft N	mobil	mobil
Kapital K	spezifisch	–
Boden B	–	spezifisch

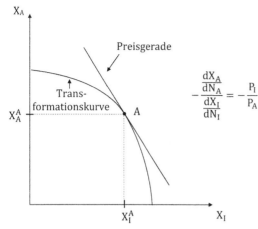

Abb. 2.1 Transformationskurve

Ökonomisch zeigt die (negative) Grenzrate der Transformation die Substitutionsmöglichkeiten von *Gütern* auf: Sie ermittelt, wie viele *zusätzliche* Einheiten des einen Gutes hergestellt werden können, wenn bei Auslastung der Kapazitäten auf die Produktion *einer* Einheit des *anderen* Gutes verzichtet wird. *Geometrisch* ist sie die Steigung der Transformationskurve in einem Punkt. *Algebraisch* ist sie die erste Ableitung der Transformationskurve.

▶ Die Steigung der Transformationskurve ist die (negative) **Grenzrate der Transformation**.

Im Gleichgewicht auf dem Arbeitsmarkt ist der **Reallohnsatz** gleich der **Grenzproduktivität der Arbeit**:

$$\frac{W_I}{P_I} = \frac{dX_I}{dN_I}$$

2.38

$$\frac{W_A}{P_A} = \frac{dX_A}{dN_A}$$

2.39

Der **Nominallohnsatz** entspricht dem Produkt aus der Grenzproduktivität der Arbeit und dem Preis:

$$W_I = \frac{dX_I}{dN_I} \cdot P_I$$

2.40

$$W_A = \frac{dX_A}{dN_A} \cdot P_A$$

2.41

Nach dem Gesetz der Unterschiedslosigkeit der Preise (Law of Indifference), das erstmals vom englischen Ökonomen William Stanley Jevons (1835–1882) formuliert worden ist (vgl. Jevons 1871), sind bei Freihandel die Nominallohnsätze in allen Ländern gleich:

$$W = W_I = W_A$$

2.42

Ersetzen wir die Nominallohnsätze durch die Produkte aus der jeweiligen Grenzproduktivität der Arbeit und dem Preis, erhalten wir:

$$\Rightarrow \frac{dX_I}{dN_I} \cdot P_I = \frac{dX_A}{dN_A} \cdot P_A$$

2.43

Nach zwei Umformungen ergibt sich eine wichtige Erkenntnis: Der Quotient aus der Grenzproduktivität der Arbeit in der Agrarproduktion und der Grenzproduktivität der Arbeit in der Industrieproduktion entspricht dem inversen Preisverhältnis:

$$\Leftrightarrow \frac{\dfrac{dX_A}{dN_A}}{\dfrac{dX_I}{dN_I}} = \frac{P_I}{P_A}$$

2.44

Der Bruch auf der linken Seite der Gleichung repräsentiert die Steigung der Transformationskurve. Der Bruch auf der rechten Seite der Gleichung repräsentiert die Steigung der Preisgeraden und im Tangentialpunkt von Transformationskurve und Preisgerade auch die Steigung der Tangente in diesem Punkt. Dies ist deutlicher zu erkennen, wenn das Preisverhältnis P_I/P_A umgeformt wird, sodass die Steigung der Preisgeraden P_A/P_I explizit im Divisor des Quotienten auf der rechten Seite dieser Definitionsgleichung zu erkennen ist:

$$\Leftrightarrow \frac{\dfrac{dX_A}{dN_A}}{\dfrac{dX_I}{dN_I}} = \frac{P_I}{P_A} = \frac{1}{\dfrac{P_A}{P_I}}$$

2.45

▶ Im **Produktionsgleichgewicht** gilt: Das (negative) Verhältnis der Grenzproduktivitäten, das graphisch durch die negative Steigung der

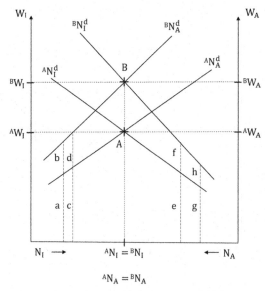

Abb. 2.2 Erhöhung des Preisniveaus (in Anlehnung an Krugman et al. 2019, S. 103)

Transformationskurve repräsentiert wird, ist gleich dem umgekehrten (negativen) Preisverhältnis, das graphisch durch die negative Steigung der Preisgeraden (Tangente) repräsentiert wird.

In der folgenden komparativ-statischen Analyse werden zunächst die absoluten Preise, anschließend die relativen Preise variiert.

2.3.3 Komparativ-statische Analyse

2.3.3.1 Änderungen des Preisniveaus

In Abb. 2.2 wird der Nominallohnsatz W_I in der Industrieproduktion auf der *linken* Ordinate, der Nominallohnsatz W_A in der Agrarproduktion auf der *rechten* Ordinate gemessen. Die Beschäftigungsmenge in der Herstellung industrieller Erzeugnisse wird auf der Abszisse von links nach rechts gelesen, die Beschäftigungsmenge in der Herstellung landwirtschaftlicher Erzeugnisse von rechts nach links. Solange die Beschäftigungsmenge für die Produktion jedes dieser Güter zunimmt, werden die Nominallohnsätze sinken, weil mit zunehmender Beschäftigungsmenge die

jeweilige Grenzproduktivität der Arbeit abnimmt. Aus Vereinfachungsgründen sind die entsprechenden Kurven linear dargestellt. Die Kurven können als Arbeitsnachfragekurven interpretiert werden, da die Arbeitsnachfrage der Unternehmer – bei gegebenem Preisniveau – mit sinkenden Nominallohnsätzen zunimmt und mit steigenden Nominallohnsätzen abnimmt.

Eine **Erhöhung** des **Preisniveaus** (der *absoluten* Preise) bedeutet, dass sich die Preise beider Güter um *denselben* **Prozentsatz** erhöhen:

$$dP_I > 0,\ dP_A > 0,\ d\left(\frac{P_I}{P_A}\right) = 0 \qquad 2.46$$

Graphisch bedeutet dies, dass in Abb. 2.2 folgende Streckenverhältnisse gleich sind:

$$\frac{b}{a} = \frac{d}{c} = \frac{f}{e} = \frac{h}{g} \qquad 2.47$$

Eine Erhöhung des Preisniveaus, die einer *proportionalen* Erhöhung aller Preise gleichkommt, ändert die Faktorallokation nicht: Die jeweiligen Beschäftigungsmengen in der Industrie- und Agrarproduktion bleiben konstant.

$$^B N_I = {}^A N_I \qquad 2.48$$

$$^B N_A = {}^A N_A \qquad 2.49$$

Analog sind die Ergebnisse für eine **Senkung** des **Preis***niveaus*, wie Abb. 2.3 verdeutlicht:

$$dP_I < 0,\ dP_A < 0,\ d\left(\frac{P_I}{P_A}\right) = 0 \qquad 2.50$$

Auch in diesem Fall ändert sich die Faktorallokation nicht.

2.3.3.2 Änderungen der relativen Preise

Eine **Erhöhung** der *relativen* **Preise** bedeutet, dass sich der Preis eines Gutes um einen anderen Prozentsatz ändert als der Preis eines anderen Gutes. Abb. 2.4 illustriert den Fall, in dem der Preis für Industrieprodukte steigt, der für Agrarprodukte unverändert bleibt:

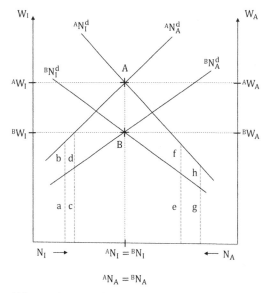

Abb. 2.3 Senkung des Preisniveaus

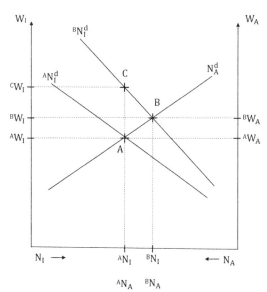

Abb. 2.4 Preiserhöhung für Industriegüter (in Anlehnung an Krugman et al. 2019, S. 104)

$$dP_I > 0, dP_A = 0, d\left(\frac{P_I}{P_A}\right) > 0$$
$$2.51$$

Wenn der Preis für Industriegüter steigt, wird es attraktiver, mehr Industriegüter zu produzieren. Daher fragen Industrieunternehmen mehr Arbeitskräfte nach. Bei einem limitierten Arbeitskräftepotenzial führt dies in der Industrieproduktion zu steigenden Nominallohnsätzen. Allerdings steigen die Nominallohnsätze im Vergleich zum Preis nur unterproportional stark. Weil mehr Beschäftigte in der Industrieproduktion tätig werden, sinkt ceteris paribus deren Grenzproduktivität der Arbeit. Diese entspricht im Gleichgewicht dem Reallohnsatz, der nunmehr sinkt, sodass die Nominallohnsatzsteigerung die Preissteigerung nur zum Teil kompensiert. Diese Zusammenhänge sind auch in Abb. 2.4 zu erkennen:

$$^B W_I < {}^C W_I \qquad 2.52$$

Eine Erhöhung der Industriegüterpreise ändert die Faktorallokation: Die Beschäftigungsmenge der Industrieproduktion steigt, diejenige der Agrarproduktion sinkt:

$$^B N_I > {}^A N_I \qquad 2.53$$

$$^B N_A < {}^A N_A \qquad 2.54$$

Aufgrund des Gesetzes der Unterschiedslosigkeit der Preise steigt auch in der Agrarproduktion der Nominallohnsatz. Dies ist dadurch zu rechtfertigen, dass die Beschäftigung im landwirtschaftlichen Sektor abnimmt und somit die Grenzproduktivität der Arbeit steigt, sodass ein höherer Reallohnsatz – und damit auch Nominallohnsatz – gezahlt werden kann:

$$^B W_A > {}^A W_A \qquad 2.55$$

Analog sind die Ergebnisse, wenn der Preis für Industriegüter gleichbleibt und der für Agrarprodukte steigt:

$$dP_I = 0, dP_A > 0, d\left(\frac{P_I}{P_A}\right) < 0$$
$$2.56$$

Wenn der Preis für Agrargüter steigt, wird es attraktiver, mehr Agrargüter zu produzieren. Daher fragen Agrarunternehmen mehr Arbeitskräfte nach. Bei einem limitierten Arbeitskräftepotenzial führt dies in der Agrarproduktion zu steigenden Nominallohnsätzen. Allerdings steigen die Nominallohnsätze im Vergleich zum Preis nur unterproportional

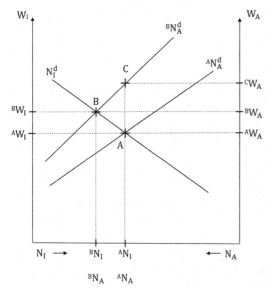

Abb. 2.5 Preiserhöhung für Agrargüter

2.3.4 Interpretation

Die wichtigsten Schlussfolgerungen aus dem Modell spezifischer Faktoren lassen sich auf folgende Weise interpretieren:

1. Das Modell spezifischer Faktoren befasst sich mit der Spezifizität von Produktionsfaktoren und deren Auswirkungen auf die Einkommensverteilung.
2. Ob ein Faktor als mobil oder spezifisch angesehen wird, hängt von seiner Anpassungsgeschwindigkeit ab, mit der er von einem Sektor in einen anderen Sektor wandern kann.
3. Änderungen des Preisniveaus (der absoluten Preise) haben keinen Einfluss auf die Faktorallokation.
4. Änderungen der relativen Preise haben einen signifikanten Einfluss auf Produktionsmengen, Nominal- und Reallohnsätze, relative Faktorpreise, die Faktorallokation und die Außenhandelsstruktur sowie die Einkommensverteilung.
5. Die Produktionsmenge steigt in der Exportindustrie und sinkt in der mit Importen konkurrierenden Industrie.

Wenn der Preis für Industriegüter steigt, der Preis für Agrargüter jedoch nicht, wird die Produktionsmenge in der

- Industrieproduktion steigen,
- Agrarproduktion sinken.

In diesem Fall wird

- der Angebotsüberschuss an Industriegütern exportiert,
- der Nachfrageüberschuss an Agrargütern importiert.

Somit repräsentiert

- die Industriegüterindustrie die Exportindustrie,
- die Agrargüterindustrie die Industrie, die mit Importen konkurriert.

stark: Weil mehr Beschäftigte in der Agrarproduktion tätig werden, sinkt ceteris paribus deren Grenzproduktivität der Arbeit. Diese entspricht im Gleichgewicht dem Reallohnsatz, der nunmehr sinkt, sodass die Nominallohnsatzsteigerung die Preissteigerung nur zum Teil kompensiert. Diese Zusammenhänge sind auch in Abb. 2.5 zu erkennen:

$$^{B}W_{A} < {}^{C}W_{A} \qquad 2.57$$

Eine Erhöhung der Agrargüterpreise ändert die Faktorallokation: Die Beschäftigungsmenge der Agrarproduktion steigt, diejenige der Industrieproduktion sinkt:

$$^{B}N_{A} > {}^{A}N_{A} \qquad 2.58$$

$$^{B}N_{I} < {}^{A}N_{I} \qquad 2.59$$

Aufgrund des Gesetzes der Unterschiedslosigkeit der Preise steigt auch in der Industrieproduktion der Nominallohnsatz. Dies ist dadurch zu rechtfertigen, dass die Beschäftigung im industriellen Sektor abnimmt und somit die Grenzproduktivität der Arbeit steigt und ein höherer Reallohnsatz – und damit auch Nominallohnsatz – gezahlt werden kann:

$$^{B}W_{I} > {}^{A}W_{I} \qquad 2.60$$

Die Nominallohnsätze der Beschäftigten der Exportindustrie steigen um weniger als die Preise für Exportgüter. Die Nominallohnsätze der Beschäftigten der mit Importen konkurrierenden Industrie steigen, auch wenn die Preise für Importgüter nicht steigen. Die Reallohnsätze der Beschäftigten der Exportindustrie sinken, diejenigen der Beschäftigten der mit Importen konkurrierenden Industrie steigen, sodass sich die *relativen* Faktorpreise und die Faktorallokation ändern.

Im *industriellen* Sektor *steigen* die **Nominallohnsätze** um weniger als die Preise für Industriegüter: Wenn die Beschäftigung im industriellen Sektor zunimmt, sinkt in diesem Sektor die Grenzproduktivität der Arbeit. Im Gleichgewicht auf dem Arbeitsmarkt ist der Reallohnsatz jedoch genauso hoch wie die Grenzproduktivität der Arbeit. Deshalb müssen mit sinkender Arbeitsproduktivität die **Reallohnsätze** *sinken*. Dies bedeutet, dass die (Güter-)Preise stärker steigen als die Nominallohnsätze.

Im *landwirtschaftlichen* Sektor *steigen* die **Nominallohnsätze**, während sich die Preise für Agrargüter nicht ändern: Wenn die Beschäftigung im landwirtschaftlichen Sektor abnimmt, steigt in diesem Sektor die Grenzproduktivität der Arbeit. Deshalb können mit steigender Arbeitsproduktivität die **Reallohnsätze** *steigen*.

Ressourcen der mit Importen konkurrierenden Industrie wandern in die Exportindustrie ab, sodass sich die Außenhandelsstruktur ändert.

Die Einkommenseffekte sind nicht eindeutig: Die Reallohnsätze für die Beschäftigten der Exportindustrie sinken, diejenigen für die Beschäftigten in der mit Importen konkurrierenden Industrie steigen. Die Eigentümer der spezifischen Faktoren der Exportindustrie (Kapitaleigentümer) gewinnen, weil sie ihren Beschäftigten niedrigere Reallohnsätze zahlen können und keine höheren Preise für Güter der mit Importen konkurrierenden Industrie zu zahlen brauchen. Die Eigentümer der spezifischen Faktoren der mit Importen konkurrierenden Industrie (Landeigentümer) verlieren, weil sie ihren Beschäftigten höhere Reallohnsätze zahlen müssen und höhere Preise für Güter der Exportindustrie, die sie selbst nicht herstellen, zu zahlen haben.

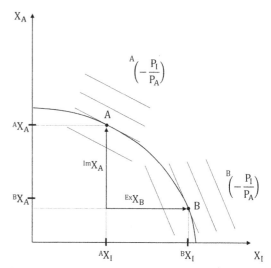

Abb. 2.6 Optimale Faktorallokation (in Anlehnung an Krugman et al. 2019, S. 105)

Änderungen der *relativen* **Faktorpreise** wirken sich auf die **Faktorallokation** aus, wie Abb. 2.6 zeigt.

Punkt A repräsentiert die Ausgangssituation ohne Außenhandel, bevor sich die relativen Preise ändern: Die Industrie- und Agrargütermengen, die konsumiert werden, werden auch produziert. Die Änderung der relativen Preise bedeutet im Beispiel steigender Preise für Industriegüter und konstanter Preise für Agrargüter, dass die Preisgerade steiler wird. Um weiterhin die Gleichgewichtsbedingung zu erfüllen, muss das Verhältnis der Grenzproduktivitäten – graphisch die Steigung der Transformationskurve – gleich sein dem inversen Preisverhältnis – graphisch der Steigung der Preisgeraden. Der neue Tangentialpunkt in B resultiert in mehr Industrieproduktion und in weniger Agrarproduktion. Solange sich die Präferenzen inländischer Konsumenten nicht ändern, gibt es einen Angebotsüberschuss industrieller Güter sowie einen Nachfrageüberschuss landwirtschaftlicher Erzeugnisse. Der Angebotsüberschuss von Industriegütern wird exportiert, der Nachfrageüberschuss von Agrargütern importiert. So führen **Änderungen** der *relativen* **Güterpreise** über Änderungen der *relativen* **Faktorpreise** zu Änderungen der **Außenhandelsstruktur**.

Über Einkommenseffekte wird die **Einkommensverteilung** berührt:

Erstens ist der Einkommenseffekt auf den *mobilen* **Faktor ambivalent**: Der Reallohnsatz für Beschäftigte in der Exportindustrie (Industrieproduktion) sinkt. Dieser Einkommenseffekt ist negativ. Der Reallohnsatz für Beschäftigte in der Industrie, die mit ausländischen Anbietern im Wettbewerb steht (Agrarproduktion), steigt. Dieser Einkommenseffekt ist positiv:

$$d\left(\frac{W_I}{P_I}\right) < 0 \quad \rightarrow \text{negativ für Beschäftigte}$$

$$\text{in der Industrieproduktion} \quad 2.61$$

$$d\left(\frac{W_A}{P_A}\right) > 0 \quad \rightarrow \text{positiv für Beschäftigte}$$

$$\text{in der Agrarproduktion} \quad 2.62$$

▶ Aufgrund von Reallohnsatzänderungen verlieren die Beschäftigten in der Exportindustrie, während die Beschäftigten in der mit Importen konkurrierenden Industrie gewinnen.

Zweitens ist der Einkommenseffekt für den *spezifischen* **Faktor** der **Exportindustrie** (Industrieproduktion) **positiv**, weil die Kapitaleigentümer ihren Beschäftigten nunmehr niedrigere Reallohnsätze zahlen, jedoch nicht höhere Preise für den Kauf landwirtschaftlicher Erzeugnisse zu zahlen brauchen:

$$d\left(\frac{W_I}{P_I}\right) < 0 \quad \rightarrow \text{positiv für Kapitaleigentümer}$$

$$2.63$$

$$dP_A = 0 \quad \rightarrow \text{neutral für Kapitaleigentümer} \quad 2.64$$

Drittens ist der Einkommenseffekt für den *spezifischen* **Faktor** der **mit Importen konkurrierenden Industrie** (Agrarproduktion) **negativ**, weil die Landeigentümer ihren Beschäftigten nunmehr höhere Reallohnsätze zahlen und selbst höhere Preise für den Kauf von Industriegütern zahlen müssen:

$$d\left(\frac{W_A}{P_A}\right) > 0 \quad \rightarrow \text{negativ für Landeigentümer}$$

$$2.65$$

$$dP_I > 0 \quad \rightarrow \text{negativ für Landeigentümer} \quad 2.66$$

▶ Generell gewinnen die Eigentümer der spezifischen Faktoren der Exportindustrie, während die Eigentümer der spezifischen Faktoren der mit Importen konkurrierenden Industrie verlieren.

Allein die Tatsache, dass Außenhandel negative Einkommenseffekte für einige Marktteilnehmer mit sich bringt, kann Protektionismus nicht rechtfertigen, weil sämtliche ökonomischen Aktivitäten Einfluss auf die Einkommensverteilung nehmen.

2.4 Heckscher-Ohlin-Modell

2.4.1 Grundlagen

Das Heckscher-Ohlin-Modell (Faktorproportionen-Modell) geht davon aus, dass **Unterschiede** in den *relativen* **Faktorausstattungen (Ressourcen)** die (einzige) Quelle für Außenhandel sind. Zwei schwedische Ökonomen, Eli Filip Heckscher (1879–1952) und der mit dem Nobelpreis ausgezeichnete Bertil Gotthard Ohlin (1899–1979), sind die Autoren dieser Außenhandelstheorie (vgl. Heckscher 1949/1919, S. 272–300; Ohlin 1933; Krugman et al. 2019, S. 135–170).

Im Gegensatz zu Ricardos Modell komparativer Vorteile geht dieses Modell von der Existenz **zweier mobiler Faktoren** aus. Wir betrachten Arbeitskraft N und Boden B. Der Faktorpreis für Arbeitskraft ist der Lohnsatz W („**W**age rate"), der Faktorpreis für Boden der Pachtzinssatz r („**R**ental rate"). Mit bestimmten Faktormengenkombinationen lassen sich Industriegüter I und Agrargüter A herstellen.

Zwei Fragen sind für den Außenhandel von Bedeutung:

1. die Frage nach der *relativen* **Faktorausstattung**: Welcher der beiden Faktoren ist **reichlich** vorhanden, welcher **knapp**?
2. die Frage nach der *relativen* **Faktorintensität**: Welcher der beiden Faktoren wird in der Produktion eines Gutes in höherem, welcher in geringerem **Ausmaß** eingesetzt?

2.4.2 Heckscher-Ohlin-Theorem

Heckscher und Ohlin gehen davon aus, dass

1. die *relativen* Faktorausstattungen die *relative* Faktorintensität der Produktion bestimmen,
2. die relativen Faktorintensitäten bestimmen, welche Güter exportiert werden und welche nicht.

Im folgenden Beispiel wird für die Herstellung industrieller Erzeugnisse der reichlich vorhandene Faktor (qualifizierte) Arbeitskraft N intensiv eingesetzt, sodass Industriegüter Exportgüter sind. Für die Herstellung landwirtschaftlicher Erzeugnisse wird der knappe Faktor Boden B intensiv eingesetzt, sodass Agrargüter Inlandsgüter sind, die mit Importgütern in Konkurrenz stehen. Außenhandel ist von wechselseitigem Vorteil, wenn sich jedes Land auf die Produktion der Güter mit hoher Faktorintensität ihres reichlich vorhandenen Faktors spezialisiert und die Güter, die mit hoher Faktorintensität ihres knappen Faktors hergestellt werden müssen, aus dem Ausland importiert, wo dieser Faktor reichlich vorhanden ist.

▶ Das **Heckscher-Ohlin-Theorem** lautet: Güter, zu deren Produktion der *reichlich* vorhandene Faktor intensiv eingesetzt wird, sind Exportgüter, Güter, zu deren Produktion der *knappe* Faktor intensiv eingesetzt wird, mit Importen konkurrierende Inlandsgüter.

Abb. 2.7 zeigt – sowohl für ein Exportgut als auch für ein Inlandsgut –, dass die optimalen Faktoreinsatzmengen für die Herstellung eines Produkts von der Produktionstechnik und von den Kosten abhängen.

▶ Die **Isoquante** ist der geometrische Ort aller Kombinationen von Arbeitskraft und Boden, bei denen die Produktionsmenge eines Gutes gleich hoch ist.

▶ Die **Isokostengerade** ist der geometrische Ort aller Kombinationen von Arbeitskraft und Boden, bei denen die Produktionskosten eines Gutes gleich hoch sind.

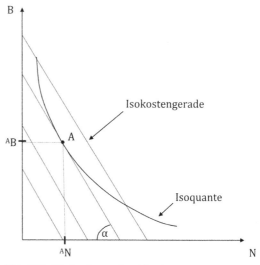

Abb. 2.7 Minimalkostenkombination

Der **Faktoreinsatz** ist *optimal*, wenn die Minimalkostenkombination erfüllt ist: Bei gegebener Produktionsmenge wird die kostenminimale Faktormengenkombination eingesetzt. Graphisch ist dies der Tangentialpunkt von Isoquante (griechisch: „isos" – „gleich", lateinisch: „quantum" – „wieviel") und Isokostengerade, siehe Abb. 2.7.

2.4.3 Stolper-Samuelson-Theorem

Von besonderer Bedeutung ist das Stolper-Samuelson-Theorem. Abb. 2.8 zeigt den Zusammenhang zwischen relativen Güterpreisen (unabhängige Variable) und relativen Faktorpreisen (abhängige Variable), der als Stolper-Samuelson-Theorem Eingang in die wirtschaftswissenschaftliche Literatur gefunden hat.

Im rechten Quadranten werden die *relative* **Faktorintensität** B/N und der *relative* **Faktorpreis** W/r in Beziehung zueinander gesetzt. Lage und Steigung der jeweiligen Kurven lassen sich folgendermaßen erklären: Beide Kurven weisen eine positive Steigung auf: Nimmt die relative Bodennutzung und damit die relative Faktorintensität B/N zu, so steigt die relative Faktorproduktivität zugunsten des weniger eingesetzten Faktors: Der Lohnsatz W erhöht sich stärker als der Pachtzinssatz r, sodass der relative Faktorpreis steigt:

Abb. 2.8 Stolper-
Samuelson-Theorem

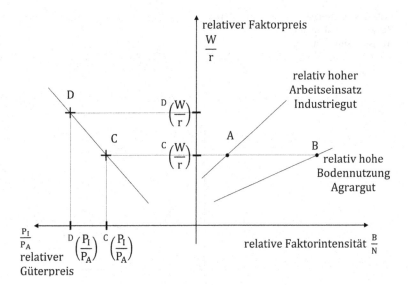

$$\frac{B}{N}\uparrow \rightarrow \frac{W}{r}\uparrow \qquad\qquad 2.67$$

Die Kurve des Exportgutes (Industrieprodukt) verläuft links der Kurve des Inlandsgutes (Agrarprodukt): Für einen gegebenen relativen Faktorpreis W/r – beispielsweise für den Vergleich von A zu B – ist das Verhältnis von Boden zu Arbeitskraft B/N im Punkt B größer, weil die *Industrie*produktion (Exportgut) arbeitsintensiv, die *Agrar*produktion (Inlandsgut) bodenintensiv ist.

Bei vollständiger Konkurrenz entspricht der Preis eines Gutes seinen Produktionskosten. Diese hängen von den Faktorpreisen ab. Der Preis für das Exportgut (Industrieprodukt) bestimmt sich hauptsächlich durch die Arbeitskosten, da Industrieproduktion arbeitsintensiv ist. Der Preis für das Inlandsgut (Agrarprodukt) bestimmt sich hauptsächlich durch die Bodenkosten, da Agrarproduktion bodenintensiv ist. Stolper und Samuelson heben den engen Zusammenhang zwischen der Änderung der relativen Güterpreise und der Änderung der relativen Faktorpreise hervor (vgl. Stolper und Samuelson 1941, S. 58–73), der im linken Quadranten von Abb. 2.8 dargestellt ist.

▶ Das **Stolper-Samuelson-Theorem** lautet: Steigt der relative Güterpreis, so steigt auch der relative Faktorpreis.

Steigt beispielsweise der Preis für das arbeitsintensive Industrieprodukt (Exportgut) stärker als der Preis für das bodenintensive Agrarprodukt (Inlandsgut), so steigt auch der Lohnsatz stärker als der Pachtzinssatz:

$$\frac{P_I}{P_A}\uparrow \rightarrow \frac{W}{r}\uparrow \qquad\qquad 2.68$$

In Abb. 2.8 ist dies daran zu erkennen, dass ein – im Vergleich zur Ausgangssituation in C – höherer *relativer* Güterpreis in D einen höheren Faktorpreis nach sich zieht.

$$^D\!\left(\frac{P_I}{P_A}\right) > \,^C\!\left(\frac{P_I}{P_A}\right) \rightarrow \,^D\!\left(\frac{W}{r}\right) > \,^C\!\left(\frac{W}{r}\right)_{2.69}$$

2.4.4 Rybczynski-Theorem

Ein weiterer wichtiger Zusammenhang wird durch das Rybczynski-Theorem beschrieben.

In Abb. 2.9 ist die optimale Ressourcenallokation im Ausgangsgleichgewicht zu erkennen:

Das erste Koordinatensystem zeigt das Faktoreinsatzverhältnis für die Herstellung des Exportgutes (Industrieprodukt I): Auf der unteren, von links nach rechts zu lesenden Abszisse wird die Faktoreinsatzmenge von Arbeitskraft N_I gemes-

Abb. 2.9 Optimale
Ressourcenallokation I:
Ausgangssituation

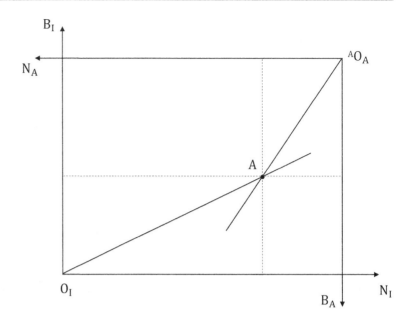

sen, auf der linken, von unten nach oben zu lesenden Ordinate die Faktoreinsatzmenge von Boden
B_I. Die Faktoreinsatzkurve für das Exportgut
nimmt einen positiven Verlauf ein, da mit zunehmendem Einsatz des einen Faktors auch der andere Faktor stärker eingesetzt wird. Diese Kurve
verläuft relativ flach, weil die Industrieproduktion
für den Exportmarkt relativ arbeitsintensiv ist.

Das zweite Koordinatensystem, das um 180
Grad gedreht und auf das erste gestülpt ist, zeigt
das Faktoreinsatzverhältnis für die Herstellung
des Inlandsgutes (Agrarprodukt A): Auf der
oberen, von rechts nach links zu lesenden Abszisse wird die Faktoreinsatzmenge von Arbeitskraft N_A gemessen, auf der rechten, von oben
nach unten zu lesenden Ordinate die Faktoreinsatzmenge von Boden B_A. Die Faktoreinsatzkurve für das Inlandsgut nimmt einen positiven
Verlauf ein, da mit zunehmendem Einsatz des
einen Faktors auch der andere Faktor stärker
eingesetzt wird. Diese Kurve verläuft steil, weil
die Agrarproduktion für den Inlandsmarkt bodenintensiv ist.

Punkt A repräsentiert die optimale Faktorallokation: Wenn die Preise für industrielle und für
landwirtschaftliche Erzeugnisse sowie die Kapazitäten für Arbeit und Boden feststehen, sind
auch die Ressourcenallokation sowie die Produktionsmengen beider Güter bestimmt.

Die jeweiligen Kapazitäten für den Einsatz
der Produktionsfaktoren Arbeitskraft und Boden
sind zu beachten:

Die **Höhe** dieses doppelten Koordinatensystems repräsentiert das gesamte **Bodenangebot**,
das sich aus der Summe des Bodenangebots für
die Exportgüterproduktion und des Bodenangebots für die Inlandsgüterproduktion ergibt.

Die **Breite** dieses doppelten Koordinatensystems repräsentiert das gesamte **Arbeitsangebot**,
das sich aus der Summe des Arbeitsangebots für
die Exportgüterproduktion und des Arbeitsangebots für die Inlandsgüterproduktion ergibt.

Wenn der relative Güterpreis P_I/P_A gegeben
ist, dann ist die jeweilige relative Bodennutzung
im Verhältnis zur Arbeitsmenge B_I/N_I beziehungsweise B_A/N_A bestimmt.

Die **Industriekurve** verläuft *flacher* als die Bo-
denkurve, weil die Industrieproduktion arbeitsintensiv ist und die Arbeitsmenge horizontal gemessen wird. Die Agrarproduktion ist bodenintensiv,
und die Bodennutzung wird vertikal gemessen:

$$\frac{B_I}{N_I} < \frac{B_A}{N_A}$$

2.70

Wenn eine Volkswirtschaft optimal arbeitet,
nutzt sie sämtliche Ressourcen. Eine **erhöhte
Bodennutzung** – hervorgerufen beispielsweise

Abb. 2.10 Optimale Ressourcenallokation II: Erhöhte Bodennutzung

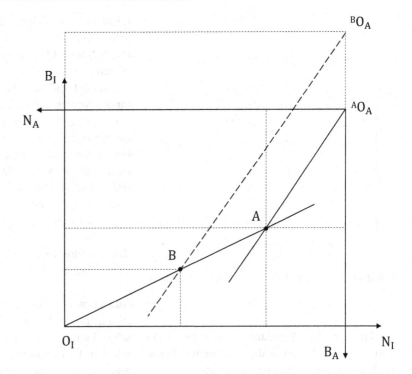

durch die zusätzliche Kultivierung von Böden – führt zu zunehmender Bodennutzung in der Produktion beider Güter. In Abb. 2.10 wird dies durch die zunehmende Höhe des Koordinatensystems repräsentiert.

Mit steigender Bodennutzung sinkt die Grenzproduktivität der Bodennutzung, während die Grenzproduktivität der Arbeit steigt. Deshalb sinkt auch der Pachtzins für Boden. Dies resultiert in einer

- **nicht-proportionalen Zunahme** der **Agrarproduktion**, weil diese bodenintensiv ist und daher hauptsächlich den relativ billiger gewordenen Faktor einsetzt;
- **nicht-proportionalen Abnahme** der **Industrieproduktion**, weil diese arbeitsintensiv ist und daher hauptsächlich den relativ teurer gewordenen Faktor einsetzt.

Die Produktionsfaktoren wandern von der arbeitsintensiven Produktion in die bodenintensive Produktion. Der polnisch-britische Ökonom Tadeusz Mieczyslaw Rybczynski (1923–1998) stellte dabei ein nach ihm benanntes Theorem auf (vgl. Rybczynski 1955, S. 336–341):

▶ Das **Rybczynski-Theorem** lautet: Wenn ein *einziger* Produktionsfaktor stärker eingesetzt wird, kommt es aufgrund unterschiedlicher relativer Faktoreinsatzmengen zu einer nicht-proportionalen Änderung der relativen Produktionsmengen – graphisch: zu einer Verschiebung der Transformationskurve. Dies bedeutet, dass die **steigende Kapazität** *eines* **Faktors** nicht notwendigerweise zu einer steigenden Produktion *aller* Güter führt, die diesen Produktionsfaktor nutzen.

In Abb. 2.11 führt das steigende Bodenangebot zu einer nicht-proportionalen Verschiebung der Transformationskurve (Produktionsmöglichkeitskurve) nach außen zu mehr bodenintensiver Produktion: Es besteht eine Präferenz für die Herstellung von Gütern, die hauptsächlich den im Überfluss vorhandenen Faktor nutzen. Güter (Agrarprodukte), für deren Produktion vornehmlich der reichlich vorhandene Produktionsfaktor (Boden) eingesetzt wird, werden exportiert.

Eine **erhöhte Nutzung** von **Arbeitskraft** – hervorgerufen beispielsweise durch Einwanderung – führt zu zunehmender Nutzung von Ar-

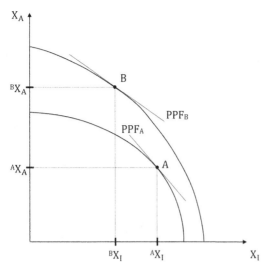

Abb. 2.11 Rybczynski-Theorem bei erhöhter Bodennutzung

beitskraft in der Produktion beider Güter. In Abb. 2.12 wird dies durch die zunehmende Breite des Koordinatensystems repräsentiert.

Die Grenzproduktivität der eingesetzten Arbeitskraft nimmt ab. Deshalb sinkt auch der Lohnsatz. Dies resultiert in einer

- **nicht-proportionalen Zunahme** der **Industrieproduktion**, weil diese arbeitsintensiv ist und daher hauptsächlich den relativ billiger gewordenen Faktor einsetzt;
- **nicht-proportionalen Abnahme** der **Agrarproduktion**, weil diese bodenintensiv ist und daher hauptsächlich den relativ teurer gewordenen Faktor einsetzt.

Die Produktionsfaktoren wandern von der bodenintensiven Produktion in die arbeitsintensive Produktion, weil sie dort stärker nachgefragt werden.

In Abb. 2.13 führt das steigende Angebot von Arbeitskraft zu einer nicht-proportionalen Verschiebung der Transformationskurve (Produktionsmöglichkeitenkurve) nach außen zu mehr arbeitsintensiver Produktion.

Es besteht eine Präferenz für die Herstellung von Gütern, die hauptsächlich den im Überfluss vorhandenen Faktor nutzen. Güter (Industrieprodukte), für deren Produktion vornehmlich der

reichlich vorhandene Produktionsfaktor (Arbeitskraft) eingesetzt wird, werden exportiert. Die folgende Idee vermag die obigen Resultate zu verdeutlichen:

Länder **handeln** *indirekt* **mit Produktionsfaktoren**: Anstatt die Faktoren wandern zu lassen, wandern bei Außenhandel die Güter: Das Inland exportiert *indirekt* seinen reichlich vorhandenen Faktor Arbeitskraft, indem es arbeitsintensive Industriegüter exportiert. Das Inland importiert *indirekt* den knappen Faktor Boden, indem es bodenintensive Agrarprodukte importiert.

2.4.5 Faktorpreisausgleichstheorem

Außenhandel wirkt sich auf die Einkommensverteilung aus, und zwar nicht nur auf diejenige zwischen Ländern, wo es zu einer Konvergenz der relativen Preise kommt, sondern auch auf diejenige *innerhalb* eines Landes. Unter der Annahme sinkender Grenzproduktivitäten lassen sich diese Effekte in folgender Weise beschreiben:

Angenommen, im Inland steigt der *relative* **Preis** für industrielle Erzeugnisse:

$$\frac{P_I}{P_A} \uparrow$$

2.71

Die Folge ist, dass die **Bodennutzung** – ob in der industriellen oder in der landwirtschaftlichen Produktion – zunimmt, weil Boden im Vergleich zu Arbeitskraft billiger geworden ist:

$$\Rightarrow \frac{B_I}{N_I} \uparrow, \frac{B_A}{N_A} \uparrow$$

2.72

Die **Grenzproduktivität der Arbeit** steigt, die Grenzproduktivität der Bodennutzung sinkt, weil die Grenzproduktivität negativ von ihrer jeweiligen Faktoreinsatzmenge abhängt:

$$\frac{dX_I}{dN_I} \uparrow, \frac{dX_A}{dN_A} \uparrow$$

2.73

$$\frac{dX_I}{dB_I} \downarrow, \frac{dX_A}{dB_A} \downarrow$$

2.74

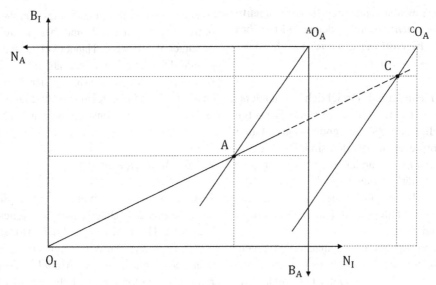

Abb. 2.12 Optimale Ressourcenallokation III: Erhöhte Nutzung von Arbeitskraft

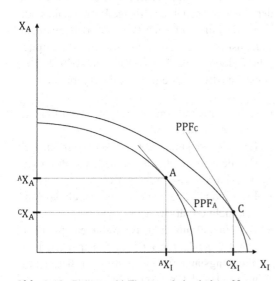

Abb. 2.13 Rybczynski-Theorem bei erhöhter Nutzung von Arbeitskraft

Bei vollständiger Konkurrenz entsprechen die realen Faktorpreise ihren jeweiligen Grenzproduktivitäten: der Reallohnsatz der Grenzproduktivität der Arbeit und der Pachtzinssatz der Grenzproduktivität der Bodennutzung. Daher ändern sich die *realen* **Faktorpreise**: Der Reallohnsatz steigt, der Pachtzinssatz sinkt:

$$\frac{W}{P_I} \uparrow, \frac{W}{P_A} \uparrow$$

$$\tag{2.75}$$

$$\frac{r}{P_I} \downarrow, \frac{r}{P_A} \downarrow$$

$$\tag{2.76}$$

Der relative Lohnsatz steigt, weil sich der Lohnsatz erhöht und der Pachtzinssatz sinkt:

$$\Rightarrow \frac{W}{r} \uparrow$$

$$\tag{2.77}$$

Die Einkommensverteilung wirkt sich unterschiedlich aus, nämlich im Inland:

- positiv auf die inländischen Arbeitnehmer, da deren Arbeitseinkommen steigen,
- negativ auf die inländischen Landeigentümer, da deren Pachtzinsen sinken.

Im Ausland wird aufgrund der Konvergenz der relativen Preise der relative Preis für Industriegüter im Verhältnis zum Preis von Agrargütern sinken, sodass sich die Einkommensverteilung im Ausland ebenfalls unterschiedlich auswirkt, nämlich:

- negativ auf die ausländischen Arbeitnehmer, da deren Arbeitseinkommen sinken,
- positiv auf die ausländischen Landeigentümer, da deren Pachtzinsen steigen.

▶ Durch Außenhandel stellen sich die **Eigentümer** des *reichlich* vorhandenen **Faktors besser**, die **Eigentümer** des *knapp* vorhandenen
Faktors **schlechter**.

Die Eigentümer des reichlich vorhandenen
Faktors gewinnen, weil sie verstärkt Exportgüter herstellen, für die steigende relative Güter-
und Faktorpreise zu erwarten sind. Die Eigentümer des *knapp* vorhandenen *Faktors* verlieren,
weil sie verstärkt Güter herstellen, die in Konkurrenz zu Importgütern stehen, für die sinkende relative Güter- und Faktorpreise zu erwarten sind.

Aufgrund der durch Außenhandel hervorgeru-
fenen Einkommenseffekte gibt es in Industrielän-
dern wie Deutschland ein politisches Problem, das
zu einer skeptischen Haltung gegenüber Freihandel beiträgt: *Schlecht* **ausgebildete** Arbeitnehmer,
die den knappen Produktionsfaktor verkörpern,
mit dem Güter hergestellt werden, die mit Importgütern konkurrieren, **verlieren** durch Außenhandel, weil ihre Einkommen sinken. *Gut* **ausgebildete** Arbeitnehmer, die den reichlich vorhandenen
Produktionsfaktor verkörpern, mit dem Exportgüter hergestellt werden, **gewinnen** durch Außenhandel, weil ihre Einkommen steigen.

Zunehmender Außenhandel mit Niedriglohn-
ländern kann nach dem Heckscher-Ohlin-Modell
für Hochlohnländer bedeuten, dass die Einkom-
mensunterschiede zwischen hoch- und gering-
qualifizierten Arbeitskräften zunehmen. Allerdings gibt es für so eine Entwicklung auch andere
Gründe wie die technische Entwicklung, die zu
einem Rückgang einfacher Tätigkeiten führt.
Entscheidend ist die Frage, wie hoch die Einkommen ohne Außenhandel wären.

Außenhandel führt zur Konvergenz der Güterpreise und damit auch der Faktorpreise. Im Idealfall sind alle Faktorpreise gleich (vgl. Heckscher
1949/1919, S. 272–300; Lerner 1932, S. 346–
356; Samuelson 1948, S. 163–184, 1949, S. 181–
196, 1964, S. 169).

▶ Das **Faktorpreisausgleichstheorem (Lerner-
Samuelson-Theorem)** lautet: Bei Freihandel
gleichen sich die Güterpreise und dadurch
auch die Faktorpreise weltweit an.

Dieses Theorem gilt allerdings nur, wenn rest-
riktive Annahmen erfüllt sind, beispielsweise vollständiger Wettbewerb, Handelbarkeit und Homogenität der Güter, länderweit ähnliche technische Ausstattung, Vernachlässigung der Translokationskosten, ähnliche relative Faktorausstattungen
und relative Produktionstechniken in den Ländern.

2.4.6   Interpretation

Trotz der Ähnlichkeit ihrer Ergebnisse gibt es einen zeitlichen Unterschied zwischen dem
Heckscher-Ohlin-Modell und dem Modell spezifischer Faktoren: Die Wirkungen auf die Einkommensverteilung sind im **Modell spezifischer
Faktoren** *kurzfristig*, weil die Spezifizität von
Faktoren nur temporär gilt. Im **Heckscher-Ohlin-
Modell** sind sie *langfristig*, weil Unterschiede in
der Faktorintensität langfristige Phänomene sind.

Kritik am Heckscher-Ohlin-Modell erstreckt
sich insbesondere auf seine mangelnde empirische Evidenz (vgl. Trefler 1995, S. 1029–1046).
Diese betrifft vor allem folgende Ergebnisse:

• Eine weltweite Angleichung der Faktorpreise
  ist nicht zu beobachten.
• Exportgüter sind nicht nur Güter, die hauptsächlich mit reichlich vorhandenen Produktionsfaktoren hergestellt werden.
• Intra-industrieller Handel kann durch das Modell nicht erklärt werden.
• Der Handel mit Industrieprodukten spielt seit
  den 1980er-Jahren auch in den meisten Entwicklungsländern eine deutlich größere Rolle
  als der Handel mit Agrarprodukten.
• Die Frage des Überflusses beziehungsweise
  der Knappheit an Produktionsfaktoren scheint
  eine geringere Rolle für den Außenhandel zu
  spielen als die Frage der Effizienz der Faktoren. Wenn die Arbeitsproduktivität eines Faktors in einem Land doppelt so hoch ist wie in
  einem anderen Land, ist das produktivere
  Land mit diesem Produktionsfaktor schlechter
  ausgestattet (knapper Faktor) als das weniger
  produktive Land (reichlicher Faktor). Dennoch kann das schlechter ausgestattete Land
  mehr produzieren.

In diesem Kontext offenbarte das **Leontief-Paradoxon** ein auf den ersten Blick überraschendes Phänomen: Zwischen 1945 und 1970 waren US-amerikanische Exportgüter weniger „kapitalintensiv" als US-amerikanische Importgüter, obwohl Kapital in den USA reichlich vorhanden war. Studien des russisch-amerikanischen Nobelpreisträgers Wassily Leontief (1905–1999) zufolge waren die USA auf dem Gebiet innovativer Techniken führend (vgl. Leontief 1953, S. 331–349). Diese bedurften jedoch weniger eines hohen Kapitaleinsatzes als vielmehr eines hohen Einsatzes hochqualifizierter Arbeitskräfte. Mit diesen waren die Amerikaner im Gegensatz zu den meisten anderen Ländern ebenfalls reichlich ausgestattet. So fand das Leontief-Paradoxon schließlich eine plausible Auflösung.

2.5 Neue Außenhandelstheorie

2.5.1 Grundlagen

Das entscheidende Merkmal der Neuen Außenhandelstheorie ist die Annahme **un**vollständigen **Wettbewerbs**. Anstelle der Annahme atomistischer Konkurrenz, die der traditionellen „Alten Außenhandelstheorie" innewohnt, werden Marktunvollkommenheiten explizit berücksichtigt (vgl. Spencer und Brander 1983, S. 707–722; Dixit 1984, S. 1–16). Unvollständige Konkurrenz liegt beispielsweise auf Märkten mit Oligopolen oder monopolistischer Konkurrenz vor. In einem Oligopol gibt es nur wenige Anbieter. Die **monopolistische Konkurrenz** zeichnet sich dadurch aus, dass zwar formal aufgrund mehrerer Anbieter Konkurrenz besteht, faktisch aber Monopolverhalten möglich ist, weil die Konkurrenz beispielsweise aufgrund räumlicher Distanz wirkungslos ist. Der US-amerikanische Harvard-Ökonom Edward Hastings Chamberlin (1899–1967) entwickelte 1933 die Theorie monopolistischer Konkurrenz (vgl. Chamberlin 1933), der er auch die noch heute geläufige Bezeichnung gab. Seine Ausführungen basieren auf seiner 1927 verteidigten Dissertation. In den folgenden Jahren verfeinerte Chamberlin seine Theorie (vgl. Chamberlin 1937, S. 557–580, 1951, S. 343–362,

1952, S. 318–325, 1953, S. 1–29, 1961, S. 515–543). Die britische Cambridge-Ökonomin Joan Violet Robinson (1903–1983) wandte sich ebenfalls bereits 1933 gegen die dominierende Lehre vollständiger Konkurrenz und wies auf die hohe Bedeutung unvollkommenen Wettbewerbs hin (vgl. Robinson 1933). Der Princeton-Ökonom Avinash Kamalakar Dixit sowie der Nobelpreisträger Joseph Eugene Stiglitz sorgten für eine Renaissance der Theorie monopolistischer Konkurrenz (vgl. Dixit und Stiglitz 1977, S. 297–308), die bis heute anhält.

2.5.2 Intra-industrieller Handel

2.5.2.1 Empirische Betrachtung

In den traditionellen Außenhandelstheorien gilt die Annahme vollständiger Konkurrenz und somit auch die Annahme *konstanter* Skalenerträge (vgl. Krugman 1987, S. 132). Diese Theorien können Außenhandel begründen, indem sie auf unterschiedliche *exogene* Faktoren hinweisen: So können beispielsweise komparative Vorteile hinsichtlich der jeweiligen Arbeitsproduktivitäten (Ricardo) oder Faktorausstattungen (Heckscher-Ohlin) *inter*-**industriellen** (*inter*-sektoralen) **Handel** erklären. Dieser schlägt sich im Handel *heterogener* Güter nieder: Beispielsweise exportiert Deutschland Maschinen in Entwicklungsländer, weil Deutschland komparative Vorteile im Maschinenbau hat und mit den Produktionsfaktoren Kapital und qualifizierter Arbeitskraft gut ausgestattet ist. Im Gegenzug importiert Deutschland Nahrungsmittel aus Entwicklungsländern, weil Entwicklungsländer komparative Vorteile in der Agrarproduktion haben und mit den Produktionsfaktoren Land und geringqualifizierter Arbeitskraft gut ausgestattet sind. Bis in die Nachkriegszeit hinein war Außenhandel in erster Linie „dissimilar-dissimilar: trade in dissimilar goods between dissimilar countries", wie es der Außenhandelstheoretiker Krugman in seiner Nobelpreisrede formulierte (Krugman 2008, S. 336), also „Handel mit unähnlichen Gütern zwischen unähnlichen Ländern".

Die klassischen Außenhandelstheorien sind jedoch nicht in der Lage, *intra*-**industriellen** (intra-sektoralen) **Handel** zu erklären, dessen Bedeutung als Erster der ungarische Ökonom Béla Alexander Balassa (1928–1991) erkannt hat (vgl. Balassa 1966, S. 466–473). Diese Art von Außenhandel schlägt sich im Handel relativ *homogener* Güter nieder: Beispielsweise exportiert Deutschland Autos nach Süd-Korea, importiert aber auch Autos aus Süd-Korea.

Die wichtigsten deutschen Exportgüter sind Kraftwagen und Kraftwagenteile, Maschinen, Datenverarbeitungsgeräte, elektronische und optische Erzeugnisse, chemische Erzeugnisse, elektrische Ausrüstungen sowie pharmazeutische Erzeugnisse. Sie haben einen Anteil von etwa zwei Dritteln am deutschen Exportwert.

Wichtigste deutsche **Exportgüter** sind, gemessen an ihrem jeweiligen Anteil am Exportwert (vgl. destatis 2020a, c, 2021):

1. Kraftwagen und Kraftwagenteile (17 %),
2. Maschinen (15 %),
3. Datenverarbeitungsgeräte, elektronische und optische Erzeugnisse (9 %),
4. chemische Erzeugnisse (9 %),
5. elektrische Ausrüstungen (8 %),
6. pharmazeutische und ähnliche Erzeugnisse (7 %).

Die **Struktur** des deutschen Außenhandels bestätigt die hohe Bedeutung intra-industriellen Handels: Die wichtigsten deutschen Exportgüter gehören denselben Güterabteilungen des Güterverzeichnisses des Statistischen Bundesamtes an wie die wichtigsten deutschen Importgüter – mit Ausnahme von Erdöl- und Erdgasimporten. Ihr Anteil am deutschen Importwert beträgt mehr als die Hälfte.

Wichtigste deutsche **Importgüter** sind, gemessen an ihrem jeweiligen Anteil am Importwert (vgl. destatis 2020a):

1. Kraftwagen und Kraftwagenteile (12 %),
2. Datenverarbeitungsgeräte, elektronische und optische Erzeugnisse (11 %),
3. Maschinen (8 %),
4. chemische Erzeugnisse (8 %),
5. elektrische Ausrüstungen (6 %),
6. *Erdöl und Erdgas (6 %)*,
7. pharmazeutische und ähnliche Erzeugnisse (6 %).

Nach der klassischen Außenhandelstheorie müsste das Gros des Außenhandels zwischen Industrie- und Entwicklungsländern abgewickelt werden, weil diese Ländergruppen sich stark unterscheiden. Seit einigen Jahrzehnten dominiert jedoch der Handel innerhalb der Gruppe der Industrienationen. Zählt man Chinas dualistische Ökonomie ebenfalls zu den industrialisierten Volkswirtschaften, ergibt sich folgendes Bild:

Die größten **Außenhandelspartner Deutschlands**, von denen keiner einen Anteil von 10 Prozent am gesamten deutschen Außenhandel erreicht, sind allesamt Industrienationen (vgl. destatis 2020b): An der Spitze stehen die **Großen Vier**: China, die USA, die Niederlande und Frankreich, die insgesamt für etwa **ein Drittel** des deutschen Außenhandelswertes verantwortlich sind. Weitere **acht Länder** generieren das **zweite Drittel** des deutschen Außenhandelswertes: Italien, Polen, das Vereinigte Königreich, Österreich, Schweiz, Tschechien, Belgien und Spanien. Auffällig ist, dass – abgesehen von den bevölkerungsarmen Staaten Dänemark (6 Millionen) und Luxemburg (0,6 Millionen) – alle sieben größeren Nachbarländer Deutschlands zu seinen wichtigsten 12 Handelsnationen zählen, mit denen Deutschland Anfang der 2020er-Jahre wertmäßig doppelt so viel Handel treibt wie mit den übrigen über 180 Nationen. Außer Südafrika, dem am weitesten entfernt gelegenen afrikanischen Staat, findet sich kein einziges der landwirtschaftlich geprägten Länder des afrikanischen Kontinents unter Deutschlands 50 wichtigsten Handelspartnern.

2.5.2.2 Theoretische Betrachtung

Die Neue Außenhandelstheorie bildet kein geschlossenes Theoriegebäude, sondern speist sich aus einer Ansammlung wichtiger Aspekte.

Intra-industrieller Handel ist aus folgenden Gründen bedeutsam:

1. Monopolistische Konkurrenz (Chamberlin, Robinson),
2. Produktdifferenzierung und – diversifikation (Dixit, Stiglitz),
3. Fragmentierung (Jones, Kierzkowski),
4. steigende Skalenerträge (Chipman, Balassa, Krugman),
5. Transportkosten (Linder),
6. Exportsubventionen (Brander, Spencer),
7. Externalitäten (Krugman, Melitz),
8. Heterogenität der Unternehmen (Melitz)
9. Reallokationen (Melitz)

Konsumenten präferieren eine Vielfalt von Gütern, sodass **Produktdifferenzierung** und **-diversifikation** auf eine entsprechende Nachfrage stoßen (vgl. Dixit und Stiglitz 1977, S. 297–308). Beide Strategien reduzieren den Preiswettbewerb, weil nicht um *gleiche* Güter konkurriert wird, sondern um *ähnliche* (Differenzierung) beziehungsweise *andere* Güter (Diversifikation). Steht die Produktqualität im Vordergrund, spielen die traditionellen Gründe für Außenhandel eine geringere Rolle, weil nicht polypolistische, sondern monopolistische Konkurrenz vorliegt.

Unternehmerische Pioniere orientieren sich an einer **Innovationsstrategie** und bringen Produktinnovationen hervor. Diese *neuen* **Produkte** werden in einer globalisierten Welt oft exportiert. Im Laufe der Zeit werden allerdings andere Unternehmen aus dem In- und Ausland auf die hohen Gewinne aufmerksam und treten in den Markt ein. Verfolgen die Wettbewerber eine **Imitationsstrategie**, bieten sie *gleiche* **Produkte** an, sofern dem keine rechtlichen Regeln entgegenstehen oder sie ebensolche Regeln ignorieren, wie dies vor allem in Asien, Afrika und Lateinamerika zuweilen der Fall ist. Die Monopolgewinne der Pionierunternehmer gehen verloren. Verlieren diese im Preiswettbewerb die Kostenführerschaft an die ausländische Konkurrenz, ist es sogar möglich, dass Länder mit Pio-

nieren von Exporteuren zu Importeuren mutieren. Verfolgen Wettbewerber keine Imitations-, sondern eine **Adaptionsstrategie**, bieten sie *ähnliche* **Produkte** an, die Modifikationen der jeweiligen Grundprodukte darstellen. Auch durch Produktdifferenzierung lässt sich Nachfrage umleiten, weil nicht nur gleiche, sondern auch ähnliche Güter bis zu einem gewissen Grad Substitutionsgüter sind. So kommt es, dass Länder im Laufe der Zeit durch Diffusion ihre ursprünglichen komparativen Vorteile zumindest in einigen Marktsegmenten an andere Länder verlieren.

Zahlen zum deutschen Außenhandel, welche die hohe Bedeutung intra-industriellen Handels belegen, lassen die Theorie komparativer Vorteile nicht in die Bedeutungslosigkeit verschwinden. Denn ob die Struktur der Exportgüter derjenigen der Importgüter „gleicht", hängt vom gewählten **Aggregationsniveau** ab: Wenn Deutschland einen Mercedes eines bestimmten Modells nach Süd-Korea exportiert und einen Hyundai eines bestimmten Typs aus Süd-Korea importiert, stehen beide Autos in derselben Güterabteilung des Güterverzeichnisses des Statistischen Bundesamtes, das keine Unterschiede in den Produkteigenschaften kennt. Wenn Güterabteilungen jedoch stärker disaggregiert werden, ist festzustellen, das *scheinbar* **homogene** Güter *anscheinend* **heterogene** Güter sind: Denn nicht jeder Konsument betrachtet das Mercedes-Modell und das Hyundai-Modell als Substitutionsgüter. Dies bedeutet, dass die Theorie komparativer Vorteile auch beim intra-industriellen Handel eine hohe Validität aufweisen kann.

In einer *hochaggregierten* Statistik ist nur nicht erkennbar, ob die Struktur von Export- beziehungsweise Importgütern gleich ist oder sich doch signifikant unterscheidet: Beispielsweise zeigt die deutsche Außenhandelsstatistik, dass die Struktur der Exportgüter durch Fahrzeuge und Maschinen sowie durch datenverarbeitende, elektronische, optische, chemische, elektrische und pharmazeutische Güter geprägt ist (vgl. destatis 2021). Gleichwohl dominieren die gleichen Güterkategorien die Importstruktur (vgl. statista 2020) des deutschen Außenhandels. Dabei werden zum Teil *ähnliche*, leicht substituierbare Güter wie Personenkraftwagen gehandelt, zum Teil aber auch gänzlich *andere* Güter, die jedoch zu derselben Produktkategorie gerechnet werden: Hochwertige Spezialmaschinen, die exportiert werden, fallen in dieselbe Kategorie „Maschinen" wie minderwertige Standardmaschinen, die importiert werden. Bei einer Disaggregation ist zu erkennen, dass beide Güter zwar in dieselbe Kategorie fallen, dennoch als unterschiedliche Güter wahrgenommen werden können. Somit ist die Bedeutung des intra-industriellen Handels zum Teil weniger von der Produktstruktur als vielmehr vom Aggregationsniveau einschlägiger Statistiken abhängig.

Im Außenhandel hat aufgrund zunehmender internationaler Arbeitsteilung der Grad der **Fragmentierung** zugenommen (vgl. Jones und Kierzkowski 1990, S. 31–48; Jones 2000, S. 115–134; Jones und Kierzkowski 2001, S. 17–34; Arndt 2001, S. 76–87): Hochgradige Spezialisierung trägt dazu bei, dass ein Produkt, bis es den Status eines Endprodukts erreicht hat, auf mehreren Produktionsstufen Ländergrenzen überschreitet. Eine derartige Fragmentierung des Außenhandels basiert in der Regel auf komparativen Vorteilen.

Der intra-industrielle Handel hat auch deshalb zugenommen, weil der Handel mit **Zwischenprodukten** (gleicher Industrien) den Handel mit Vor- und Endprodukten (anderer Industrien) an Bedeutung überragt. Verstärktes **Offshoring**, das Auslagern betrieblicher Tätigkeiten an externe ausländische Unternehmen (vgl. Blinder 2006, S. 113–128), sowie eine internationale Spezialisierung innerhalb internationaler vertikaler **Netzwerke** haben den internationalen Handel intensiviert. Zudem ist ein enger Zusammenhang zwischen steigenden **Auslandsinvestitionen** (Foreign Direct Investment, FDI) und zunehmendem Außenhandel zu beobachten (vgl. Miroudot et al. 2009, insbesondere S. 33–34). Es bleibt abzuwarten, ob dem Trend des Offshoring in Zukunft ein Trend des Inshoring folgt, seitdem in der Corona-Krise deutlich geworden ist, dass sich die Abhängigkeit von internationalen Lieferketten in Krisenzeiten als Problem erweisen kann. Offshoring orientiert sich an (temporärer) Effizienz zu einem bestimmten Zeitpunkt, **Inshoring** an *adaptiver* **Effizienz**, welche die Fähigkeit mitein-

bezieht, die Faktorallokation schnell an veränderte Rahmenbedingungen „anzupassen".

Spezialisierung und Außenhandel entstehen nicht nur aufgrund *exogener* Faktoren, sondern auch aufgrund *endogener* Faktoren wie *steigender* **Skalenerträge** (vgl. Chipman 1966, S. 18–76, 1970, S. 347–385; Balassa 1966, S. 466–473; Krugman 1979a, S. 469–479, 1979b, S. 253–266, 1980, S. 950–959, 1981, S. 959–973, 1984, S. 180–193, 1991, S. 483–499, 1996, S. 5–30) bei monopolistischer Konkurrenz. Ökonomien mit ähnlicher Faktorausstattung und ähnlicher Produktionsstruktur treiben Handel, um durch internationale Arbeitsteilung ihre Durchschnittskosten zu senken. Wenn die Bedeutung komparativer Vorteile relativ gering und diejenige steigender economies of scale relativ hoch ist, tritt der Stolper-Samuelson-Effekt (vgl. Stolper und Samuelson 1941, S. 58–73), der negative Effekte für knappe Produktionsfaktoren erwarten lässt, nicht auf (vgl. Krugman 2008, S. 339).

Der ehemalige schwedische Politiker und Ökonom Staffan Burenstam Linder (1931–2000) machte schon früh darauf aufmerksam, dass signifikante **Transportkosten** im Außenhandel dazu führen, dass Unternehmen als **Produktionsstandorte** *große* **Absatzmärkte** bevorzugen (vgl. Linder 1961): Gibt es seitens der Konsumenten starke Präferenzen für ein bestimmtes Gut, so ist der Absatzmarkt für dieses Gut relativ groß, sodass die Produktion ausgeweitet und schließlich zum Teil auch exportiert wird (vgl. Krugman 1980, S. 950–959).

Die analytisch einfachste Form unvollständiger Konkurrenz ist ein Duopol, das Brander und Spencer in ihrem Grundmodell vertreten. Das **Brander-Spencer-Modell** (vgl. Brander und Spencer 1985, S. 83–100) ist nach dem Kanadier James Alan Brander und der Australierin Barbara Spencer benannt, die sich in der Außenhandelstheorie einen Namen gemacht haben: Sie untersuchen die Wirkung protektionistischer Maßnahmen in einem Marktdesign, das nicht vollständiger, sondern unvollständiger Konkurrenz entspricht: Diese Situation bedeutet, dass beide Unternehmer nicht Preis*nehmer* wie auf polypolistischen Märkten sind, sondern Preis*setzer*. Zum Beispiel ist es möglich, dass Duopolisten ihre Marktanteile durch strategisches Verhalten ermitteln, bei dem sie mögliche Reaktionen der Konkurrenten auf ihre möglichen Aktionen antizipieren. Um dem inländischen Unternehmen einen größeren Marktanteil zu gewähren, subventionieren Staaten Exporte „ihrer" Unternehmen. Dadurch gelingt es inländischen Unternehmen, schneller auf dem Markt zu sein und sich gegenüber der ausländischen Konkurrenz ein Marktsegment zu sichern, das zu klein für zwei Unternehmen ist. **Exportsubventionen** sind zwar nicht Bestandteil von First-best-Lösungen einer internationalen Handelsordnung, sie können sich aber nach Brander und Spencer auf unvollkommenen Märkten gemäß der **Theorie des Zweitbesten** (vgl. Meade 1955; Lipsey und Lancaster 1956, S. 11–32) als sinnvolle staatliche Eingriffe erweisen: Durch eine Exportsubvention wird ein inländisches Unternehmen in die Lage versetzt, auf dem Weltmarkt einen Bruttopreis zu erzielen, der oberhalb seiner Grenzkosten liegt, sodass durch diese protektionistische Maßnahme seine Wettbewerbsfähigkeit erhöht wird.

Externalitäten können als Argumente für Protektionismus angesehen werden: So betont die **Neue Ökonomische Geographie** (vgl. Krugman 1991, S. 483–499), dass durch inländische Produktion **Know-how** im Inland generiert und gehalten wird (vgl. Krugman 1987, S. 137–138). Das Festhalten an inländischer Produktion führt zu positiven Spillover-Effekten auf andere Wirtschaftsbereiche des Inlandes, die Substitution eigener Produktion durch Importe zum Verlust des Wissens um technisch und kaufmännisch optimale Produktionsabläufe. Da die Investition in Bildung den Charakter von Fixkosten hat, rechnet sich eine Bildungsinvestition mehr, wenn die Bildungserträge stärker genutzt werden können. Es ist denkbar, dass die Faktorausstattung zweier Regionen oder Länder zu einem gegebenen Zeitpunkt ähnlich ist, dann aber aufgrund *endogener* Faktoren wie unterschiedlicher Außenhandelsaktivitäten divergiert: Die technische Ausstattung und das Humankapital können sich ändern, sodass ein Kerngebiet und eine Peripherie entstehen. Beispielsweise zeichnen sich afrikanische Länder, die eher auf Importsubstitution als auf Außenhandel gesetzt haben, nicht durch ein hohes Maß an wirtschaftlicher Kreativität oder Innovationskraft aus.

▶ Ausgehend von Marktunvollkommenheiten wie monopolistischer Konkurrenz, steigender Skalenerträge oder externer Effekte kann die Neue Außenhandelstheorie intra-industriellen Handel erklären.

Der Harvard-Ökonom Marc Melitz erweitert Krugmans Modell steigender Skalenerträge bei monopolistischer Konkurrenz (vgl. Krugman 1980, S. 950–959) um die explizite Berücksichtigung der **Heterogenität** der **Unternehmen** (vgl. Melitz 2003, S. 1697) sowie um hohe *fixe* **Handelskosten**, die hohe **Markteintrittskosten** bedeuten (vgl. Melitz 2003, S. 1698), die den vollständigen Wettbewerb mit freiem Marktzugang, wie ihn die klassische Außenhandelstheorie souffliert, zu einer Chimäre werden lässt. Die Erweiterung des **Melitz-Modells** liegt insbesondere darin, dass Unternehmen bezüglich ihrer unterschiedlichen Produktivitäten unterschieden werden, sodass nicht, wie bei Krugman, von einer Homogenität, sondern von einer Heterogenität der Unternehmen ausgegangen wird. Mit unterschiedlichen Produktivitäten der Unternehmen ist zu rechnen, weil jedes Unternehmen nur unvollkommene Information über seine jeweilige Produktivität haben kann, *bevor* es beschließt, in Auslandsmärkte zu investieren, Güter zu exportieren und versinkende Kosten in Kauf zu nehmen. Die unrealistische Annahme einer adäquaten Einschätzung der eigenen Produktivität beruht insofern auf einem Praeposteriori-Fehlschluss, als dass „im Vorhinein" (lateinisch: „prae" – „vor") etwas angenommen wird (Höhe der Produktivität), was erst „später" (lateinisch: „posterior") bekannt sein kann.

Exporteure sind auf Dauer nur Unternehmen mit relativ hoher Produktivität. Unternehmen mit relativ niedriger Produktivität verlieren auf lange Sicht im internationalen Wettbewerb und produzieren nur im Inland, sofern ihre Wettbewerbsfähigkeit im nationalen Wettbewerb noch gegeben ist. Nach Melitz liegt die Bedeutung eines fragmentierten intra-industriellen Handels langfristig in der Steigerung der *Produktivität* einer *Branche*, da diese durch Außenhandel und durch größere Absatzmärkte einem stärkeren Wettbewerb ausgesetzt ist als eine Branche, die sich nur inländischer Konkurrenz zu erwehren hat. Deshalb werden – bei dynamischer Betrachtung – durch Außenhandel zusätzliche Wohlfahrtsgewinne geschaffen, die in statischen Modellen nicht berücksichtigt wird (vgl. Baldwin und Robert-Nicoud 2008, S. 21–34). Melitz zeigt, wie außenhandelsbedingte **Reallokationen** Produktivität und Gewinne *produktiver* inländischer Unternehmen steigern, *unproduktive* inländische Unternehmen jedoch zur Aufgabe zwingen (vgl. Melitz 2003, S. 1696, 1719). Dies vermag interindustrieller Handel, der die Produktionsfaktoren in die Bereiche lenkt, in denen ein Land bereits komparative Vorteile hat, nicht zu bewerkstelligen. Außenhandel generiert somit nicht nur direkte, sondern auch indirekte Wohlfahrtsgewinne. Insgesamt fördert Außenhandel den Strukturwandel, was aus langfristiger ökonomischer Perspektive positiv zu sehen ist, weil die Vergangenheit gezeigt hat, dass Strukturwandel nicht aufzuhalten, sondern nur unter hohen Kosten hinauszuzögern ist. Allerdings sorgt intraindustrieller Handel in dieser dynamischen Betrachtung auch für Verteilungskonflikte innerhalb des exportierenden Landes.

▶ Außenhandel hat nicht nur unmittelbare, sondern auch mittelbare positive Wohlfahrtseffekte: So steigern außenhandelsbedingte Reallokationen die Effizienz produktiver Unternehmen.

Diese mittelbaren Effekte sind *dynamische* **Gewinne**.

2.5.3 Interpretation

In Analogie zu den Begriffen „*Neo*klassik" (griechisch: „neos" – „neu"), „*Neo*keynesianismus", „*Neu*klassik" oder „*Neue* Institutionenökonomik" ist auch der populäre Begriff „Neue Außenhandelstheorie" (vgl. Neary 2009, S. 217–250) Ausdruck einer dürftigen wirtschaftswissenschaftlichen Terminologie: Das „Neue" ist irgendwann nicht mehr „neu", und ihm müsste sich, der sprachlichen Symmetrie folgend, das „Neueste" anschließen, das seiner Bezeichnung auch nicht lange gerecht werden kann. Ebenso mangelt es dem alternativen Begriff „Strategische Außenhan-

delspolitik" an ökonomischem Gehalt, weil eine Strategie zwar durchaus eine *aktive* Handelspolitik verkörpern kann, die darauf abzielt, die inländische Volkswirtschaft besserzustellen als bei Freihandel. Allerdings kann sich eine Strategie auch bewusst in einer *passiven* Handelspolitik niederschlagen, die auf stabile Spielregeln setzt, ohne das Spiel durch staatliche Eingriffe in den Wirtschaftsprozess beeinflussen zu wollen. Der entscheidende Unterschied liegt folglich nicht darin, ob man einer Strategie folgt oder nicht, sondern darin, ob diese Strategie protektionistisch oder liberal ist. Das „Neue" an der Außenhandelstheorie ist gar nicht so neu: Einführung und Entwicklung der für die Neue Außenhandelstheorie zentralen Merkmale liegen bereits Jahrzehnte zurück:

- das Konzept monopolistischer Konkurrenz durch Chamberlin und Robinson 1927/1933 (vgl. Chamberlin 1933; Robinson 1933);
- der Einfluss der Transportkosten auf den Außenhandel durch Linder 1961 (vgl. Linder 1961);
- die Bedeutung intra-industriellen Handels durch Balassa 1966 (vgl. Balassa 1966, S. 466–473);
- die Auswirkungen steigender Skalenerträge auf den internationalen Handel durch Chipman und Balassa 1966 (vgl. Chipman 1966, S. 18–76; Balassa 1966, S. 466–473), bevor Krugman sie zu einer nobelpreiswürdigen Erkenntnis machte (vgl. Krugman 1979a, S. 469–479);
- die Bedeutung der Produktdifferenzierung durch Dixit und Stiglitz 1977 (vgl. Dixit und Stiglitz, S. 297–308).

Der Annahme, dass das Neue auch immer das Bessere sei, liegt ein argumentativer Fehlschluss (Ad novitatem) zugrunde. Der wissenschaftliche Ertrag der Neuen Außenhandelstheorie liegt weniger darin, dass sie neue Erkenntnisse hervorgebracht hat, als vielmehr darin, dass sie traditionelle, bewährte Erkenntnisse auf den Bereich der internationalen Wirtschaftsbeziehungen angewandt hat. Dies ist durchaus eine Leistung, die Anerkennung verdient. Der Hauptunterschied zwischen der Alten Außenhandelstheorie und der Neuen (sowie Neuesten) Außenhandelstheorie liegt darin, dass jene die internationalen Wirtschaftsbeziehungen unter dem Blickwinkel vollkommener Märkte, diese unter dem Blickwinkel unvollkommener Märkte analysiert.

Neben dem Marktversagen gibt es auch **Staatsversagen**: Staatliche Eingriffe auf Basis der Theorie des Zweitbesten gehen mit zusätzlichen Komplikationen und Verzerrungen einher, die sich potenzieren können: Unvollständige Information sowie mangelhaftes administratives Handeln implizieren eine ineffiziente Allokation knapper Ressourcen. Es besteht zudem die Gefahr, dass die akzeptierte protektionistische Unterstützung einer Branche Begehrlichkeiten anderer Branchen weckt, die ebenfalls „Schutz" vor ausländischer Konkurrenz anstreben. Die Pfadabhängigkeit außenhandelspolitischer Entscheidungen ist nicht zu unterschätzen. Denn die Unterstützung der einen Branche ohne die Unterstützung der anderen führt dazu, dass Ressourcen verlagert werden und somit anderen Sektoren verlorengehen. Es kommt zu Verteilungseffekten und -konflikten, die ihrer Natur nach Gewinner und Verlierer kennen. Unter Berücksichtigung dieser Defizite ist eine **Theorie des Drittbesten** von Bedeutung (vgl. Yew-Kwang 2017, S. 155–166): Staatliche Maßnahmen, erstbeste Lösungen zu implementieren, sind zu verstärken, anstatt nach zweitbesten Lösungen zu suchen, die zwar mit positiven Intentionen, aber langfristig negativen Konsequenzen verbunden sind. Zudem ist in einer strategischen Analyse zu berücksichtigen, ob das Ausland mit einer Vergeltungspolitik reagiert oder nicht (vgl. Anis und Ross 1992, S. 363–371). Bilaterale strategische Handelspolitiken in Verbindung mit bilateralen Vergeltungspolitiken führen zu Pareto-inferioren Ergebnissen. Daher liegt eine alternative Strategie der Außenhandelspolitik darin, gute Rahmenbedingungen dafür zu schaffen, dass sich der Wettbewerb um die besten Ideen, Produkte und Prozesse frei entfalten kann. Außenhandelsgewinne bestehen nicht nur in einer effizienten Faktorallokation und im „Schutz" vor Staatsversagen und vor einem ineffizienten Rentenstreben (rent seeking) protektionsaffiner Unternehmen. Sie äußern sich auch in dynamischen Außenhandelsgewinnen wie positiven Skaleneffekten, Lerneffekten, einem höheren Qualitäts- und Innovationsdruck und höherer Produktivität der gesamten Volkswirtschaft,

weil vor allem exportierende Unternehmen eine relativ hohe Produktivität aufweisen. Probleme durch Marktversagen oder durch unerwünschte Effekte auf die Einkommensverteilung innerhalb eines Landes brauchen nicht indirekt durch eine Beschränkung des Außenhandels gelöst zu werden, sondern können auch direkt, beispielsweise über Kompensationszahlungen, gelöst werden. So wird das Pareto-Kriterium erfüllt, ohne dass es zu ökonomischen Verzerrungen kommt.

Dass Deutschland und andere Industrieländer untereinander deutlich mehr Außenhandel betreiben als mit Entwicklungsländern ist nicht als Bankrotterklärung der Theorie komparativer Vorteile zu interpretieren. Denn für den Befund des hohen intra-industriellen Handels gibt es eine triviale Ursache: Unter den Top Ten der größten Außenhandelsnationen sind nach China ausschließlich Industrieländer aus Nordamerika (USA), Europa (Deutschland, Niederlande, Frankreich, Italien, Vereinigtes Königreich) und Ostasien (Japan, Süd-Korea, Hongkong), die sich in ihrer **Produktions**- und **Konsumstruktur** nicht übermäßig stark unterscheiden. Deshalb ist es keine Besonderheit, wenn sich dies auch in der Außenhandelsstruktur widerspiegelt. Zudem ist die gesamtwirtschaftliche Wertschöpfung der Entwicklungsländer erheblich niedriger als diejenige der Industrieländer. Noch im Jahr 2000 war allein das deutsche Bruttoinlandsprodukt zu Marktpreisen größer als dasjenige des gesamten afrikanischen Kontinents mit 54 (mit der Westsahara 55) Staaten und damals zehnmal mehr (2021: siebzehnmal mehr) Einwohnern als Deutschland. Auch heute ist der Anteil der agrarisch geprägten Entwicklungsländer an der globalen Wertschöpfung deutlich geringer als derjenige der Industrieländer. Daher ist es aus **numerischen** Gründen gar nicht möglich, dass Entwicklungsländer im Außenhandel in absoluten Werten eine bedeutende Rolle spielen.

2.6   Zusammenfassung und Aufgaben

2.6.1   Zusammenfassung

Die wichtigsten Ergebnisse dieses Kapitels sind zusammengefasst:

1. Ein Land hat gegenüber einem anderen Land einen komparativen Vorteil, wenn seine Opportunitätskosten für die Produktion eines Gutes, gemessen in Einheiten eines anderen Gutes, niedriger sind.

2. Die Frage „Wer ist besser?" zielt auf den *absoluten* Vorteil, die Frage „Um wieviel ist jemand besser?" auf den *komparativen* Vorteil ab.

3. *Jedes* Land – sogar ein Land, das in jeder Hinsicht die niedrigste Produktivität aufweist – hat *komparative* Vorteile in der Produktion irgendwelcher Güter.

4. Wettbewerbsentscheidend sind die Lohnstückkosten, die von der Arbeitsproduktivität und von der Höhe des Lohnsatzes abhängen.

5. Das Modell spezifischer Faktoren befasst sich mit der Spezifizität von Produktionsfaktoren und deren Auswirkungen auf die Einkommensverteilung.

6. Ob ein Faktor als mobil oder spezifisch angesehen wird, hängt von seiner Anpassungsgeschwindigkeit ab, mit der er von einem Sektor in einen anderen Sektor wandern kann.

7. Änderungen der relativen Preise haben einen signifikanten Einfluss auf Produktionsmengen, Nominal- und Reallohnsätze, relative Faktorpreise, die Faktorallokation und die Außenhandelsstruktur sowie die Einkommensverteilung.

8. Die Produktionsmenge steigt in der Exportindustrie und sinkt in der mit Importen konkurrierenden Industrie.

9. Das Heckscher-Ohlin-Modell (Faktorproportionen-Modell) geht davon aus, dass Unterschiede in den *relativen* Faktorausstattungen (Ressourcen) und Faktorintensitäten die Quellen für Außenhandel sind.

10. Das Stolper-Samuelson-Theorem lautet: Steigt der relative Güterpreis, so steigt auch der relative Faktorpreis.

11. Das Rybczynski-Theorem lautet: Wenn ein *einziger* Produktionsfaktor stärker eingesetzt wird, kommt es aufgrund unterschiedlicher relativer Faktoreinsatzmengen zu einer nichtproportionalen Änderung der relativen Produktionsmengen. Dies bedeutet, dass die steigende Kapazität *eines* Faktors nicht notwendigerweise zu einer steigenden Produktion *aller* Güter führt, die diesen Produktionsfaktor nutzen.

12. Durch Außenhandel stellen sich die Eigentümer des *reichlich* vorhandenen Faktors besser, die Eigentümer des *knapp* vorhandenen *Faktors* schlechter.

13. Das Faktorpreisausgleichstheorem (Lerner-Samuelson-Theorem) lautet: Bei Freihandel gleichen sich die Güterpreise und dadurch auch die Faktorpreise weltweit aus.

14. Ausgehend von Marktunvollkommenheiten wie monopolistischer Konkurrenz, steigender Skalenerträge oder externer Effekte kann die Neue Außenhandelstheorie intra-industriellen Handel erklären.

15. Außenhandel hat nicht nur unmittelbare, sondern auch mittelbare positive Wohlfahrtseffekte: So steigern außenhandelsbedingte Reallokationen die Effizienz produktiver Unternehmen. Dies generiert dynamische Gewinne.

2.6.2 Wiederholungsfragen

1. Wodurch unterscheiden sich absolute und komparative Vorteile? Lösung Abschn. 2.2
2. Inwiefern ist Außenhandel ein Positivsummenspiel? Lösung Abschn. 2.2
3. Wie lautet die Kernthese des Modells spezifischer Faktoren? Lösung Abschn. 2.3
4. Was besagt das Heckscher-Ohlin-Theorem? Lösung Abschn. 2.4.2
5. Was besagt das Stolper-Samuelson-Theorem? Lösung Abschn. 2.4.3
6. Was besagt das Rybczynski-Theorem? Lösung Abschn. 2.4.4
7. Was besagt das Faktorpreisausgleichstheorem? Lösung Abschn. 2.4.5
8. Wodurch zeichnet sich monopolistische Konkurrenz aus? Lösung Abschn. 2.5.1
9. Was zeichnet intra-industriellen Handel aus? Lösung Abschn. 2.5.2
10. Was sind außenhandelsbedingte Reallokationen? Lösung Abschn. 2.5.2

2.6.3 Aufgaben

Aufgabe 1
Erläutern Sie, warum das Modell spezifischer Faktoren eine kurz- und mittelfristige und das Hekscher-Ohlin-Modell eine langfristige Aussagekraft beansprucht.

Aufgabe 2
Erläutern Sie, inwiefern auch intra-industrieller Handel auf komparativen Vorteilen basieren kann.

Aufgabe 3
Erläutern Sie, warum dynamische Vorteile des Außenhandels wie Reallokationen im Inland in der öffentlichen Wahrnehmung eine geringere Bedeutung haben als der Schutz (unproduktiver) inländischer Unternehmen vor ausländischer Konkurrenz.

2.6.4 Lösungen

Lösung zu Aufgabe 1
Im Modell spezifischer Faktoren spielt die Spezifität der Faktoren eine entscheidende Rolle dafür, ob ein Faktor vom Außenhandel profitiert oder nicht. Die Spezifität eines Faktors hängt von der Anpassungsgeschwindigkeit ab, mit der ein Faktor von einem Sektor in einen anderen wandern kann. Diese Anpassung ist innerhalb einer kurzen oder mittleren Frist möglich, sodass die Spezifität eines Faktors langfristig zur Disposition gestellt werden kann. Im Heckscher-Ohlin-Modell spielt die relative Faktorausstattung die entscheidende Rolle. Diese ändert sich jedoch nicht auf kurze oder mittlere Sicht, sodass die einem Land zugeschriebenen Merkmale bezüglich seiner Faktorausstattung auch langfristig gelten.

Lösung zu Aufgabe 2
Scheinbar hat intra-industrieller Handel nichts mit komparativen Vorteilen zu tun, wenn Güter aus denselben Güterkategorien sowohl exportiert als auch importiert werden. Dies ist jedoch nur bedingt der Fall. Denn auch innerhalb einer Güterkategorie unterscheiden sich Güter. Gerade im Handel mit Zwischenprodukten, die den Hauptteil des internationalen Handels ausmachen, lassen sich durch Arbeitsteilung Produktivitätsgewinne aufgrund komparativer Vorteile erzielen. Der intra-industrielle Handel ist mitnichten ein Handel mit gleichen Produkten, sondern vielmehr ein Handel mit ähnlichen Produkten. Auf einem geringeren statistischen Aggregationsniveau wären die – wenn auch geringen – Unterschiede der aus- beziehungsweise eingeführten Produkte sichtbar.

Lösung zu Aufgabe 3
Zumindest zwei Aspekte sollen an dieser Stelle genannt werden, um zu verdeutlichen, dass Freihandel gegenüber Protektionismus in der öffentlichen Diskussion einen schweren Stand hat.

Ein Grund sind Zeitinkonsistenzen: Diese liegen vor, wenn die adäquate Entscheidung oder

Beurteilung einer Maßnahme die Betrachtung eines längeren Zeithorizonts erfordert als der Zeithorizont, der für den Entscheider beziehungsweise Beurteiler relevant ist: Auf kurze Sicht erscheint die Unterstützung eines inländischen Unternehmens attraktiver als die Insolvenz desselben. Langfristige Folgen wie die Verschleppung eines notwendigen Strukturwandels oder die wiederkehrende Belastung öffentlicher Budgets fallen dabei aufgrund positiver Zeitpräferenz („Lieber früher als später") weniger stark ins Gewicht.

Ein weiterer Grund ist die limitierte Abstraktionsfähigkeit der Menschen: Droht einem (ineffizienten) Unternehmen der finanzielle Ruin, kann man sich in einer statischen Betrachtung ein konkretes Unternehmen vorstellen und kennt die Zahl von Arbeitsplätzen, die in diesem Unternehmen gefährdet sind. Verweist jemand hingegen in einer dynamischen Betrachtung auf die positiven langfristigen Effekte inländischer Reallokationen, welche die Produktivität und damit die internationale Wettbewerbsfähigkeit inländischer Unternehmen nachhaltig zu steigern vermögen, erscheinen diese langfristigen Effekte fern und diffus, weil keine genauen Zahlen angegeben werden können. Kognitive menschliche Schwächen tragen daher dazu bei, dass womöglich größere langfristige, diffuse Effekte signifikant weniger in die Entscheidungsbeziehungsweise Urteilsfindung einbezogen werden als kleinere kurzfristige, transparente Effekte.

Literatur

Anis, A. H. & Ross, Th. W. (1992). Imperfect competition and pareto-improving strategic trade policy. *Journal of International Economics*, 33(3–4), 363–371.

Arndt, S. W. (2001). Offshore sourcing and production sharing in preference areas. In S. W. Arndt & H. Kierzkowski (Hrsg.), *Fragmentation. New production patterns in the world economy* (S. 76–87). Oxford: Oxford University Press.

Balassa, B. A. (1966). Tariff reductions and trade in manufactures among the industrial countries. *American Economic Review*, 58(3), 466–473.

Baldwin, R. E. & Robert-Nicoud, F. (2008). Trade and growth with heterogeneous forms. *Journal of International Economics*, 74(1), 21–34.

Blinder, A. S. (2006). Offshoring: The next industrial revolution? *Foreign Affairs*, 85(2), 113–128.

Brander, J. A. & Spencer, B. J. (1985). Export subsidies and international market share rivalry. *Journal of International Economics, 18*(1–2), 83–100.

Chamberlin, E. H. (1933). *The theory of monopolistic competition. A re-orientation of the theory of value* (Harvard economic studies, Bd. 38). Cambridge, MA: Harvard University Press.

Chamberlin, E. H. (1937). Monopolistic or imperfect competition? *Quarterly Journal of Economics, 51*(4), 557–580.

Chamberlin, E. H. (1951). Monopolistic competition revisited. *Economica, 18*(72), 343–362.

Chamberlin, E. H. (1952). „Full cost" and monopolistic competition. *Economic Journal, 62*(246), 318–325.

Chamberlin, E. H. (1953). The Product as an economic variable. *Quarterly Journal of Economics, 67*(1), 1–29.

Chamberlin, E. H. (1961). The origin and early development of monopolistic competition theory. *Quarterly Journal of Economics, 75*(4), 515–543.

Chipman, J. S. (1966). A survey of the theory of international trade: Part 3: The modern theory. *Econometrica, 34*(1), 18–76.

Chipman, J. S. (1970). External economies of scale and competitive equilibrium. *Quarterly Journal of Economics, 84*(3), 347–385.

destatis (2020a). Außenhandel. Exporte und Importe (Spezialhandel) nach Güterabteilungen des Güterverzeichnisses für Produktionsstatistiken. Statistisches Bundesamt. https://www.destatis.de/DE/Themen/Wirtschaft/ Aussenhandel/Tabellen/einfuhrausfuhr-gueterabteilungen.html. Zugegriffen am 18.02.2021.

destatis (2020b). Außenhandel. Rangfolge der Handelspartner im Außenhandel der Bundesrepublik Deutschland (endgültige Ergebnisse) 2019. Statistisches Bundesamt. https://www.destatis.de/DE/Themen/Wirtschaft/Aussenhandel/Tabellen/rangfolge-handelspartner.pdf?__blob=publicationFile. Zugegriffen am 18.02.2021.

destatis (2020c). Außenhandel. Wichtigstes deutsches Exportgut 2019: Kraftfahrzeuge. Statistisches Bundesamt. https://www.destatis.de/DE/Themen/Wirtschaft/Aussenhandel/handelswarenjahr.html;jsessionid=1433AB-9C0622FF10F1BF5C142EEF77FF.internet731. Zugegriffen am 18.02.2021.

destatis (2021). Außenhandel. Wichtigstes deutsches Exportgut 2020: Kraftfahrzeuge. Statistisches Bundesamt. https://www.destatis.de/DE/Themen/Wirtschaft/Aussenhandel/handelswarenjahr.html;jsessionid=82A3B05A0A77BFC9D64ACE70ACFA82FO.internet8722. Zugegriffen am 15.01.2021.

Dixit, A. K. (1984). International trade policy for oligopolistic industries. *Economic Journal, 94*(1), 1–16.

Dixit, A. K., & Stiglitz, J. E. (1977). Monopolistic competition and optimum product diversity. *American Economic Review, 67*(3), 297–308.

Dornbusch, R., Fisher, S., & Samuelson, P. (1977). Comparative advantage, trade and payments in a Ricardian model with a continuum of goods. *American Economic Review, 67*(5), 823–839.

Heckscher, E. F. (1949/1919). The effect of foreign trade on the distribution of income. In H. S. Ellis & L. A.

Metzler (Hrsg.), *Readings in the theory of international trade* (S. 272–300). Philadelphia: Blakiston, Philadelphia.

Hesse, H. (2018). *Eine kurze Geschichte des ökonomischen Denkens*. Stuttgart: Schäffer-Poeschel.

Jevons, W. S. (1871). *Theory of political economy*. London/New York: Macmillan.

Jones, R. W. (1971). A three-factor model in theory, trade and history. In J. Bhagwati et al. (Hrsg.), *Trade, balance of payments, and growth* (S. 3–21). Amsterdam: North-Holland Publishing Company.

Jones, R. W. (2000). *Globalization and the theory of input trade*. Cambridge: MIT Press.

Jones, R. W. & Kierzkowski, H. (1990). The role of services and production in international trade: A theoretical framework. In R. W. Jones & A. O. Krueger (Hrsg.), *The political economy of international trade* (S. 31–48). Oxford: MIT Press.

Jones, R. W. & Kierzkowski, H. (2001). A framework for fragmentation. In S. W. Arndt & H. Kierzkowski (Hrsg.), *Fragmentation. New production patterns in the world economy* (S. 17–34). Oxford: Oxford University Press.

Krugman, P. R. (2008). The increasing returns revolution in trade and geography. *Nobel Lecture*, S. 335–348. https://www.nobelprize.org/uploads/2018/06/krugman_lecture.pdf. Zugegriffen am 03.04.2020.

Krugman, P. R., Obstfeld, M. & Melitz, M. J. (2018). *International economics. Theory and policy*, Global Edition (11. Aufl.). Harlow: Pearson.

Krugman, P. R. (1979a). Increasing returns, monopolistic competition, and international trade. *Journal of International Economics, 9*(4), 469–479.

Krugman, P. R. (1979b). A model of innovation, technology transfer, and the world distribution of income. *Journal of Political Economy, 87*(2), 253–266.

Krugman, P. R. (1980). Scale economies, product differentiation, and the pattern of trade. *American Economic Review, 70*(5), 950–959.

Krugman, P. R. (1981). Intraindustry specialization and gains from trade. *Journal of Political Economy, 89*(5), 959–973.

Krugman, P. R. (1984). Import protection as export promotion: International competition in the presence of oligopoly and economies of scale. In H. Kierzkowski (Hrsg.), *Monopolistic competition and international trade* (S. 180–193). Oxford: Clarendon Press.

Krugman, P. R. (1987). Is free trade passé? *Journal of Economic Perspectives, 1*(2), 131–144.

Krugman, P. R. (1991). Increasing returns and economic geography. *Journal of Political Economy, 99*(3), 483–499.

Krugman, P. R. (1993). The narrow and broad arguments for free trade. *American Economic Review, 83*(2), 362–366.

Krugman, P. R. (1996). Urban concentration: The role of increasing returns and transport goods. *International Regional Science Review, 19*(1/2), 5–30.

Krugman, P. R., Obstfeld, M. & Melitz, M. J. (2019). *Internationale Wirtschaft. Theorie und Politik der Außenwirtschaft* (11. Aufl.). Hallbergmoos: Pearson.

Leontief, W. (1953). Domestic production and foreign trade: The American capital position re-examined. *Proceedings of the American Philosophical Society, 97*, 331–349.

Lerner, A. P. (1932). The diagrammatical representation of cost conditions in international trade. *Economica, 37*, 346–356.

Linder, S. B. (1961). *An essay on trade and transformation*. New York: Wiley.

Lipsey, R. G. & Lancaster, K. (1956). The general theory of second best. *Review of Economic Studies, 24*(1), 11–32.

Mac Dougall, G. D. A. (1951). British and American exports: A study suggested by the theory of comparative costs. *Economic Journal, 61*, 697–724.

Mac Dougall, G. D. A. (1952). British and American exports: A study suggested by the theory of comparative costs. Part II. *Economic Journal, 62*, 487–521.

Meade, J. E. (1955). *The theory of international economic policy, II: Trade and welfare*. Oxford: Oxford University Press.

Melitz, M. J. (2003). The impact of trade on intra-industry reallocations and aggregate industry productivity. *Econometrica, 71*(6), 1695–1725.

Miroudot, S., Lanz, R. & Ragoussis, A. (2009). *Trade in intermediate goods and services*. OECD Trade policy working papers, 93, Paris.

Mun, T. (1664). *England's treasure by foreign trade or the balance of our foreign trade is the rule of our treasure*. London: J. G. for Thomas Clark.

Neary, J. P. (2009). Putting the „new" into new trade theory. Paul Krugman's nobel memorial prize in economics. *Scandinavian Journal of Economics, 111*(2), 217–250.

Ohlin, B. (1933). *Interregional and international trade*. Cambridge: Cambridge University Press.

Ricardo, D. (2018/1817). *The principles of political economy and taxation*. London: Forgotten Books.

Robinson, J. V. (1933). *The economics of imperfect competition*. London: Macmillan.

Rybczynski, T. (1955). Factor endowments and relative commodity prices. *Economica, 22*, 336–341.

Samuelson, P. A. (1971). Ohlin was right. *Swedish Journal of Economics, 73*, 365–384.

Samuelson, P. A. (1948). International trade and the equalisation of factor prices. *Economic Journal, 58*(230), 163–184.

Samuelson, P. A. (1949). International factor price equalisation once again. *Economic Journal, 59*(234), 181–196.

Samuelson, P. A. (1962). The gaines from international trade once again. *Economic Journal, 72*(288), 820–829.

Samuelson, P. A. (1964). A. P. Lerner at sixty. *Review of Economic Studies, 31*(3), 169–178.

Smith, A. (2019/1776). *An inquiry into the nature and causes of the wealth of nations*. London: Forgotten Books.

Spencer, B. J. & Brander, J. A. (1983). International R & D rivalry and industrial strategy. *Review of Economic Studies, 50*(4), 707–722.

statista (2020). Importe nach Deutschland nach Güterabteilungen (Top 15) im Jahr 2019. https://de.statista.
com/statistik/daten/studie/164506/umfrage/deut-
scher-export-und-import-im-1-halbjahr-2010-nach-
gueterabteilungen/. Zugegriffen am 15.01.2021.

Stiglitz, J. E. (1981). Pareto optimality and competition.
Journal of Finance, 36(2), 235–251.

Stolper, W. & Samuelson, P. A. (1941). Protection and real
wages. *Review of Economic Studies, 9*, 58–73.

Trefler, D. (1995). The case of the missing trade and other
mysteries. *American Economic Review, 85*, 1029–1046.

Viner, J. (1931). Cost curves and supply curves. *Zeit-
schrift für Nationalökonomie (Journal of Economics),
3*(1), 23–46.

Yew-Kwang, N. (2017). Towards a theory of third best.
Pacific Economic Review, 22(2), 155–166.

Protektionismus

3

Zusammenfassung

Protektionistische Maßnahmen sind nicht nur weit verbreitet, sondern genießen in der Politik und in der Bevölkerung eine hohe Wertschätzung, auch weil das „Beschützen" inländischer Unternehmen positive Assoziationen weckt. Inzidenzanalysen zeigen, wo die Lasten protektionistischer Instrumente tatsächlich anfallen. Ob ein Zoll, eine Importquote, eine Exportsubvention oder eine andere Maßnahme zur Handelsregulierung eingesetzt wird, das überraschend klare Ergebnis dieser Inzidenzanalysen lautet, dass die Hauptlast der inländische Konsument zu tragen hat. Ein zweites bemerkenswertes Ergebnis ist, dass die Abschottung vor internationaler Konkurrenz insbesondere Entwicklungsländern nicht nur nicht hilft, sondern ihnen sogar schadet. Dies bestätigen viele afrikanische Entwicklungsländer, deren Politik der Importsubstitution als gescheitert angesehen werden kann. Demgegenüber haben zahlreiche süd-ost- und ostasiatische Länder durch Außenhandel den Weg aus der Armutsfalle gefunden. Mangelnde Anreizkompatibilitäten sowie politökonomische Aspekte wie Lobbying, aber auch verhaltensökonomische Defizite machen es Freihandelsgegnern leicht, protektionistische Maßnahmen politisch durchzusetzen.

3.1 Einführung

Lernziele: Beschreiben, Erklären, Interpretieren, Beurteilen der formalen und ökonomischen Inzidenzen von

- Freihandel,
- Zöllen,
- Exportsubventionen und Exportkreditsubventionen,
- Importquoten und freiwilligen Exportbeschränkungen,
- Außenhandelsregulierungen.

Protektionismus bedeutet, dass ein Land Handelsbarrieren errichtet und dadurch Negativanreize für Außenhandel schafft. Dabei greift diese Politik auf unterschiedliche protektionistische Instrumente zurück, von denen in diesem Kapitel die wichtigsten vorgestellt werden:

© Springer Fachmedien Wiesbaden GmbH, ein Teil von Springer Nature 2021
R. Richert, *Internationale Wirtschaftsbeziehungen klipp & klar*, WiWi klipp & klar,
https://doi.org/10.1007/978-3-658-34768-0_3

- Zölle,
- Importquoten und Exportbeschränkungen,
- Exportsubventionen und Exportkreditsubventionen,
- Außenhandelsregulierungen.

Protektionismus erfreute sich schon immer hoher Popularität: Selbst große Außenhandelsnationen schotteten sich zeitweise vor ausländischer Konkurrenz ab. Ein bekanntes Beispiel ist Japan: Dieses ostasiatische Land igelte sich unter den Tokugawa-Shogunen zwischen 1633 und 1853 immerhin 220 Jahre lang ein. In dieser Zeit war es nur Chinesen und Händlern der Niederländischen Ostindien-Kompanie gestattet, japanischen Boden zu betreten. Japaner durften ihr „Land der aufgehenden Sonne" nicht verlassen (vgl. Krugman et al. 2018, S. 64). Auch Indien ließ in den ersten Jahrzehnten seiner Unabhängigkeit eine Einbettung in die Weltwirtschaft vermissen: Unter seinen sozialistischen Regierungen, die weitgehend von einer Familie geführt wurden – Jawaharlal Nehru (1947–1964), dessen Tochter Indira Gandhi (1966–1977, 1980–1984), deren Sohn Rajiv Gandhi (1984–1989) – kam es zu zahlreichen staatlichen Eingriffen bis hin zu Verstaatlichungen. Nach dem Zusammenbruch der Sowjetunion 1991 startete der damalige indische Premierminister P. V. Narasimha Rao (1991–1996) marktwirtschaftliche Reformen und öffnete die indische Volkswirtschaft, sodass Indien aktiv am Welthandel teilnahm: Während ganz Indien 1970 weniger exportierte als die bayerische Landeshauptstadt München, war Indiens Exportwert 2020 ungefähr 150 Mal höher als 50 Jahre zuvor (eigene Überschlagsrechnung nach statista 2020a, b; Statistik-BW 2020; destatis 1986, S. 68).

Protektionistische Instrumente sollen die inländische Wirtschaft vor ausländischer Konkurrenz „schützen" (lateinisch: „protegere"). Mit „Schutz" assoziieren die meisten Menschen etwas Positives, etwas, das aus moralischen Gründen geboten ist. Diese selektive Wahrnehmung der Realität steht einer sachlich-nüchternen Analyse entgegen. Um dem Abhilfe zu schaffen, sind in einer ökonomischen **Inzidenzanalyse** wirtschaftspolitische Maßnahmen

ihrer sprachlich bedingten verzerrten Wahrnehmung zu entkleiden, sei diese nun euphemistisch verzerrt wie bei „*protektion*istischen Instrumenten" oder pejorativ verzerrt wie bei „Handels*barrieren*". Die Inzidenz misst, wo Belastungen beziehungsweise Entlastungen einer wirtschaftspolitischen Maßnahme anfallen (lateinisch: „incidere" – „hineinfallen").

▶ Die *formale* Inzidenz beantwortet die Frage, wer die Last tragen *soll*, die *ökonomische* Inzidenz die Frage, wer die Last *tatsächlich* trägt.

Volkswirtschaftlich bedeutsam ist weniger die Frage nach der formalen (gesetzlichen) Inzidenz, sondern vielmehr diejenige nach der ökonomischen (faktischen) Inzidenz: Analog zur Mehrwertsteuer, die zwar vom Konsumenten getragen werden *soll*, *tatsächlich* aber bei normalen Preiselastizitäten auch vom Produzenten getragen wird, gilt für eine protektionistische Maßnahme, dass die Last zwar vom ausländischen Exporteur getragen werden soll (*formale* Inzidenz), tatsächlich aber überwiegend vom inländischen Konsumenten getragen wird (*ökonomische* Inzidenz). Diese Hypothese wird im Folgenden untermauert, indem die Preis-, Mengen- und Wohlfahrtseffekte mehrerer protektionistischer Instrumente identifiziert werden.

Weil *qualitative*, nicht quantitative Ergebnisse im Vordergrund stehen, erfolgen die Inzidenzanalysen unter der Annahme **vollständiger Konkurrenz** bei **Vernachlässigung** sämtlicher **Translokationskosten** wie Transportkosten und administrativer Kosten. Zu identifizieren sind die – positiven wie negativen – Wohlfahrtseffekte für alle drei Marktakteure, als da sind:

1. die privaten Unternehmen, die produzieren,
2. die privaten Haushalte, die konsumieren,
3. der Staat, der über Einnahmen verfügt und Ausgaben tätigt.

Die **Wohlfahrtseffekte** selbst, welche die *tatsächlichen* – positiven wie negativen – Nutzen beziehungsweise Lasten widerspiegeln, werden ermittelt durch die jeweiligen Änderungen der

1. Produzentenrente,
2. Konsumentenrente,
3. Staatsrente.

▶ Die *individuelle* **Produzentenrente** eines Unternehmers ist die Differenz zwischen dem (höheren) Marktpreis eines Gutes und der (niedrigeren) marginalen Angebotsbereitschaft des Unternehmers.

Die marginale Angebotsbereitschaft wird durch die Angebotskurve repräsentiert und zeigt den Mindestpreis, ab dem ein Unternehmer ein Gut auf dem Markt anbietet. Die *gesamtwirtschaftliche* **Produzentenrente** ist die Summe aller individuellen Produzentenrenten. Graphisch ist die aggregierte Produzentenrente in einem Preis-Mengen-Diagramm die Fläche (im Idealfall das Dreieck) unterhalb der Preisgeraden und oberhalb der Angebotskurve.

▶ Die *individuelle* **Konsumentenrente** eines privaten Haushalts ist die Differenz zwischen der (höheren) marginalen Zahlungsbereitschaft des privaten Haushalts und dem (niedrigeren) Marktpreis eines Gutes.

Die marginale Zahlungsbereitschaft wird durch die Nachfragekurve repräsentiert und zeigt den Höchstpreis, bis zu dem ein privater Haushalt ein Gut auf dem Markt nachfragt. Die *gesamtwirtschaftliche* **Konsumentenrente** ist die Summe aller individuellen Konsumentenrenten. Graphisch ist die aggregierte Konsumentenrente in einem Preis-Mengen-Diagramm die Fläche (im Idealfall das Dreieck) unterhalb der Nachfragekurve und oberhalb der Preisgeraden.

▶ **Staatsrente** sind die zusätzlichen Einnahmen abzüglich der zusätzlichen Ausgaben des Staates, die mit den protektionistischen Maßnahmen einhergehen.

Im außenhandelstheoretischen Kontext zählen zur Staatsrente beispielsweise die Einnahmen aus Zöllen, Importlizenzen oder Gebühren oder die

Ausgaben für Exportsubventionen oder Exportkreditsubventionen.

In einer Inzidenzanalyse werden Wohlfahrtseffekte gleichbehandelt: Es wird beispielsweise nicht diskutiert, ob eine steigende Produzentenrente bedeutet, dass sich *reichere* Produzenten zulasten *ärmerer* Konsumenten besserstellen, oder eine steigende Konsumentenrente bedeutet, dass sich *ärmere* Konsumenten zulasten *reicherer* Produzenten besserstellen, oder ob eine steigende Staatsrente bedeutet, dass mehr öffentliche Ressourcen *verschwendet* oder *sinnvoll* eingesetzt werden.

Drei Szenarien werden unterschieden, und zwar eine:

1. *geschlossene* Volkswirtschaft ohne Außenhandel,
2. *offene liberale* Volkswirtschaft mit Freihandel,
3. *offene protektionistische* Volkswirtschaft mit durch Handelsbarrieren eingeschränktem Außenhandel.

3.2 Inzidenzanalyse von Freihandel

3.2.1 Grundlagen

Um die Unterschiede einer offenen liberalen Volkswirtschaft gegenüber einer geschlossenen Volkswirtschaft hervorzuheben, wird zunächst eine geschlossene Ökonomie dargestellt:

▶ Eine *geschlossene* **Volkswirtschaft** zeichnet sich dadurch aus, dass ihre Märkte gegenüber dem Ausland geschlossen sind und keine außenwirtschaftlichen Beziehungen bestehen.

In Abb. 3.1 sind die geschlossenen Volkswirtschaften des Inlandes und des Auslandes dargestellt (Index „H" für „**H**ome", Index „F" für „**F**oreign").

Die jeweiligen Angebotskurven (Index „s" für „**s**upply") verlaufen steigend, die jeweiligen Nachfragekurven (Index „d" für „**d**emand") fal-

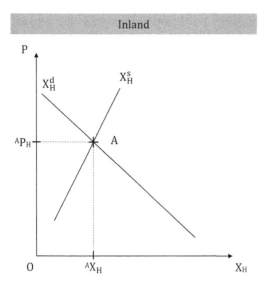 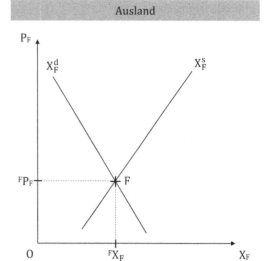

Abb. 3.1 Geschlossene Volkswirtschaften

lend. Die Schnittpunkte A und F stellen die Marktgleichgewichte dar. Schnittpunkt A und der inländische Marktpreis liegen höher als Schnittpunkt F und der ausländische Marktpreis. Dies soll der typischen, dem Außenhandel innewohnenden Situation Rechnung tragen, in welcher im Importland die Preise höher sind als im Exportland.

Das **Marktgleichgewicht** einer *geschlossenen inländischen* **Volkswirtschaft** im Schnittpunkt A wird erzielt, wenn das geplante inländische Angebot der geplanten inländischen Nachfrage entspricht:

$$^{A}X_{H}^{s} = {}^{A}X_{H}^{d} = {}^{A}X_{H} \qquad (3.1)$$

Die optimalen inländischen Erlöse (Index „R" für „**R**evenues") sind das Produkt aus Preis und Menge:

$$^{A}R_{H} = {}^{A}P_{H} \cdot {}^{A}X_{H} \qquad (3.2)$$

Graphisch werden die Erlöse durch folgende Fläche repräsentiert:

$$\overline{O\ {}^{A}X_{H}\ A\ {}^{A}P_{H}} \qquad (3.3)$$

Ist das inländische Angebot größer als die inländische Nachfrage, liegt ein *Angebotsüberschuss* vor, was bedeutet, dass nicht alle Güter abgesetzt werden können. Ist die inländische

Nachfrage größer als das inländische Angebot, liegt ein *Nachfrageüberschuss* vor, was bedeutet, dass nicht alle Nachfragewünsche der Konsumenten erfüllt werden können. In der folgenden Analyse gehen wir davon aus, dass Marktgleichgewicht besteht, sodass der Referenzpunkt der geschlossenen inländischen Volkswirtschaft der Gleichgewichtspunkt A ist.

Das **Marktgleichgewicht** einer *geschlossenen ausländischen* **Volkswirtschaft** im Schnittpunkt F wird erzielt, wenn das geplante ausländische Angebot der geplanten ausländischen Nachfrage entspricht:

$$^{F}X_{F}^{s} = {}^{F}X_{F}^{d} = {}^{F}X_{F} \qquad (3.4)$$

Die optimalen ausländischen Erlöse sind das Produkt aus Preis und Menge.:

$$^{F}R_{F} = {}^{F}P_{F} \cdot {}^{F}X_{F} \qquad (3.5)$$

Graphisch werden die Erlöse durch folgende Fläche repräsentiert:

$$\overline{O\ {}^{F}X_{F}\ F\ {}^{F}P_{F}} \qquad (3.6)$$

Ist das ausländische Angebot größer als die ausländische Nachfrage, liegt ein *Angebotsüberschuss* vor, was bedeutet, dass nicht alle Güter abgesetzt werden können. Ist die ausländische Nachfrage größer als das ausländische Angebot,

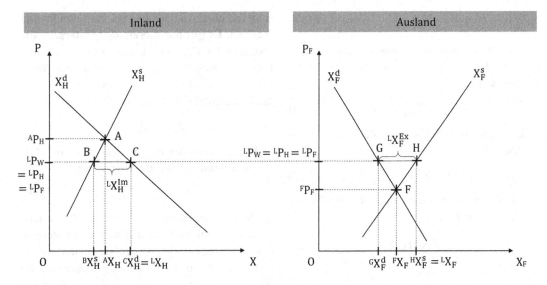

Abb. 3.2 Offene liberale Volkswirtschaften

liegt ein *Nachfrageüberschuss* vor, was bedeutet, dass nicht alle Nachfragewünsche der Konsumenten erfüllt werden können. In der folgenden Analyse gehen wir davon aus, dass Marktgleichgewicht besteht, sodass der Referenzpunkt der geschlossenen ausländischen Volkswirtschaft der Gleichgewichtspunkt F ist.

▶ Eine *offene liberale* **Volkswirtschaft** zeichnet sich dadurch aus, dass ihre Märkte gegenüber dem Ausland geöffnet sind (daher *offen*) und Freihandel besteht (daher *liberal*).

In Abb. 3.2 sind die offenen liberalen Volkswirtschaften des Inlandes und des Auslandes dargestellt.

Die jeweiligen Angebotskurven verlaufen steigend, die jeweiligen Nachfragekurven fallend.

Das **Marktgleichgewicht** einer *liberalen inländischen* **Volkswirtschaft** (Index „L" für „Liberal") in Punkt C wird erzielt, wenn das geplante inländische Angebot und die geplante inländische Importmenge der geplanten inländischen Nachfrage entsprechen:

$$^B X_H^s + {}^L X_H^{Im} = {}^C X_H^d \qquad (3.7)$$

Die Summe aus in- und ausländischer Angebotsmenge stellt die Befriedigung der inländischen Nachfragemenge sicher.

Der optimale inländische Konsum ist größer als die optimale inländische Produktion:

$$^C X_H^d > {}^B X_H^s \qquad (3.8)$$

Die Lücke zwischen inländischem Konsum und inländischer Produktion wird durch Importe geschlossen:

$$^L X_H^{Im} = {}^C X_H^d - {}^B X_H^s \qquad (3.9)$$

Die optimalen Erlöse sind das Produkt aus Preis und Menge:

$$^L R_H = {}^L P_H \cdot {}^L X_H \qquad (3.10)$$

Graphisch werden die Erlöse durch folgende Fläche repräsentiert:

$$\overline{O\,{}^L X_H\,C\,{}^L P_H} \qquad (3.11)$$

Das **Marktgleichgewicht** einer *liberalen ausländischen* **Volkswirtschaft** in Punkt H wird erzielt, wenn das geplante ausländische Angebot der geplanten ausländischen Nachfrage und der geplanten ausländischen Exportmenge entsprechen:

$$^H X_F^s = {}^G X_F^d + {}^L X_F^{Ex} \qquad (3.12)$$

Der optimale ausländische Konsum ist kleiner als die optimale ausländische Produktion:

$$^{G}X_F^d < {}^{H}X_F^s \qquad (3.13)$$

Die Lücke zwischen inländischem Konsum und inländischer Produktion wird durch Exporte geschlossen:

$$^{L}X_F^{Ex} = {}^{H}X_F^s - {}^{G}X_F^d \qquad (3.14)$$

Die optimalen Erlöse sind das Produkt aus Preis und Menge:

$$^{L}R_F = {}^{L}P_F \cdot {}^{L}X_F \qquad (3.15)$$

Graphisch werden die Erlöse durch folgende Fläche repräsentiert:

$$\overline{O\ {}^{L}X_F\ H\ {}^{L}P_F} \qquad (3.16)$$

3.2.2 Preis- und Mengeneffekte

Im Zuge der **Öffnung** einer geschlossenen Volkswirtschaft zu einer offenen liberalen Ökonomie treten im **Inland** folgende Effekte auf:

1. Der inländische Preis *sinkt*.
2. Die im Inland abgesetzte Menge *steigt*.
3. Die inländische Produktion *sinkt*.
4. Der inländische Konsum *steigt*.
5. Das Inland *importiert* Güter aus dem Ausland.

Die **Liberalisierung** bewirkt *erstens*, dass der **inländische Preis** *sinkt*:

$$^{L}P_H < {}^{A}P_H \qquad (3.17)$$

Der Grund für das Sinken des inländischen Preises ist der zunehmende Wettbewerb, der dadurch hervorgerufen wird, dass die ausländischen Produzenten Zugang zum inländischen Markt erhalten. Vernachlässigen wir sämtliche Translokationskosten wie Transportkosten oder Verwaltungskosten und nehmen wir vollständigen Wettbewerb an, führt die Öffnung der Volkswirt-

schaft zu einer Angleichung der Preise im In- und Ausland. **Es gilt das Gesetz der Unterschiedslosigkeit der Preise** (vgl. Jevons 1871): In einer liberalen Volkswirtschaft entspricht der Weltmarktpreis (Index „W" für „World") dem inländischen und dem ausländischen Preis:

$$^{L}P_W = {}^{L}P_H = {}^{L}P_F \qquad (3.18)$$

Die **Liberalisierung** bewirkt *zweitens*, dass die **im Inland abgesetzte Menge** *steigt*:

$$^{L}X_H > {}^{A}X_H \qquad (3.19)$$

Wegen des größeren Angebots durch ausländische Unternehmen und wegen der steigenden Nachfrage aufgrund des sinkenden Preises ist die in einer offenen liberalen Volkswirtschaft abgesetzte Menge größer als die in einer geschlossenen Volkswirtschaft abgesetzte.

Die **Liberalisierung** bewirkt *drittens*, dass die **inländische Produktion** *sinkt*:

$$^{B}X_H^s < {}^{A}X_H^s \qquad (3.20)$$

Wegen des sinkenden Preises nimmt die inländische Produktion (das inländische Angebot) ab, weil *ineffiziente (unproduktive)* inländische Unternehmen nicht in der Lage sind, dem Wettbewerb standzuhalten, und daher aus dem Markt ausscheiden.

Die **Liberalisierung** bewirkt *viertens*, dass der **inländische Konsum** *steigt*:

$$^{C}X_H^d > {}^{A}X_H^d \qquad (3.21)$$

Wegen des sinkenden Preises nimmt der inländische Konsum (die inländische Nachfrage) zu, weil sich nun mehr Konsumenten die Güter leisten können.

Die **Liberalisierung** bewirkt *fünftens*, dass das **Inland** Güter aus dem Ausland *importiert*:

$$^{L}X_H^{Im} > 0 \qquad (3.22)$$

Da das inländische Angebot die inländische Nachfrage nicht vollständig deckt, wird der inländische Nachfrageüberschuss durch Importe ausgeglichen. Die Liberalisierung des Außenhandels verbessert die Situation inländischer Konsumenten – zulasten *ineffizienter* inländischer Produzenten.

Abb. 3.3 Inzidenzana-
lyse der Öffnung einer
Volkswirtschaft

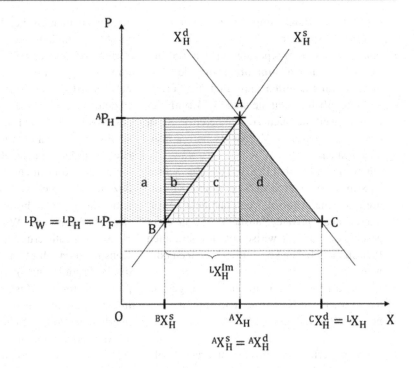

3.2.3 Wohlfahrtseffekte

> Wohlfahrtseffekte einer Öffnung der in-
> ländischen Volkswirtschaft:
>
> Δ Produzentenrente: $- a - b$
> Δ Konsumentenrente: $+ a + b + c + d$
> Δ Netto-Wohlfahrt: $+ c + d$

Die Öffnung der Volkswirtschaft setzt die inländische Wirtschaft dem globalen Wettbewerb
aus. Deshalb sinkt der Marktpreis. Die
Produzentenrente sinkt, die Konsumentenrente
steigt. Diese Entwicklung hat bedeutende Auswirkungen auf die Wohlfahrt der Produzenten
und Konsumenten, wie Abb. 3.3 zeigt.

Die Flächen in Abb. 3.3 lassen sich in folgender Weise interpretieren:

- Fläche a repräsentiert den Teil des Verlusts an
Produzentenrente, den *produktive* **Unternehmen** erleiden. Diese Unternehmen werden
ihre Produktion weiterhin aufrechterhalten. Es
findet nur eine Umverteilung von den Produzenten zu den Konsumenten statt, die auf-

grund der Preissenkung einen Teil der
Produzentenrente für sich als Konsumentenrente abschöpfen.

- Fläche b repräsentiert den Teil des Verlusts an
Produzentenrente, den *unproduktive* **Unternehmen** erleiden. Diese Unternehmen werden
ihre Produktion *nicht* aufrechterhalten. Sie
haben ihre Wettbewerbsfähigkeit verloren,
weil sie zum gesunkenen Preis kein profitab-
les Angebot bereitstellen können. Deshalb
scheiden sie aus dem Markt aus. Den Nutzen
daraus ziehen die privaten Haushalte, deren
Konsumentenrente aufgrund der Preissenkung
steigt.

- Fläche (a + b) repräsentiert den gesamten Verlust an **Produzentenrente**. Dieser Verlust der
inländischen Unternehmen wird komplett
durch den Zuwachs an Konsumentenrente um
eben diesen Betrag kompensiert, der den inländischen privaten Haushalten zugutekommt.

- Fläche c repräsentiert den Teil an Konsumentenrente, der aufgrund des **Wegfalls ineffizienter Produktion** den privaten Haushalten zugutekommt. Das unproduktive
inländische Angebot zu überhöhten Preisen

wird ersetzt durch Importe zu niedrigeren Wettbewerbspreisen.

- Fläche (a + b + c) repräsentiert den Teil des Zuwachses an **Konsumentenrente**, den *bisherige* **Konsumenten** aufgrund der Preissenkung erhalten. Für sie sind es **Mitnahmeeffekte**, weil sie auch zum höheren Preis in einer geschlossenen Volkswirtschaft konsumiert haben.
- Fläche d repräsentiert den Teil des Zuwachses an Konsumentenrente, der durch *neue* **Konsumenten** generiert wird. Denn nunmehr konsumieren auch private Haushalte, die in einer geschlossenen Volkswirtschaft zu überhöhten Preisen nicht haben konsumieren können oder wollen.
- Fläche (a + b + c + d) repräsentiert den gesamten Zuwachs an **Konsumentenrente**, der den privaten Haushalten zufällt.

Da der Verlust an Produzentenrente vollständig durch den Zuwachs an Konsumentenrente ausgeglichen wird, ist der **Netto-Wohlfahrtseffekt** der Liberalisierung einer geschlossenen zu einer offenen Volkswirtschaft *positiv*:

$$\Delta \text{Brutto} - \text{Wohlfahrt}:$$
$$+a - a + b - b + c + d \qquad (3.23)$$

$$\Delta \text{Netto} - \text{Wohlfahrt}: +c + d \qquad (3.24)$$

Die beiden positiven Netto-Wohlfahrtseffekte entstehen aufgrund der **Beseitigung** der **Ineffizienzen** in der Produktion (c) sowie im Konsum (d).

3.2.4 Interpretation

Die Inzidenzanalyse lässt die Interpretation zu, dass inländische Produzenten die inländischen Konsumenten unterstützen: Der Wohlfahrtsgewinn aufgrund der *gestiegenen* **Konsumentenrente** wird in Höhe der Fläche (a + b) vollständig kompensiert durch den Wohlfahrtsverlust aufgrund der *gesunkenen* **Produzentenrente**. Die Inzidenzanalyse zeigt, dass die Last der inländischen Unternehmen, die ihnen aufgrund der Öffnung aufgebürdet wird, vollständig

zugunsten inländischer Konsumenten geht. Für *produktive* inländische Unternehmen gehen bisherige *Mitnahmeeffekte* der Abschottung verloren (a). Für *unproduktive* inländische Unternehmen ist die Preissenkung von *existenzieller* Bedeutung (b), weil ihre mangelnde Wettbewerbsfähigkeit nun nicht mehr durch die Geschlossenheit der Ökonomie protegiert wird. Eine direkte finanzielle Unterstützung inländischer Konsumenten durch inländische Produzenten, beispielsweise durch eine Extraabgabe, hätte für die inländischen Konsumenten grundsätzlich die gleiche Wirkung. Jedoch sorgt die Handelsliberalisierung für weitere Vorteile der Konsumenten: Ineffiziente, überteuerte inländische Produktion (c) wird durch effiziente Importe substituiert. Zusätzlicher Konsum (d), der in einer geschlossenen Volkswirtschaft aufgrund überhöhter Preise nicht möglich wäre, ist zu Wettbewerbspreisen nunmehr erschwinglich. Die Ineffizienzen der geschlossenen Volkswirtschaft werden durch die Öffnung der Ökonomie beseitigt.

Als **Fazit** bleibt festzuhalten:

Der Netto-Wohlfahrtseffekt der Öffnung einer Volkswirtschaft ist **positiv**: Neben der Umverteilung der Renten von Produzenten zu Konsumenten (a + b) verschwinden die beiden Mehrbelastungen (deadweight losses, excess burden) einer geschlossenen Volkswirtschaft in Bezug auf eine zu hohe inländische Produktion (c) und einen zu niedrigen inländischen Konsum (d).

▶ Die **Mehrbelastung (deadweight loss, excess burden)** einer Maßnahme geht über die wohlfahrtsneutrale Umverteilung von Renten hinaus und besteht in einer zusätzlichen Last aufgrund von Ineffizienzen in der Produktion und im Konsum.

3.3   Inzidenzanalyse von Zöllen im Inland

3.3.1   Grundlagen

Im dritten Fall, dem Fall einer *offenen protektionistischen* **Volkswirtschaft**, nehmen wir an, dass ein Zoll T („T" für „**Tariff**") auf Importe ein-

Abb. 3.4 Inzidenzanalyse eines Zolls

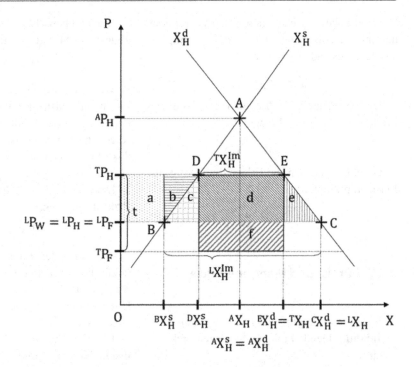

geführt wird. Das Zollaufkommen T ergibt sich, indem der Zollsatz t („t" für „**t**ariff rate") mit der Importmenge multipliziert wird. Ein Zoll kann als zusätzliche Steuer auf den Transport eines Gutes von einem Land in ein anderes Land angesehen werden. Deshalb steigen die Kosten exportierender ausländischer Unternehmen.

▶ Eine *offene protektionistische* **Volkswirtschaft** zeichnet sich dadurch aus, dass ihre Märkte gegenüber dem Ausland geöffnet sind (daher *offen*), aber Handelsbeschränkungen bestehen (daher *protektionistisch*).

Die Inzidenzanalyse eines Zolls soll die *tatsächliche* Lastverteilung dieser protektionistischen Maßnahme aufdecken. Die Höhe eines **Wertzolls**, der mit einem **konstanten Prozentsatz** auf den Nettopreis aufgeschlagen wird, *variiert* bei Preisänderungen. Die Höhe eines *Mengen*zolls, der mit einem **konstanten Betrag** auf den Nettopreis aufgeschlagen wird, *stagniert* bei Preisänderungen. Ergebnisse von Inzidenzanalysen mit Wert- beziehungsweise Mengenzöllen unterscheiden sich zwar in quantitativer,

nicht aber in qualitativer Hinsicht: In beiden Fällen werden dieselben Marktakteure als Gewinner beziehungsweise Verlierer einer Zollpolitik identifiziert. Daher wird in der folgenden Analyse der einfachere Fall angenommen, dass nämlich das Inland einen konstanten Zollsatz auf jede importierte Mengeneinheit erhebt.

In Abb. 3.4 ist das Inland unter einem Zollregime dargestellt.

Die Angebotskurve verläuft steigend, die Nachfragekurve fallend.

Das **Marktgleichgewicht** einer *protektionistischen* **Volkswirtschaft** in Punkt E wird erzielt, wenn das geplante inländische Angebot und die geplante Importmenge der geplanten inländischen Nachfrage entsprechen:

$$^D X_H^s + {}^T X_H^{Im} = {}^E X_H^d \qquad (3.25)$$

Die Summe aus in- und ausländischem Angebot stellt die Befriedigung der inländischen Nachfrage sicher.

Der optimale inländische Konsum ist größer als die optimale inländische Produktion:

$$^E X_H^d > {}^D X_H^s \qquad (3.26)$$

Die Lücke zwischen inländischem Konsum und inländischer Produktion wird durch Importe aus dem Ausland geschlossen:

$$^T X_H^{Im} = {}^E X_H^d - {}^D X_H^s \qquad (3.27)$$

Die optimalen inländischen Erlöse sind das Produkt aus Preis und Menge:

$$^T R_H = {}^T P_H \cdot {}^T X_H \qquad (3.28)$$

Graphisch werden die Erlöse durch folgende Fläche repräsentiert:

$$\overline{O \, ^T X_H \, E \, ^T P_H} \qquad (3.29)$$

3.3.2 Preis- und Mengeneffekte

In einem Zollregime des Inlandes treten im **Inland** folgende Preis- und Mengeneffekte auf:

1. Der inländische Preis *steigt*.
2. Die im Inland abgesetzte Menge *sinkt*.
3. Die inländische Produktion *steigt*.
4. Der inländische Konsum *sinkt*.
5. Die Importmenge *sinkt*.

Der Zoll bewirkt *erstens*, dass der **inländische Preis steigt**:

$$^T P_H > {}^L P_H \qquad (3.30)$$

Dadurch dass die ausländischen Exporteure nunmehr einen Zoll zu entrichten haben, steigen ihre Kosten. Die ausländischen Unternehmer versuchen, die zusätzlichen Kosten auf die Konsumenten zu überwälzen, was ihnen im Normalfall zumindest zum Teil gelingt. Deshalb steigt der Preis. Jedoch fällt der Preisanstieg in der Regel geringer aus, als es die Höhe des Zollsatzes erwarten lässt, was durch den zweiten Effekt unten begründet wird. Das Gesetz der Unterschiedslosigkeit der Preise gilt nicht mehr, weil ausländische Produkte an Inländer mit Zoll, an Ausländer ohne Zoll verkauft werden:

$$^T P_H \neq {}^T P_F \qquad (3.31)$$

Der Zoll bewirkt *zweitens*, dass die **im Inland abgesetzte Menge sinkt**:

$$^T X_H < {}^L X_H \qquad (3.32)$$

Weil die ausländischen Exporteure den Zollsatz nicht vollständig auf den Preis überwälzen können, geht die Importmenge zurück. Da dieser Rückgang nur teilweise durch inländische Produktion kompensiert wird, sinkt die abgesetzte Menge.

Der Zoll bewirkt *drittens*, dass die **inländische Produktion steigt**.

$$^D X_H^s > {}^B X_H^s \qquad (3.33)$$

Aufgrund der Preiserhöhung steigt die inländische Produktion (das inländische Angebot), weil *ineffiziente (unproduktive)* inländische Unternehmen nun in der Lage sind, ihre Güter anzubieten.

Der Zoll bewirkt *viertens*, dass der **inländische Konsum sinkt**:

$$^E X_H^d < {}^C X_H^d \qquad (3.34)$$

Aufgrund der Preiserhöhung sinkt der inländische Konsum (die inländische Nachfrage), weil sich nun weniger Konsumenten die Güter leisten können oder wollen.

Der Zoll bewirkt *fünftens*, dass die **Importmenge sinkt**:

$$^T X_H^{Im} < {}^L X_H^{Im} \qquad (3.35)$$

Inländische Importe sind gleichbedeutend mit ausländischen Exporten. Die ausländischen Exporteure schaffen es unter Wettbewerbsbedingungen nicht, ihre höheren Kosten durch den Zoll vollständig auf die inländischen Konsumenten zu überwälzen. Dies gelingt den ausländischen Produzenten nur zum Teil. Deshalb sehen sie sich gezwungen, auf einen Teil ihrer Marge zu verzichten. Dies bedeutet, dass ihr Nettopreis – Bruttopreis minus Zollsatz – sinkt:

$$^T P_F^{netto} = {}^T P_F = {}^T P_H - t$$
$$< {}^L P_F^{netto} = {}^L P_F^{brutto} = {}^L P_F \qquad (3.36)$$

Aufgrund ihres gesunkenen Nettopreises werden die ausländischen Unternehmen weniger exportieren. Weil aber gleichzeitig der Bruttopreis steigt, geht auch die inländische Importnachfrage nach ausländischen Gütern zurück.

3.3.3 Wohlfahrtseffekte

Wohlfahrtseffekte eines Zolls im Inland:

Δ Produzentenrente: $+ a + b$

Δ Konsumentenrente: $- a - b - c - d - e$

Δ Staatsrente: $+ d + f$

Δ Netto-Wohlfahrt: $- c - e + f$

Die Einführung eines Zolls reduziert den Wettbewerb für die inländische Volkswirtschaft. Deshalb steigt der Marktpreis. Diese Entwicklung hat bedeutende Auswirkungen auf die Wohlfahrt der Produzenten, der Konsumenten und des Staates: Die Produzentenrente steigt, die Konsumentenrente sinkt, die Staatsrente steigt: Die Flächen in Abb. 3.4 lassen sich in folgender Weise interpretieren:

- Fläche a repräsentiert den Teil des Zuwachses an Produzentenrente, den **produktive Unternehmen** erzielen. Da diese Unternehmen auch ohne einen Zoll bei Freihandel zu einem niedrigeren Preis produzierten, ist dieser Wohlfahrtseffekt ein **Mitnahmeeffekt**: Es findet nur eine Umverteilung von Konsumenten zu Produzenten statt, die aufgrund der Preiserhöhung diesen Teil der bisherigen Konsumentenrente nunmehr für sich als Produzentenrente abschöpfen. Aus volkswirtschaftlicher Sicht signalisieren Mitnahmeeffekte die Verschwendung knapper Ressourcen, weil sie unternehmerisches Verhalten nicht zu steuern vermögen, aber gleichsam alimentieren: Mitnahmeeffekte werden von den Unternehmen – gewinnsteigernd – „mitgenommen".
- Fläche b repräsentiert den Teil des Zuwachses an Produzentenrente, den *unproduktive* **Unternehmen** erzielen. Diese Unternehmen sind aufgrund des gestiegenen Preises nunmehr in der Lage, in den Markt einzutreten. Diese *ineffizienten* Produzenten sind bei Freihandel nicht wettbewerbsfähig, profitieren

aber davon, dass der Staat den freien Weltmarktpreis durch den Zollsatz manipuliert und künstlich hochhält. Für *unproduktive* Unternehmen ist die Frage eines Zolls eine *existenzielle* Frage, weil davon abhängt, ob sie als Unternehmen am Markt bestehen oder nicht. Allerdings bedarf es in diesem Fall einer Rechtfertigung, warum *unproduktive* Unternehmen unterstützt werden sollen und dem vom Markt geforderten Strukturwandel Einhalt geboten werden soll. Die Erfahrung hat gelehrt, dass ein ökonomisch notwendiger Strukturwandel politisch nur aufgeschoben, nicht aber aufgehoben werden kann. Die positiven Wirkungen protektionistischer Maßnahmen wie der Erhalt von Arbeitsplätzen sind nur temporär, nicht nachhaltig. Die protektionistische Sanktionierung *effizienter* ausländischer Produktion wirkt wie eine Subvention *ineffizienter* inländischer Produktion.

- Fläche (a + b) repräsentiert den gesamten Zuwachs an **Produzentenrente**. Aufgrund der Zollerhebung erhöhen ausländische Unternehmen im Normalfall ihre Bruttopreise (Nettopreise plus Zollsätze), weil ihre Kosten steigen. Für den ausländischen Produzenten ist es unerheblich, ob erhöhte Kosten in steigenden Kosten für den Erwerb von Rohstoffen, in steigenden Produktions-, Lohn- oder Vertriebskosten, in Steuer-, Abgaben- oder Gebührenerhöhungen begründet sind oder eben in Zöllen. Wenn ihre Kosten steigen, versuchen sie, über höhere Preise zumindest einen Teil ihrer zusätzlichen Kosten auf die Konsumenten zu überwälzen. Da inländische Unternehmen jedoch keine Zölle zu entrichten haben, können sie aufgrund der **Identität inländischer Brutto-** und **Nettopreise** nicht nur ihre Brutto-, sondern auch ihre Nettopreise erhöhen, ohne ihre Wettbewerbsfähigkeit einzubüßen. Dies werden sie solange tun, wie der positive Preiseffekt – höherer Preis je verkaufter Einheit – den negativen Mengeneffekt – geringere Nachfrage aufgrund des gestiegenen Preises – überkompensiert. Daher führt die Einführung eines Zolls zu einem Anstieg der Produzentenrente und somit zu einem Wohlfahrtsgewinn. Dieser Gewinn der inländischen Unternehmen wird komplett durch den Verlust an Konsumentenrente um eben diesen Betrag kompensiert, der die inländischen privaten Haushalte belastet.

- Fläche c repräsentiert den Teil des Verlusts an Konsumentenrente, der durch *ineffiziente* **Produktion** generiert wird. Denn aufgrund der Preiserhöhung produzieren nunmehr auch an sich *unproduktive* Unternehmen, die bei Freihandel zu niedrigeren Marktpreisen nicht wettbewerbsfähig wären. Das inländische Produktionsniveau ist zu hoch, weil es nicht – wie bei Freihandel – durch billigere Importe ersetzt wird.

- Fläche (b+c) repräsentiert den *gesamten* **Effekt** *ineffizienter* **Produktion**: Unproduktive Unternehmen sind in der Lage, zum überhöhten Preis zu produzieren (c), sodass ihnen auch die bei Freihandel vorenthaltene Produzentenrente (b) zugutekommt.

- Fläche d repräsentiert die **Zolleinnahmen zulasten** *inländischer* **Konsumenten**. Es ist der Teil des Verlusts an Konsumentenrente, der dadurch entsteht, dass die ausländischen Unternehmen den Zollsatz teilweise auf den Preis aufschlagen.

- Fläche e repräsentiert den Teil des Verlusts an Konsumentenrente, der durch *ineffizienten* **Konsum** generiert wird. Denn nunmehr sind einige bisherige Konsumenten nicht mehr in der Lage, in einem Zollregime mit überhöhten Preisen zu konsumieren. Das inländische Konsumniveau ist zu niedrig.

- Fläche (a + b + c + d + e) repräsentiert den gesamten **Verlust** an **Konsumentenrente**. Aufgrund der Einführung eines Zolls werden ausländische Unternehmen ihre Bruttopreise (Nettopreise plus Zollsätze) im Normalfall ebenso erhöhen wie inländische Unternehmen. Sowohl der Preiseffekt – höherer Preis je gekaufter Einheit – als auch der Mengeneffekt – geringere Nachfrage aufgrund des gestiegenen Preises – reduzieren die Konsumentenrente. Daher führt die Erhebung eines Zolls zu einem Sinken der aggregierten Konsumentenrente und damit zu einem Wohl-fahrtsverlust für die inländischen Konsumenten.

- Fläche f repräsentiert die **Zolleinnahmen zulasten** *ausländischer* **Produzenten**. Es ist der Teil des Zolls, der dadurch entsteht, dass die ausländischen Unternehmen den Zollsatz nicht vollständig auf die inländischen Konsumenten überwälzen können.

- Fläche (d + f) repräsentiert das *gesamte* **Zollaufkommen**, das dem inländischen Staat als Staatsrente zufließt.

Im Inland lauten die Brutto-Wohlfahrtseffekte:

$$\Delta \text{Brutto} - \text{Wohlfahrt}:$$
$$+a-a+b-b-c+d-d-e+f \quad (3.37)$$

Zum Teil heben sich die Wohlfahrtseffekte der Marktakteure gegenseitig auf:

$$+a-a+b-b+d-d=0 \quad (3.38)$$

Im Zuge der Protektion einer offenen Volkswirtschaft treten im Inland drei Netto-Wohlfahrtseffekte auf. Graphisch werden diese Netto-Wohlfahrtseffekte durch die Flächen c, e und f repräsentiert:

$$\Delta \text{Netto} - \text{Wohlfahrt}: -c-e+f \quad (3.39)$$

> Die Netto-Wohlfahrtseffekte lauten im Einzelnen:
>
> 1. Das inländische Produktionsniveau ist ineffizient, nämlich zu hoch (c).
> 2. Das inländische Konsumniveau ist ineffizient, nämlich zu niedrig (e).
> 3. Die inländischen Terms of Trade „verbessern" sich (f).

Der *erste* **Netto-Wohlfahrtseffekt** ergibt sich aus der **Ineffizienz** *inländischer* **Produktion**, die zu hoch ist:

$$^{D}X_{H}^{s} > {}^{B}X_{H}^{s} \quad (3.40)$$

Das inländische Angebot ist in einem Zollregime größer als bei Freihandel. Fläche c repräsentiert den Verlust an Konsumentenrente, der dadurch entsteht, dass billigere Importe durch teurere inländische Produkte substituiert werden.

Der *zweite* **Netto-Wohlfahrtseffekt** ergibt sich aus der **Ineffizienz** *inländischen* **Konsums**, der zu niedrig ist:

$$^E X_H^d < {}^C X_H^d \qquad (3.41)$$

Die inländische Nachfrage ist in einem Zollregime kleiner als bei Freihandel. Fläche e repräsentiert den Teil der Konsumentenrente, der bisherigen Konsumenten verlorengeht, die nun wegen der Preiserhöhung nicht mehr konsumieren. Der Zoll führt zu einer Verzerrung der Anreizstruktur, in diesem Fall zu einem zu niedrigen Konsum. Aufgrund des gestiegenen Preises gehen Konsumenten verloren, die vor Einführung des Zolls noch gekauft und Konsumentenrente erzielt haben. Unter diesen befinden sich überproportional viele ärmere Nachfrager, die sich das Gut nun nicht mehr leisten können oder wollen. Diesen Ex-Konsumenten entsteht ein unwiederbringlicher Verlust, ein deadweight loss, der dadurch hervorgerufen wird, dass nunmehr Inländer, die zu Wettbewerbspreisen konsumieren könnten, nicht konsumieren. Daran ist zu erkennen, dass ein Zoll nicht nur *aktuelle* Konsumenten, sondern auch *potenzielle* Konsumenten schädigt.

Der *dritte* Netto-Wohlfahrtseffekt ergibt sich aus der **„Verbesserung"** der inländischen **Terms of Trade**:

$$\frac{^T P_H^{Ex}}{^T P_H^{Im}} = \frac{^T P_H^{Ex}}{^T P_F} \downarrow \; \uparrow > \; \frac{^L P_H^{Ex}}{^L P_H^{Im}} = \frac{^L P_H^{Ex}}{^L P_F} \qquad (3.42)$$

▶ **Terms of Trade** („Handelsbedingungen") sind das Preisverhältnis zwischen den Preisen inländischer Exportgüter und inländischer Importgüter.

Steigende Terms of Trade bedeuten, dass sich Inländer für eine gegebene Exportmenge mehr Importe leisten können beziehungsweise für eine gegebene Importmenge weniger Exporte benötigen. Daher wird üblicherweise von einer „Verbesserung" der Terms of Trade gesprochen,

wenn die Exportpreise stärker steigen als die Importpreise, und von einer „Verschlechterung" der Terms of Trade, wenn die Importpreise stärker steigen als die Exportpreise. Wenn bei relativ niedrigen Preiselastizitäten des Angebots und der Nachfrage ein überproportional starkes Wirtschaftswachstum in der inländischen Exportindustrie zu beobachten ist („biased growth"), besteht aufgrund sinkender Terms of Trade sogar die Gefahr eines Verelendungswachstums („immiserizing growth"): Wegen sinkender Exportgüterpreise reicht auch eine zunehmende Exportgütermenge nicht aus, um ein Sinken des Exportwertes zu verhindern, sodass die Ressourcen (z. B. Devisen) fehlen, um im Gegenzug einen Importwert zu erwirtschaften, der die Einfuhr der bisherigen Importgütermenge ermöglicht. Auf dieses besonders für Entwicklungsländer relevante Phänomen wies der Columbia-Ökonom Jagdish Natwarlal Bhagwati hin (vgl. Bhagwati 1958, S. 201–205, 1968, S. 481–485). An dieser Stelle vernachlässigen wir die Diskussion über die unterschiedliche Bewertung steigender beziehungsweise sinkender Terms of Trade. Fläche f repräsentiert den Teil der Zolleinnahmen, der dadurch entsteht, dass ausländische Unternehmen ihre Preise senken müssen, sodass die inländischen Importpreise (netto) sinken.

Zu beachten ist die besondere Rolle eines *kleinen* **Landes**, das Preisnehmer und Mengenanpasser ist, weil es nicht über den wirtschaftlichen Einfluss verfügt, den Weltmarktpreis zu steuern: Führt ein kleines Land wie ein typisches **Entwicklungsland** einen Zollsatz ein, ist es nicht in der Lage, den ausländischen Produzenten einen niedrigeren Nettopreis abzuverlangen. Die Verhandlungsposition eines Entwicklungslandes ist oft schwach, weil das Entwicklungsland auf seine Importgüter angewiesen ist und daher die Preiselastizität der Nachfrage niedrig ist. Zudem ist ein typisches Entwicklungsland kein wichtiger Handelspartner eines exportierenden Industrielandes, das die Möglichkeit hat, seine Güter auch in andere Länder zu exportieren. Der mögliche Ausfall eines Importeurs schlägt in der Regel nicht so stark zu Buche. Wenn aber der Nettopreis nicht gesenkt wird, heißt das, dass der

Zollsatz einfach auf den Preis geschlagen wird. Somit tragen die inländischen Konsumenten die gesamte Zolllast. Graphisch bedeutet dies, dass in Abb. 3.4 die Fläche f entfällt, sodass der Netto-Wohlfahrtseffekt eines Zolls eindeutig negativ ist.

Der Fall des kleinen Landes ist nicht nur ein theoretisch denkbarer Fall, sondern er trifft auf die meisten Länder zu. Allein China, die USA und Deutschland sorgen für etwa 30 Prozent des Welthandels, die Top Ten mit weiteren vier europäischen (Niederlande, Frankreich, Italien, Vereinigtes Königreich) und drei asiatischen Ländern beziehungsweise Entitäten (Japan, Süd-Korea, Hongkong) für mehr als die Hälfte. Der Außenhandelswert der 20 größten Handelsnationen ist doppelt so hoch wie derjenige der übrigen knapp 180 Länder, auf welche die Rolle eines kleinen Landes in den internationalen Wirtschaftsbeziehungen zutrifft (vgl. statista 2020a, b, 2021a, b).

3.3.4 Interpretation

Die ökonomische Inzidenz inländischer Zollpolitik lässt sich in folgender Weise interpretieren:

1. Inländische Konsumenten unterstützen inländische Produzenten (a + b).
2. Inländische Konsumenten unterstützen den inländischen Staat (d).
3. Ausländische Unternehmen unterstützen den inländischen Staat (f).

Erstens lässt die Inzidenzanalyse die Interpretation zu, dass **inländische Konsumenten die inländischen Produzenten unterstützen**: Der Wohlfahrtsgewinn aufgrund der *gestiegenen* **Produzentenrente** wird in Höhe der Fläche (a + b) vollständig kompensiert durch den Wohlfahrtsverlust aufgrund der *gesunkenen* **Konsumentenrente**. Dies bedeutet, dass die *ökonomische* Inzidenz nicht wie die *formale* Inzidenz bei den ausländischen Unternehmen liegt, die in

der Tat den Zoll zahlen, sondern bei den inländischen Konsumenten, die tatsächlich die Last tragen. Ziel der Einführung eines Zolls ist die Unterstützung inländischer Unternehmen. Die Inzidenzanalyse zeigt, dass inländische Unternehmen vollständig zulasten inländischer Konsumenten unterstützt werden. Für *produktive* inländische Unternehmen sind die Unterstützungen durch inländische Konsumenten *Mitnahmeeffekte* (a). Für *unproduktive* inländische Unternehmen sind die Unterstützungen durch inländische Konsumenten (b) von *existenzieller* Bedeutung. Eine direkte finanzielle Unterstützung inländischer Unternehmen durch inländische Konsumenten, beispielsweise durch eine Extraabgabe, hätte für die inländischen Unternehmen die gleiche Wirkung und zudem noch den Vorteil, dass die Mehrbelastung der Konsumenten (c), die den Produzenten nicht einmal zugutekommt, entfiele.

Zweitens lässt die Inzidenzanalyse die Interpretation zu, dass **inländische Konsumenten den inländischen Staat unterstützen**: Inländische Konsumenten tragen die Zolllast in Höhe der Fläche d, weil sie höhere (Brutto-)Preise zahlen müssen. Der Teil des Zollaufkommens, der sich in der Erhöhung des Bruttopreises niederschlägt (d), fällt zwar an den Staat, wird letztlich aber von den inländischen Konsumenten getragen.

Drittens lässt die Inzidenzanalyse die Interpretation zu, dass **ausländische Unternehmen den inländischen Staat unterstützen**: Ausländische Unternehmen tragen die Zolllast in Höhe der Fläche f, weil sie bei preiselastischer Nachfrage den Zollsatz nicht vollständig auf die inländischen Konsumenten überwälzen können, sodass sie ihren Nettopreis (Bruttopreis minus Zollsatz) senken müssen. Dieser Effekt kann als Terms-of-Trade-Effekt interpretiert werden, da der Preis ausländischer Exporte, die gleichbedeutend mit inländischen Importen sind, sinkt, sodass sich die inländischen Terms of Trade „verbessern".

Als **Fazit** bleibt festzuhalten:

Der **Netto-Wohlfahrtseffekt** eines Zolls ist **grundsätzlich** *unbestimmt*: Wenn die beiden deadweight losses in Bezug auf eine zu hohe inländische Produktion (c) und eine zu niedrige inländische Konsumtion (e) größer sind als der Teil des Zolls, dessen Last auf ausländische Unternehmen überwälzt wird (f), ist der Netto-Wohlfahrtseffekt selbst für das Inland *negativ*. Nur wenn f größer ist als (c + e), führt die Einführung eines Zolls ceteris paribus zu positiven Netto-Wohlfahrtseffekten. Da weniger damit zu rechnen ist, dass die sonstigen Bedingungen gleichbleiben, sondern vielmehr Rückwirkungseffekte wie Vergeltungsmaßnahmen des Auslands zu erwarten sind, ist aus ökonomischen Gründen eine große Skepsis gegenüber Zöllen angebracht.

Der Netto-Wohlfahrtseffekt eines Zolls ist für ein **Entwicklungsland** *negativ*: Je kleiner ein Land hinsichtlich seiner ökonomischen Bedeutung ist, desto größer ist die Last, die seine inländischen Konsumenten zu tragen haben, wenn ein Zoll auf Importe erhoben wird: Wenn ein kleines Land keine Marktmacht auf ausländische Unternehmen ausüben kann, um deren Nettopreise zu senken, kommt die Fläche f in Abb. 3.4 nicht zustande. Dies bedeutet, dass ausschließlich die Flächen c und e den Netto-Wohlfahrtseffekt ausmachen, der dann negativ ist. Entwicklungsländer sind nicht Preissetzer, sondern Preisnehmer und Mengenanpasser, weil sie wegen ihrer geringen wirtschaftlichen Bedeutung nicht in der Lage sind, Einfluss auf den Weltmarktpreis auszuüben. Dies impliziert, dass Entwicklungsländer nicht Zölle erheben sollten, um ihre (unproduktive) Wirtschaft vor ausländischer Konkurrenz zu „schützen". Globalisierung durch Handelsliberalisierung ist weder der Grund für die Existenz wirtschaftlicher Unterentwicklung noch für deren Persistenz: Den Ergebnissen der Inzidenzanalyse zufolge wirkt die Abschottung vor globalem Wettbewerb weniger als Katalysator, der wirtschaftliche Entwicklung fördert, sondern im Gegenteil als Inhibitor, der wirtschaftliche Entwicklung hemmt.

Freihandel schafft dadurch mögliche Nachteile, dass durch den Import ausländischer Güter das Produktions- und Beschäftigungsniveau im Inland ceteris paribus niedriger ist. Wird eine Politik der **Importsubstitution** betrieben, indem Importe durch inländische Produkte ersetzt

werden, steht die Ceteris-paribus-Klausel auf wackeligen Füßen: Denn wenn inländische Unternehmen, die auf qualitativ hochwertige Vorprodukte aus dem Ausland in ausreichender Menge angewiesen sind, diese nunmehr durch minderwertige inländische Vorprodukte in unzureichender Menge substituieren müssen, könnten sie aufgrund dieser Ineffizienzen ihre Wettbewerbsfähigkeit einbüßen. Darunter könnte auch die devisenbringende inländische Exportindustrie leiden. Geht die internationale Wettbewerbsfähigkeit verloren, mündet eine Politik der Importsubstitution in ein ökonomisches Desaster. Zudem verhindert Importsubstitution in kleinen Ländern eine Produktion mit hohen Skaleneffekten, wenn der nationale Markt zu klein ist. Tendenzen zur Monopolisierung sowie ein erhöhtes Ausmaß an Korruption mit allen ihren negativen Begleiterscheinungen sind oft die Folge.

Vergleicht man die wirtschaftliche Entwicklung der (ökonomisch) kleinen Länder der Subsahara mit derjenigen der (ehemals) kleinen Länder Südost- und Ostasiens zurzeit der afrikanischen Dekolonisation in den fünfziger und sechziger Jahren des 20. Jahrhunderts mit derjenigen in den zwanziger Jahren des 21. Jahrhunderts, ergibt sich ein markanter Unterschied zwischen beiden Regionen: Die afrikanischen Staaten sind mit ihrer Politik der Importsubstitution gescheitert. Der Versuch, sich vor Freihandel abzuschotten und Importe durch eigene Produktion zu ersetzen, konnte die Ineffizienzen nicht beseitigen. Im Fernen Osten hingegen folgten die meisten Länder der Strategie, ihre Volkswirtschaften vorsichtig für den Außenhandel zu öffnen. Diese Politik ist von Erfolg gekrönt, insbesondere bei der Bekämpfung der Armut: So gelang es beispielsweise China, Hunderte Millionen Chinesen aus extremer Armut zu befreien. Chinas Liberalisierung der Wirtschaft setzte ein mit der „Öffnungsrede" Deng Xiaophings (1904–1997) im Dezember 1978, wurde fortgesetzt mit der Errichtung der ersten Sonderwirtschaftszone in Shenzhen im Jahr 1980, offiziell festgeschrieben mit der Einführung der Sozialistischen Marktwirtschaft 1992 und international gewürdigt durch Chinas

Beitritt zur Welthandelsorganisation (WTO) im Jahr 2001. 2017 löste China die USA als Volkswirtschaft mit dem weltweit größten BIP in Kaufkraftparitäten ab, Ende der 2020er-Jahre wird China die USA als größte Volkswirtschaft der Welt abgelöst haben. Dagegen sank in der Subsahara bis zum Beginn der Corona-Pandemie 2020 zwar der Anteil extrem Armer an der Gesamtbevölkerung, ihre absolute Zahl jedoch nicht.

Ein *mangelnder* **Offenheitsgrad** ist aus außenhandelstheoretischer Sicht ein Grund, warum Entwicklungsländer ökonomisch weniger entwickelt sind und warum der Abstand zwischen reichen und armen Ländern größer ist als er es in einem Freihandelsregime wäre. Zwischen 1990 und 2015, in einer Phase weltwirtschaftlicher Integration durch den – im Vergleich zum Wirtschaftswachstum – überproportional stark gestiegenen Welthandel, nahmen die *internationalen* Unterschiede in der Einkommensverteilung *„zwischen den Nationen"* ab, während die *intranationalen* Unterschiede *„innerhalb von Nationen"* zunahmen. In diesem Vierteljahrhundert halbierte sich die Zahl absolut Armer auf weltweit knapp 800 Millionen Menschen, ein Erfolg, der in der Menschheitsgeschichte seinesgleichen sucht. Seit Beginn der stärker protektionistischen Phase, die nicht zufällig in die Zeit der Wahl Donald Trumps zum 45. US-Präsidenten fiel (2016), stagnierte die Zahl absolut Armer und nahm seit 2020 im Zuge der Corona-Krise, die den Außenhandel signifikant einschränkte, wieder zu. Auch die Einkommensungleichheiten zwischen Ländern vergrößerten sich in dieser Periode. Sowohl die Theorie komparativer Vorteile als auch die Empirie bestätigen die Skepsis gegenüber einer Politik der Importsubstitution und unterstützen die These, dass Freihandel auch für Entwicklungsländer ökonomisch die bessere Option ist.

Der **Netto-Wohlfahrtseffekt** eines Zolls ist, **wenn überhaupt**, dann nur für ein **Industrieland** *positiv*. Große Länder sind aufgrund ihrer Marktmacht in der Lage, sich als Preissetzer zu verhalten. Die Politik eines wirtschaftlich starken Landes, sich zulasten ausländischer Produzenten durch eine Zollpolitik besserzustellen, ist jedoch aus ethischen Gründen diskutabel: Wird, wie von der Politik immer wieder deklariert, tatsächlich eine Verbesserung der Lebensbedingungen in Entwicklungsländern ins Auge gefasst, um menschliche Not (und Migration) zu verringern, dann ist Protektionismus nicht nur aus ökonomischen, sondern auch aus ethischen Gründen nur schwer zu rechtfertigen, weil arme Länder dadurch schlechter gestellt sind. Zur Rechtfertigung protektionistischer Maßnahmen sind daher besondere Gründe geltend zu machen, wie beispielsweise der Verweis auf die Versorgungssicherheit eines Landes mit Lebensmitteln, die Vermeidung von Monokulturen oder die Sicherung der Gesundheit der Bevölkerung.

3.4 Inzidenzanalyse von Zöllen im Ausland

3.4.1 Grundlagen

In Abb. 3.5 sind die Wohlfahrtseffekte eines im Inland erhobenen Zolls im Ausland dargestellt.

Die Angebotskurve verläuft steigend, die Nachfragekurve fallend.

Das **Marktgleichgewicht** der *ausländischen* **Volkswirtschaft** in Punkt K wird erzielt, wenn das geplante ausländische Angebot der geplanten ausländischen Nachfrage und der geplanten Exportmenge entspricht:

$$^{K}X_{F}^{s} = {}^{I}X_{F}^{d} + {}^{T}X_{F}^{Ex} \qquad (3.43)$$

Die Summe aus in- und ausländischer Nachfragemenge stellt den Absatz der ausländischen Angebotsmenge sicher.

Die optimale ausländische Produktion ist größer als der optimale ausländische Konsum:

$$^{K}X_{F}^{s} > {}^{I}X_{F}^{d} \qquad (3.44)$$

Die Lücke zwischen ausländischer Produktion und ausländischem Konsum wird durch Exporte ins Inland geschlossen:

$$^{T}X_{F}^{Ex} = {}^{K}X_{F}^{s} - {}^{I}X_{F}^{d} \qquad (3.45)$$

Dabei ist zu verinnerlichen, dass die *ausländische* Exportmenge und die *inländische* Importmenge in einem Zwei-Länder-Fall identisch sind:

Abb. 3.5 Inzidenzanalyse eines inländischen Zolls für das Ausland

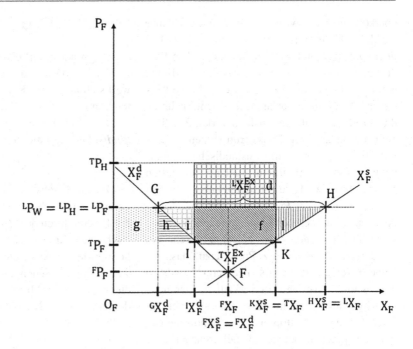

$$^T X_F^{Ex} \equiv {}^T X_H^{Im} \qquad (3.46)$$

Die optimalen Erlöse sind das Produkt aus Preis und Menge:

$$^T R_F = {}^T P_F \cdot {}^T X_F \qquad (3.47)$$

Graphisch werden die Erlöse durch folgende Fläche repräsentiert:

$$\overline{O_F \ {}^T X_F \ K \ {}^T P_F}$$

3.4.2 Preis- und Mengeneffekte

In einem Zollregime des Inlandes treten im **Ausland** folgende Preis- und Mengeneffekte auf:

1. Der ausländische Preis sinkt.
2. Die im Ausland abgesetzte Menge steigt.
3. Die ausländische Produktion sinkt.
4. Der ausländische Konsum steigt.
5. Der Exportmenge sinkt.

Der Zoll bewirkt *erstens*, dass der **ausländische Preis** *sinkt*:

$$^T P_F < {}^L P_F \qquad (3.48)$$

Dieses Ergebnis bedarf einer ausführlichen Erläuterung: Nehmen wir beispielsweise an, dass der anfängliche Preis für eine Mengeneinheit bei € 100 liegt. Nun wird ein Zollsatz in Höhe von t = € 20 pro Mengeneinheit eingeführt. Die ausländischen Unternehmen möchten ihr Produkt nunmehr am liebsten für € 120 pro Mengeneinheit verkaufen, weil sie dann den gleichen Nettopreis erhalten wie vorher, nämlich € 120 minus € 20 = € 100. Diese Preispolitik ist aber nur in der sehr seltenen Situation erfolgreich, in der die Preiselastizität der Nachfrage bei null liegt. Die Preiselastizität der Nachfrage ist jedoch – in absoluten Beträgen gemessen – in der Regel größer als null. Dies bedeutet, dass ein steigender Preis eine sinkende Nachfrage nach sich zieht. Deshalb werden die ausländischen Unternehmen überlegen, welche Preiserhöhung sich durchzusetzen lohnt, damit der positive Preiseffekt durch den Anstieg des Preises nicht durch den negativen Mengeneffekt durch den Verlust an Nachfrage überkompensiert wird. Wir nehmen daher (willkürlich) an, dass der neue Preis bei € 112 liegt. Dies bedeutet, dass die ausländischen Produzenten trotz des höheren (Brutto-) Preises netto, nämlich nach Abzug des Zolls, nur € 92 erhalten. Wenn diese ausländischen Unternehmen ihre Produkte in ihrem Ausland verkaufen, liegt der neue ausländische Preis (brutto = netto) ebenfalls bei € 92, weil die ausländischen Unternehmen für ihre in ihrem Ausland verkauften Mengen keine Zölle zu entrichten haben. Ein höherer *ausländischer* Preis führte dazu, dass ausländische Unternehmen keine Anreize hätten, zu schlechteren Konditionen zu exportieren, ein niedriger *ausländischer* Preis dazu, dass sie keine Anreize hätten, zu schlechteren Konditionen in ihrem Ausland zu verkaufen. Der neue Gleichgewichtspreis im Ausland muss demzufolge dem neuen Nettopreis für ausländische Exporte entsprechen, der sich als Differenz aus dem Bruttopreis und dem Zollsatz ergibt. Das Gesetz der Unterschiedslosigkeit der Preise gilt nicht mehr, weil ausländische Produkte an Inländer mit Zoll, an Ausländer hingegen ohne Zoll verkauft werden:

$$^{T}P_{H} \neq {}^{T}P_{F} \tag{3.49}$$

Der Zoll bewirkt *zweitens*, dass die **im Ausland** abgesetzte Menge *steigt*:

$$^{I}X_{F}^{d} > {}^{G}X_{F}^{d} \tag{3.50}$$

Weil die ausländischen Exporteure den Zollsatz nicht vollständig auf den Preis überwälzen können, geht ihre Exportmenge zurück. Da dieser Rückgang teilweise durch ausländische Nachfrage kompensiert wird, steigt die im Ausland abgesetzte Menge.

Der Zoll bewirkt *drittens*, dass die *ausländische* **Produktion** *sinkt*:

$$^{K}X_{F}^{s} < {}^{H}X_{F}^{s} \tag{3.51}$$

Aufgrund der Preissenkung sinkt die ausländische Produktion (das ausländische Angebot), weil an sich *effiziente (produktive)* ausländische Unternehmen nun nicht mehr in der Lage sind, ihre Güter anzubieten.

Der Zoll bewirkt *viertens*, dass der *ausländische* **Konsum** *steigt*:

$$^{I}X_{F}^{d} > {}^{G}X_{F}^{d} \tag{3.52}$$

Aufgrund der Preissenkung steigt der ausländische Konsum (die ausländische Nachfrage), weil sich nun mehr Konsumenten die Güter leisten können.

Der Zoll bewirkt *fünftens*, dass die **ausländische Exportmenge** *sinkt*:

$$^{T}X_{F}^{Ex} < {}^{L}X_{F}^{Ex} \tag{3.53}$$

Die ausländischen Exporteure schaffen es unter Wettbewerbsbedingungen nicht, ihre höheren Kosten durch den Zoll vollständig auf die inländischen Konsumenten zu überwälzen. Dies gelingt den ausländischen Produzenten nur zum Teil. Deshalb sehen sie sich gezwungen, auf einen Teil ihrer Marge zu verzichten. Dies bedeutet, dass ihr Nettopreis – Bruttopreis minus Zollsatz – sinkt:

$$^{T}P_{F} = {}^{T}P_{H} - t < {}^{L}P_{F}^{netto}$$
$$= {}^{L}P_{F}^{brutto} = {}^{L}P_{F} \tag{3.54}$$

Weil aber gleichzeitig ihr Bruttopreis steigt, geht auch die inländische Importnachfrage nach ausländischen Gütern zurück.

3.4.3 Wohlfahrtseffekte

Wohlfahrtseffekte eines inländischen Zolls im Ausland:

Δ Produzentenrente: $- g - h - i - f - l$

Δ Konsumentenrente: $+ g + h$

Δ Staatsrente: 0

Δ Netto-Wohlfahrt: $- i - f - l$

Die Einführung eines Zolls erhöht den Wettbewerb für die ausländische Volkswirtschaft. Deshalb sinkt der ausländische Marktpreis. Diese Entwicklung hat bedeutende Auswirkungen auf die Wohlfahrt der Produzenten, der Konsumenten und des Staates: Die Produzentenrente sinkt, die Konsumentenrente steigt, die Staatsrente ist direkt nicht betroffen:

Die Flächen in Abb. 3.5 lassen sich in folgender Weise interpretieren:

- Fläche g repräsentiert den Teil des Zuwachses an Konsumentenrente, der durch *effizienten* **Konsum** erzielt wird. Da diese privaten Haushalte auch ohne einen Zoll bei Freihandel zu einem höheren Preis konsumierten, ist dieser Wohlfahrtseffekt ein **Mitnahmeeffekt**: Es findet nur eine Umverteilung von Produzenten zu Konsumenten statt, die aufgrund der Preissenkung diesen Teil der bisherigen Produzentenrente nunmehr für sich als Konsumentenrente abschöpfen.
- Fläche h repräsentiert den Teil des Zuwachses an Konsumentenrente, der durch *ineffizienten* **Konsum** erzielt wird. Diese privaten Haushalte sind aufgrund des gesunkenen Preises nunmehr in der Lage zu konsumieren. Ineffizienter Konsum ist bei Freihandel nicht möglich. Konsumenten mit niedrigerer marginaler Zahlungsbereitschaft profitieren davon, dass die unter höherem Wettbewerbsdruck stehenden ausländischen Unternehmen im Ausland den Marktpreis senken. Daher steigt das effiziente Maß ausländischen Konsums bei Freihandel auf ein ineffizientes, nämlich zu hohes Maß ausländischen Konsums bei Protektionismus.
- Fläche (g + h) repräsentiert den *gesamten* Zuwachs an **Konsumentenrente**. Aufgrund der Zollerhebung erhöhen im Normalfall ausländische Unternehmen ihre Bruttopreise (Nettopreise plus Zollsätze), weil ihre Kosten steigen. Ihnen gelingt es aber nicht, den Zollsatz vollständig auf den Exportpreis zu überwälzen. Deshalb sinken die im Ausland relevanten Nettopreise. Sowohl der Preiseffekt – niedrigerer Preis je gekaufter Einheit – als auch der Mengeneffekt – höhere Nachfrage aufgrund des gesunkenen Preises – erhöhen die Konsumentenrente. Daher bewirkt die Einführung eines Zolls einen Anstieg der Konsumentenrente und somit einen Wohlfahrtsgewinn. Allerdings wird dieser Gewinn der ausländischen Konsumenten komplett durch den Verlust an Produzentenrente um eben diesen Betrag kompensiert, der die ausländischen Unternehmen belastet.

- Fläche i repräsentiert den Teil des Verlusts an Produzentenrente, der durch *ineffizienten* **Konsum** generiert wird. Denn nunmehr sind auch Konsumenten mit geringerer marginaler Zahlungsbereitschaft in der Lage, in einem Zollregime zu niedrigeren Preisen zu konsumieren. Das ausländische Konsumniveau ist zu hoch.
- Fläche (h + i) repräsentiert den **gesamten Effekt** *ineffizienten Konsums*: Nicht-wettbewerbsfähige Konsumenten sind in der Lage, zu einem Preis unterhalb des Wettbewerbspreises zu konsumieren (i), sodass ihnen auch die bei Freihandel vorenthaltene Konsumentenrente (h) zugutekommt.
- Fläche f repräsentiert die **Zolleinnahmen zulasten ausländischer Produzenten**. Es ist der Teil des Zolls, der dadurch entsteht, dass ausländische Unternehmen den Zollsatz nicht vollständig auf die inländischen Konsumenten überwälzen können.
- Fläche l repräsentiert den Teil des **Verlusts** an **Produzentenrente**, der durch den Rückgang an sich *effizienter* **Produktion** generiert wird. Denn nunmehr sind einige bisherige Produzenten nicht mehr in der Lage, in einem Zollregime zu einem zu niedrigeren Nettopreis zu produzieren. Das ausländische Produktionsniveau ist zu niedrig.
- Fläche (g + h + i + f + l) repräsentiert den *gesamten* **Verlust** an **Produzentenrente**. Aufgrund der Einführung eines Zollsatzes werden ausländische Unternehmen ihre Nettopreise im Normalfall senken. Sowohl der Preiseffekt – niedrigerer Preis je verkaufter Einheit – als auch der Mengeneffekt – geringeres Angebot aufgrund des gesunkenen Nettopreises – reduzieren die Produzentenrente. Daher führt die Erhebung eines Zolls im Inland zu einem Sinken der aggregierten Produzentenrente und damit zu einem Wohlfahrtsverlust für die ausländischen Produzenten.

Im **Ausland** lauten die ***Brutto*-Wohlfahrtseffekte**:

$$\Delta \text{Brutto} - \text{Wohlfahrt}:$$
$$+g+h-g-h-i-f-l \qquad (3.55)$$

Zum Teil heben sich die Wohlfahrtseffekte der Marktakteure gegenseitig auf:

$$+g - g + h - h = 0 \qquad (3.56)$$

Im Zuge der **Protektion** einer offenen Volkswirtschaft treten im **Ausland** drei **Netto-Wohlfahrtseffekte** auf, die in Abb. 3.5 zu erkennen sind. Graphisch werden diese Netto-Wohlfahrtseffekte durch die Flächen i, f, und l repräsentiert:

$$\Delta \text{Netto} - \text{Wohlfahrt} : -i - f - l \qquad (3.57)$$

Die Netto-Wohlfahrtseffekte lauten im Einzelnen:

1. Das *ausländische* Produktionsniveau ist ineffizient, nämlich zu niedrig (l).
2. Das *ausländische* Konsumniveau ist ineffizient, nämlich zu hoch (i).
3. Die *ausländischen* Terms of Trade „verschlechtern" sich (f).

Der *erste* Netto-Wohlfahrtseffekt ergibt sich aus der **Ineffizienz** *ausländischer* **Produktion**, die zu niedrig ist:

$$^{K}X_F^s < {}^{H}X_F^s \qquad (3.58)$$

Die ausländische Produktion ist in einem inländischen Zollregime niedriger als bei Freihandel. Die Fläche l repräsentiert diesen **deadweight loss**, der dadurch entsteht, dass an sich produktive ausländische Unternehmen nicht mehr produzieren. Der Zoll führt zu einer Verzerrung der Anreizstruktur, in diesem Fall zu einer zu niedrigen ausländischen Produktion. Der Preis ist im Vergleich zum Preis bei optimaler Allokation zu niedrig, sodass die Produzentenrente ausländischer Ex-Produzenten entfällt.

Der *zweite* Netto-Wohlfahrtseffekt ergibt sich aus der **Ineffizienz** *ausländischen* **Konsums**, der zu hoch ist:

$$^{I}X_F^d > {}^{G}X_F^d \qquad (3.59)$$

Die ausländische Nachfrage ist in einem inländischen Zollregime größer als bei Freihandel. Die Fläche h repräsentiert den Teil der Konsumentenrente, der bisherigen Nicht-Konsumenten zugutekommt, die nun wegen der Preissenkung konsumieren. Der Zoll führt zu einer Verzerrung der Anreizstruktur, da der zu niedrige Preis einen **zu hohen Konsum** nach sich zieht und somit private Haushalte, die vor der Einführung des Zolls nicht gekauft haben, als Konsumenten gewonnen werden und Konsumentenrente erzielen. Unter diesen befinden sich zahlungskräftige Nachfrager mit geringer ausgeprägten Präferenzen für das Produkt, aber auch überproportional viele ärmere Nachfrager, die sich das Gut bei Freihandel nicht haben leisten können.

Weil die ausländischen Produzenten unter Preisdruck geraten, senken sie ihre Preise für ihre ausländischen Konsumenten.

▶ Die Einführung eines Zollsatzes durch das Inland führt zu einem paradox anmutenden Ergebnis: Die *inländische* Konsumentenrente sinkt, wogegen die *ausländische* Konsumentenrente steigt.

Der *dritte* Netto-Wohlfahrtseffekt ergibt sich aus der **„Verschlechterung"** der *ausländischen* **Terms of Trade**:

$$\frac{{}^{T}P_F^{Ex}}{{}^{T}P_F^{Im}} = \frac{{}^{T}P_F \downarrow}{{}^{T}P_H^{Im}} \downarrow < \frac{{}^{L}P_F^{Ex}}{{}^{L}P_F^{Im}} = \frac{{}^{L}P_F}{{}^{L}P_H^{Im}} \qquad (3.60)$$

Die Terms of Trade sind das Preisverhältnis zwischen den Preisen ausländischer Exportgüter (Zähler) und den Preisen inländischer Importgüter (Nenner). Sinkende Terms of Trade bedeuten, dass sich Ausländer für eine gegebene Exportmenge weniger Importe leisten können beziehungsweise dass sie für eine gegebene Importmenge mehr Exporte benötigen. Daher wird üblicherweise von einer „Verschlechterung" der Terms of Trade gesprochen, wenn die Exportpreise stärker sinken als die Importpreise.

Der **Netto-Wohlfahrtseffekt** des Auslandes ist in einem Zollregime des Inlandes **negativ**. Die inländische Zollpolitik schädigt das Ausland.

3.4.4 Interpretation

Die *ökonomische* Inzidenz inländischer Zollpolitik für das Ausland lässt sich in folgender Weise interpretieren:

1. *Ausländische* Produzenten unterstützen den *inländischen* Staat (f).
2. Ausländische Produzenten unterstützen ausländische Konsumenten (g + h).

Erstens lässt die Inzidenzanalyse die Interpretation zu, dass *ausländische* **Produzenten** den *inländischen* **Staat unterstützen**: Ausländische Produzenten tragen die Zolllast in Höhe der Fläche f, weil sie niedrigere (Netto-) Preise verlangen müssen.

Zweitens lässt die Inzidenzanalyse die Interpretation zu, dass **ausländische Produzenten** die **ausländischen Konsumenten unterstützen**: Der Wohlfahrtsgewinn aufgrund der *gestiegenen* **Konsumentenrente** wird in Höhe der Fläche (g + h) vollständig kompensiert durch den Wohlfahrtsverlust aufgrund der *gesunkenen* **Produzentenrente**. Dies bedeutet, dass die ökonomische Inzidenz nicht nur wie die formale Inzidenz bedeutet, dass ausländische Produzenten den inländischen Staat unterstützten, weil sie in der Tat den Zoll an den inländischen Staat *zahlen*, sondern dass sie darüber hinaus die ausländischen Konsumenten unterstützen, die von der Preissenkung im Ausland profitieren. Für zahlungskräftige Konsumenten handelt es sich um *Mitnahmeeffekte* (g), da sie auch zum höheren Wettbewerbspreis konsumierten. Für die Konsumenten, die unter Wettbewerbsbedingungen nicht konsumierten (h), ist die Preissenkung von *existenzieller* Bedeutung. Eine direkte finanzielle Unterstützung ausländischer Konsumenten durch ausländische Unternehmen, beispielsweise durch eine Extraabgabe, hätte für die ausländischen Konsumenten die gleiche Wirkung und zudem den Vorteil, dass die Mehrbelastung der Produzenten (i), die den Konsumenten nicht einmal zugutekommt, entfiele. Paradox mutet das Ergebnis an, weil eine Zollpolitik des *Inlandes* die *inländischen* Konsumenten schlechter- und die *ausländischen* Konsumenten besserstellt.

Als **Fazit** bleibt festzuhalten:

Der *ausländische* **Netto-Wohlfahrtseffekt** eines *inländischen* Zolls ist *negativ*: Es verbleiben drei für das Ausland negative Effekte: Zwei **deadweight losses** in Bezug auf einen zu hohen ausländischen Konsum (i) und eine zu niedrige ausländische Produktion (l). Hinzu kommt die „Verschlechterung" der Terms of Trade (f), weil es den ausländischen Unternehmen nicht gelingt, den Zoll vollständig auf den inländischen Preis aufzuschlagen. Daher ist damit zu rechnen, dass das Ausland mit Vergeltungsmaßnahmen auf Zölle des Inlandes reagiert.

3.5 Inzidenzanalyse von Exportsubventionen und Exportkreditsubventionen

3.5.1 Grundlagen

Die folgende Inzidenzanalyse einer Exportsubvention wird auf ihre Effekte im Inland beschränkt. Bei einer **Exportsubvention** zahlt das Inland den inländischen Unternehmen für jede exportierte Gütereinheit einen konstanten Betrag. Bei einer **Exportkreditsubvention** werden Kredite ausländischer Nachfrager nach inländischen Exporten subventioniert. Das Ziel beider Instrumente liegt in einer Förderung der inländischen Exportindustrie.

3.5.2 Preis- und Mengeneffekte

Im Zuge einer Exportsubvention treten im **Inland** folgende Preis- und Mengeneffekte auf:

1. Der inländische Preis steigt.
2. Die im Inland abgesetzte Menge sinkt.
3. Die inländische Produktion steigt.
4. Der inländische Konsum sinkt.
5. Der Exportwert steigt.

Die Ergebnisse sind auch in Abb. 3.6 zu sehen.

Die **Exportsubvention** („ES" für „Export Subsidy") bewirkt *erstens*, dass der **inländische Preis** *steigt*:

$$^{ES}P_H > {}^L P_H \qquad (3.61)$$

Abb. 3.6 Inzidenzanalyse einer Exportsubvention

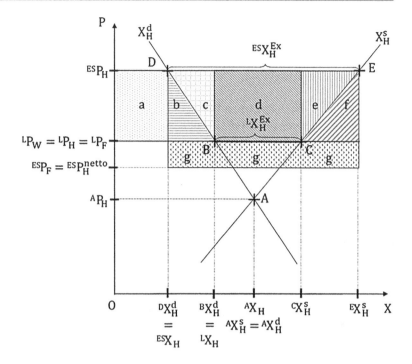

Dadurch dass die inländischen Exporteure nunmehr subventioniert werden, können sie ihren Netto-Preis senken, den die ausländischen Konsumenten zu zahlen haben. Der im Ausland zu zahlende Nettopreis ergibt sich aus der Differenz aus dem im Inland zu zahlenden Bruttopreis und der Exportsubvention pro Mengeneinheit:

$$^{ES}P_H^{netto} = {}^{ES}P_H - ES_H \qquad (3.62)$$

Die Exporteure werden im Normalfall aber nicht die komplette Exportsubvention durch eine entsprechend hohe Preissenkung an die ausländischen Konsumenten weitergeben, sondern einen – von den Preiselastizitäten abhängigen – Teil als **Mitnahmeeffekt** einbehalten. Dies bekommen die inländischen Konsumenten zu spüren: Für die im Inland verkaufte Menge erhalten inländische Produzenten keine Exportsubvention, sodass es für sie ceteris paribus attraktiver ist, ihre Güter im Ausland zu verkaufen. Denn inländische Unternehmen haben keinen Anreiz, inländischen Konsumenten einen niedrigeren Preis abzuverlangen als ausländischen. Diese entrichten zwar nur den Nettopreis (Bruttopreis minus Exportsubvention), gleichwohl erhalten inländische Exporteure zusätzlich zum Nettopreis der ausländischen Konsumenten noch Exportsubventionen des Staates. Ein Verkauf im Inland lohnt folglich nur, wenn die Inländer den höheren Bruttopreis (Nettopreis plus Exportsubvention) zahlen. Dadurch sinkt die Konsumentenrente um die Fläche (a + b), die Produzentenrente steigt um die Fläche (a + b + c + d + e). Jedoch fällt der Preisanstieg in der Regel geringer aus, als es die Höhe der Exportsubvention erwarten lässt. Dies wird im nächsten Punkt begründet.

Die Exportsubvention bewirkt *zweitens*, dass die **im Inland abgesetzte Menge** *sinkt*:

$$^{ES}X_H < {}^{L}X_H \qquad (3.63)$$

Weil die inländischen Exporteure die Exportsubvention nicht vollständig an die ausländischen Konsumenten weitergeben und die inländischen Konsumenten einen höheren Preis zu zahlen haben, geht die inländische Nachfrage zurück.

Die Exportsubvention bewirkt *drittens*, dass die *inländische* **Produktion** *steigt*:

$$^{E}X_H^s > {}^{C}X_H^s \qquad (3.64)$$

Aufgrund der Exportsubvention können **inländische** **Unternehmen** ihre **Bruttopreise (Nettopreise plus Exportsubventionen)** im

Normalfall erhöhen. Für den inländischen Produzenten ist es unerheblich, wer zahlt: Ob der Konsument, wie der inländische, den vollen Betrag entrichtet oder ob der Konsument, wie der ausländische, nur einen Teil in Höhe des Nettopreises zahlt und der Staat dem Produzenten die Differenz zum Bruttopreis begleicht, ist für den Exporteur irrelevant. Dieser stellt nur fest, dass er seinen Preis erhöhen kann. Dies ist Anreiz genug, seine Produktion auszuweiten.

Die Exportsubvention bewirkt *viertens*, dass der *inländische* **Konsum** *sinkt*:

$$^{D}X_H^d < {^B}X_H^d \qquad (3.65)$$

Aufgrund der Exportsubvention werden aus den oben erläuterten Gründen inländische Unternehmen ihre Bruttopreise erhöhen, sodass die inländische Nachfrage zurückgeht.

Die Exportsubvention bewirkt *fünftens*, dass der **Exportwert** *steigt*:

$$\Delta Ex_H^{Ex} = {^{ES}}P_H \cdot {^{ES}}X_H^{Ex} - {^L}P_H \cdot {^L}X_H^{Ex} > 0 \qquad (3.66)$$

Aufgrund der Exportsubvention sinken die Preise für ausländische Importeure, sodass die inländische Exportmenge größer ist als bei Freihandel:

$$^{ES}X_H^{Ex} > {^L}X_H^{Ex} \qquad (3.67)$$

Inländische Exporte sind gleichbedeutend mit ausländischen Importen. Die inländischen Exporteure werden nicht die gesamte Exportsubvention an die Konsumenten weitergeben, sondern ihren Nettopreis um einen geringeren Betrag senken. Dadurch erzielen sie eine höhere Gewinnmarge als ohne Subvention. Dies bedeutet, dass der Bruttopreis – Nettopreis plus Exportsubvention – steigt:

$$^{ES}P_H^{brutto} = {^{ES}}P_H^{netto} + ES_H$$
$$= {^{ES}}P_H > {^L}P_H^{brutto} = {^L}P_H^{netto} = {^L}P_H \qquad (3.68)$$

Die Differenz zwischen dem Nettopreis, den die ausländischen Konsumenten zahlen, und dem Bruttopreis, den die inländischen Produzenten erhalten, ist die Exportsubvention, die an die inländischen Unternehmen fließt. Deshalb gilt makroökonomisch:

Der Preiseffekt im Inland ist positiv:

$$\Delta P_H^{Ex} = \left({^{ES}}P_H - {^L}P_H \right) \cdot {^{ES}}X_H^{Ex} > 0 \qquad (3.69)$$

Weil aber gleichzeitig der Nettopreis sinkt, steigt die ausländische Exportnachfrage nach inländischen Gütern, sodass auch der Mengeneffekt positiv ist:

$$\Delta X_H^{Ex} = {^{ES}}P_H \cdot \left({^{ES}}X_H^{Ex} - {^L}X_H^{Ex} \right) > 0 \qquad (3.70)$$

Somit steigt der Exportwert:

$$\Delta Ex_H^{Ex} = \Delta P_H^{Ex} + \Delta X_H^{Ex} > 0 \qquad (3.71)$$

3.5.3 Wohlfahrtseffekte

Wohlfahrtseffekte einer Exportsubvention im Inland:

Δ Produzentenrente: + a + b + c + d + e
Δ Konsumentenrente: − a − b
Δ Staatsrente: − b − c − d − e − f − g
Δ Netto-Wohlfahrt: − b − f − g

Die Unterstützung inländischer Produzenten durch eine Exportsubvention hat bedeutende Auswirkungen auf die Wohlfahrt der Produzenten, der Konsumenten und des Staates: Die Produzentenrente steigt, die Konsumentenrente und die Staatsrente sinken. Die Flächen in Abb. 3.6 lassen sich in folgender Weise interpretieren:

- Fläche a repräsentiert den Verlust an Konsumentenrente **zulasten** *aktueller* **Konsumenten**.
- Fläche b repräsentiert den Verlust an Konsumentenrente **zulasten** *potenzieller* **Konsumenten**. Aufgrund des gestiegenen Preises im Zuge der Exportsubvention sind diese Ex-Konsumenten nicht mehr in der Lage zu konsumieren. Diese Fläche stellt zugleich einen Zuwachs an Produzentenrente sowie einen Verlust an Staatsrente dar.
- Fläche (a + b) repräsentiert den *gesamten* **Verlust** an **Konsumentenrente**. Sowohl der Preiseffekt – höherer Preis je gekaufter Einheit – als auch der Mengeneffekt – geringere

Nachfrage aufgrund des gestiegenen Preises – reduzieren die Konsumentenrente.

- Fläche c repräsentiert den Zuwachs inländischer Produzentenrente aufgrund der **Substitution** billigeren (effizienten) inländischen Konsums durch teureren ausländischen Konsum.

- Fläche d repräsentiert den Zuwachs an Produzentenrente, der dadurch entsteht, dass die *produktiven* inländischen Exporteure für alle bisherigen Exporte nunmehr einen **höheren Bruttopreis** (Nettopreis plus Exportsubvention) verlangen.

- Fläche (a + b + c + d) repräsentiert den Zuwachs an Produzentenrente, den *produktive* **Unternehmen** erzielen.

- Fläche e repräsentiert den Zuwachs an Produzentenrente, den *unproduktive* **Unternehmen** erzielen.

- Fläche (a + b + c + d + e) repräsentiert den *gesamten* **Zuwachs** an **Produzentenrente**. Da *inländische* Exporteure subventioniert werden, können sie ihre Preise erhöhen, ohne ihre Wettbewerbsfähigkeit zu verlieren. Dies werden sie solange tun, wie der positive Preiseffekt – höherer Preis je verkaufter Einheit – den negativen Mengeneffekt – geringere Nachfrage aufgrund des gestiegenen Preises – überkompensiert.

- Fläche f repräsentiert die Mehrbelastung und den Teil der Exportsubvention, der aufgrund *ineffizienter* **inländischer Produktion** entsteht.

- Fläche (b + c + d + e + f) repräsentiert den **Verlust** an **Staatsrente**, der dadurch entsteht, dass dieser Teil der Exportsubventionen auf den Preis aufgeschlagen und die Last von den inländischen privaten Haushalten getragen wird. Der eine Teil davon (b + c + d) sind **Mitnahmeeffekte** *produktiver* Unternehmen, der andere Teil (e + f) Effekte von **existenzieller Bedeutung** für *unproduktive* Unternehmen.

- Fläche g repräsentiert den **Verlust** an **Staatsrente**, der dadurch entsteht, dass dieser Teil der Exportsubventionen den *ausländischen* Konsumenten zugutekommt, weil er an diese über einen niedrigeren Preis weitergegeben und nicht von inländischen Unternehmen einbehalten wird.

- Fläche (b + c + d + e + f + g) repräsentiert den **Verlust** an **Staatsrente**, der die *gesamten* Exportsubventionen darstellt.

- Fläche (e + f + g) repräsentiert den Teil der Exportsubvention, der gezahlt wird, um ineffiziente Produktion zu fördern.

Die *Brutto*-**Wohlfahrtseffekte** lauten:

$$\Delta \text{Brutto} - \text{Wohlfahrt}:$$
$$a - a + b - b - b + c - c$$
$$+ d - d + e - e - f - g \qquad (3.72)$$

Zum Teil heben sich die Wohlfahrtseffekte der Marktakteure gegenseitig auf:

$$a - a + b - b + c - c + d - d + e - e = 0 \qquad (3.73)$$

Die **Netto-Wohlfahrtseffekte** einer **Exportsubvention** lauten:

1. Das inländische Konsumniveau ist ineffizient, nämlich zu niedrig (b).
2. Das inländische Produktionsniveau ist ineffizient, nämlich zu hoch (f).
3. Die inländischen Terms of Trade „verschlechtern" sich (g).

Durch die Exportsubvention treten drei *Netto*-**Wohlfahrtseffekte** auf. Graphisch werden sie durch die Flächen b, f und g repräsentiert:

$$\Delta \text{Netto} - \text{Wohlfahrt}: -b - f - g \qquad (3.74)$$

Der *erste* Netto-Wohlfahrtseffekt ergibt sich aus der **Ineffizienz** *inländischen* **Konsums**, der zu niedrig ist:

$$^{D}X_{H}^{d} < {}^{B}X_{H}^{d} \qquad (3.75)$$

Die inländische Nachfrage ist bei Subventionierung der Exporte geringer als bei Freihandel. Fläche b repräsentiert den Teil der Konsumentenrente, der *bisherigen* Konsumenten verlorengeht, die nun wegen der Preiserhöhung nicht mehr konsumieren. Dies ist eine Mehrbelastung, weil dieser Verlust an keiner anderen Stelle kompensiert wird. Die Unternehmer gewinnen zwar in Höhe von b Produzentenrente, allerdings zulasten der Staatsrente, weil b Teil der vom Staat zu zahlenden Exportsubvention ist. Die Anreizstruktur ist verzerrt, der zu hohe Preis zieht einen **zu niedrigen Konsum** nach sich. Konsumenten, die vor der Einführung der Exportsubvention noch gekauft haben, entfallen als Konsumenten und müssen auf ihre bisherige Konsumentenrente verzichten. Unter diesen befinden sich überproportional viele ärmere Konsumenten. Daran ist zu erkennen, dass eine Exportsubvention nicht nur *aktuelle* Konsumenten, sondern auch *potenzielle* Konsumenten schädigt.

Der *zweite* Netto-Wohlfahrtseffekt ergibt sich aus der **Ineffizienz *inländischer* Produktion**, die zu hoch ist:

$$^{E}X_H^s > {}^{C}X_H^s \qquad (3.76)$$

Die inländische Produktion ist mit einer Exportsubvention höher als bei Freihandel. Fläche f repräsentiert diese Mehrbelastung, die dadurch entsteht, dass nunmehr auch inländische Unternehmen produzieren, die unter Wettbewerbsbedingungen nicht produzierten. Die Anreizstruktur ist verzerrt, die **inländische Produktion** ist **zu hoch**.

Der *dritte* Netto-Wohlfahrtseffekt ergibt sich aus der „**Verschlechterung**" der *inländischen* **Terms of Trade**:

$$\frac{^{ES}P_H^{Ex}}{^{ES}P_H^{Im}} = \frac{^{ES}P_F \downarrow}{^{ES}P_H^{Im}} \downarrow < \frac{^{L}P_H^{Ex}}{^{L}P_H^{Im}} = \frac{^{L}P_F}{^{L}P_H^{Im}} \quad (3.77)$$

Die **Terms of Trade „verschlechtern"** sich: Die Preise für inländische Exporte sinken, sodass das Preisverhältnis zwischen Export- zu Importpreisen ceteris paribus ebenfalls sinkt. Da die Terms of Trade das reale Austauschverhältnis zwischen beiden Gütern darstellen, gilt: Im Vergleich zur Ausgangssituation kann nunmehr für eine gegebene Exportgütermenge nur noch eine geringere Importgütermenge eingetauscht werden, für eine gegebene Importgütermenge muss nunmehr eine größere Exportgütermenge bereitgestellt werden. Graphisch ist dieser Effekt in Abb. 3.6 durch die Fläche g dargestellt.

3.5.4 Interpretation

Die ökonomische Inzidenz inländischer Exportsubventionen lässt sich in folgender Weise interpretieren:

1. Inländische Konsumenten unterstützen inländische Produzenten (a + b).
2. Der inländische Staat unterstützt inländische Produzenten (b + c + d + e).
3. Der inländische Staat unterstützt ausländische Konsumenten (g).

Erstens lässt die Inzidenzanalyse die Interpretation zu, dass **inländische Konsumenten inländische Produzenten unterstützen**. Der Wohlfahrtsgewinn aufgrund der *gestiegenen* **Produzentenrente** wird in Höhe der Fläche (a + b) vollständig kompensiert durch den Wohlfahrtsverlust aufgrund der *gesunkenen* **Konsumentenrente**. Dies bedeutet, dass die ökonomische Inzidenz nicht wie die formale Inzidenz allein beim Staat liegt, der in der Tat die Exportsubvention *zahlt*, sondern auch bei den inländischen Konsumenten, die *tatsächlich* einen Teil der Last tragen. Für *produktive* inländische Unternehmen sind die Unterstützungen durch inländische Konsumenten *Mitnahmeeffekte* (a). Für *unproduktive* inländische Unternehmen sind die Unterstützungen durch inländische Konsumenten (b) von *existenzieller* Bedeutung. Eine direkte finanzielle Unterstützung inländischer Unternehmen durch inländische Konsumenten, beispielsweise als Extraabgabe, hätte für die inländischen Unternehmen die gleiche Wirkung.

Zweitens lässt die Inzidenzanalyse die Interpretation zu, dass der **inländische Staat inländische Produzenten unterstützt**. Der inländische Staat trägt einen Teil der Last der Exportsubvention. Der Teil der Exportsubventionen, der sich in der Erhöhung des Bruttopreises niederschlägt, kommt – mit Ausnahme des deadweight loss (f) – den inländischen Unternehmen zugute (b + c + d + e).

Drittens lässt die Inzidenzanalyse die Interpretation zu, dass der **inländische Staat** *ausländische* **Konsumenten** unterstützt. Aufgrund der durch die Exportsubvention bevorzugten inländischen Unternehmen geraten ausländische Unternehmen unter höheren Wettbewerbsdruck und müssen ihre Preise im Ausland senken. Dieser Effekt (g) kann als **Terms-of-Trade-Effekt** interpretiert werden, weil der (Netto-)Preis inländischer Exporte, die gleichbedeutend mit ausländischen Importen sind, sinkt, sodass sich die inländischen Terms of Trade „verschlechtern". Bemerkenswert ist das Ergebnis, dass eine Exportsubvention inländische Konsumenten schlechterstellt, ausländische Konsumenten jedoch besserstellt.

Exportkreditsubventionen orientieren sich am Preis. Sie können als **Exportsubventionen** angesehen werden, die nicht inländischen Exporteuren gewährt werden, sondern **ausländischen Importeuren**. Deshalb stellt sich das exportierende Inland noch schlechter als bei Exportsubventionen.

Als **Fazit** bleibt festzuhalten:

Der **Netto-Wohlfahrtseffekt** einer Exportsubvention sowie einer Exportkreditsubvention ist *negativ*: Er setzt sich zusammen aus einer Ineffizienz im Konsum (b), einer Ineffizienz in der Produktion (f) sowie einer „Verschlechterung" der Terms of Trade (g).

3.6 Weitere protektionistische Instrumente

3.6.1 Grundlagen

Es gibt eine Vielfalt protektionistischer Instrumente. Nach den bereits erläuterten Zöllen, Exportsubventionen und Exportkreditsubventionen werden im Folgenden die den Zöllen ähnlichen Importquoten und freiwilligen Exportbeschränkungen sowie Außenhandelsregulierungen betrachtet. Auf ausführliche Inzidenzanalysen wird dabei verzichtet, weil das Prinzip einer Inzidenzanalyse in den Beispielen oben bereits ausführlich dargestellt worden ist.

3.6.2 Importquoten und freiwillige Exportbeschränkungen

Im Folgenden betrachten wir die ökonomische Inzidenz einer **Importquote**. Das Inland führt eine Importquote für Importe aus dem Ausland ein. Dies bedeutet, dass das Inland die Maximalmenge bestimmt, die eingeführt werden darf.

Die Analyse einer Importquote ist ähnlich wie die Analyse eines Zolls. Der Hauptunterschied besteht in den Einnahmen durch Zölle beziehungsweise durch Importquoten: Bei Zöllen zahlen ausländische Unternehmen den Zoll an die inländische Zollbehörde. Bei Importquoten werden Importlizenzen ausgegeben. Mit einer Lizenz erwirbt ein ausländisches Unternehmen das Recht, eine bestimmte Menge eines mit einer Importquote belegten Gutes zu exportieren.

Drei Fälle sind zu unterscheiden:

1. Erhält das **Inland** die **Lizenzgebühren**, entspricht die ökonomische Inzidenz einer Importquote derjenigen eines Zollsatzes: Die vom Ausland zu entrichtenden Gebühren für den Erwerb von Importlizenzen entspricht graphisch in Abb. 3.4 der Fläche (d + f). Der Unterschied zur Zollpolitik liegt einzig darin, dass im Fall eines Zolls der in diesem Rechteck vertikal gemessene Zollsatz festgelegt wird und sich die Importmenge anpasst, wogegen im Fall einer Importquote die in diesem Rechteck horizontal gemessene Importmenge festgelegt wird und sich die Lizenzgebühr anpasst, welche die gleiche Höhe einnimmt und die gleiche Funktion übernimmt wie der Zollsatz. Die öffentlichen Einnahmen steigen in beiden Fällen um den gleichen Betrag beziehungsweise um die gleiche Fläche (d + f). Der **Netto-Wohlfahrtseffekt** einer Importquote mit Lizenzgebühren an das Inland ist wie bei einem Zoll *unbestimmt*.

2. Erhält das **Ausland** die **Lizenzgebühren**, ist die ökonomische Inzidenz einer Importquote eine andere: Die zu entrichtenden Gebühren für den Erwerb von – aus ausländischer Sicht – Exportlizenzen entspricht graphisch in Abb. 3.4 ebenfalls der Fläche (d + f). Je-

doch fließen die Einnahmen nicht in den Staatshaushalt des importierenden Landes, sondern in den Staatshaushalt des Exportlandes. Da Fläche f den einzigen möglichen positiven Netto-Wohlfahrtseffekt darstellt, der in diesem zweiten Fall entfällt, ist der **Netto-Wohlfahrtseffekt** einer Importquote mit Lizenzgebühren an das Ausland *negativ*.

3. Werden die **Importlizenzen gebührenfrei** zugeteilt, steigt zwar der Preis aufgrund des verknappten Angebots wie in den beiden ersten Fällen, aber in Abb. 3.4 entfällt Fläche f. In diesem Fall liegt die komplette Last der Importquote bei den inländischen Konsumenten. Daher ist der **Netto-Wohlfahrtseffekt** einer Importquote ohne Lizenzgebühren *negativ*.

Eine „freiwillige" **Exportbeschränkung** begrenzt die Exportmenge „freiwillig". Sie lässt sich interpretieren als **Importquote ohne Lizenzgebühren** für das **Inland** (Fall 2 oder Fall 3 der Importquote), die auf **Initiative** des **Auslands** eingeführt wird. Zumeist wird eine „freiwillige" Exportbeschränkung in vorauseilendem Gehorsam verfügt, um schärferen protektionistischen Maßnahmen der Importeure zuvorzukommen. Im Unterschied zu Importquoten fließen die Lizenzgebühren nicht an das Inland, sondern, wenn sie denn erhoben werden, an das „freiwillig" agierende Ausland. Deshalb stellt sich das Inland bei freiwilligen Exportbeschränkungen des Auslandes niemals besser, aber möglicherweise schlechter als bei Importquoten, die es selbst einführt. Aus Sicht des Inlands sind daher Importquoten „freiwilligen" Exportbeschränkungen vorzuziehen.

3.6.3 Außenhandelsregulierungen

Oft angewandt werden **Regulierungen** für die

- inländische Wertschöpfung,
- inländische Beschaffung,
- Qualitätsstandards,
- bürokratische Hürden.

Eine subtile, gleichwohl nicht minder wirkungsvolle Form des Protektionismus sind Außenhandelsregulierungen. Regulierungen für die *inländische* Wertschöpfung sind *output*-bezogen und orientieren sich am **Produktionsort**: Ein spezifizierter **Teil der Wertschöpfung** des Endprodukts ist im **Inland** zu erwirtschaften. Es fallen keine Gebühren an, der inländische Staat „verdient" nichts. Derartige Regulierungen bringen Ineffizienzen mit sich:

Maquiladoras

In den Maquiladoras im Norden Mexikos nahe der amerikanisch-mexikanischen Grenze werden unfertige Erzeugnisse hin- und hertransportiert, um den Anforderungen an ein Mindestmaß US-amerikanischer Wertschöpfung gerecht zu werden. ◄

Sofern diese Regulierungen wirken, sind sie unweigerlich mit ineffizienter Produktion verbunden. Wäre dem nicht so, bräuchte dieses protektionistische Instrument gar nicht eingesetzt zu werden. Zu beachten ist, dass aufgrund des höheren Transportaufkommens nicht nur ökonomische, sondern auch ökologische Ineffizienzen auftreten. Da der Staat keine Einnahmen erzielt, stattdessen zusätzlicher staatlicher Aufwand für die Formulierung und Durchsetzung dieser Regulierungen entsteht, sind die Wohlfahrtseffekte dieses Instruments negativ. Das verfolgte Ziel, die Beschäftigung im Inland durch höhere Produktionsleistungen zu erhöhen, stellt im Fall seiner Verwirklichung auch einen Wohlfahrtsverlust dar, weil *unproduktive* Produktion gefördert wird. Regulierungen für die *inländische* Wertschöpfung sind langfristig nicht oder nur zu hohen Kosten aufrechtzuerhalten.

Außenhandelsregulierungen für die *inländische* **Beschaffung** sind *input*-bezogen und orientieren sich ebenfalls am **Produktionsort**: Ein spezifizierter Teil der Vorleistungen ist im Inland zu beschaffen. Auch hier fallen keine Gebühren an, der inländische Staat „verdient" nichts. Derartige Regulierungen bringen ebenfalls Ineffizienzen mit sich: Sie schränken den

Wettbewerb um Ressourcen ein und erhöhen die Beschaffungskosten.

Aralsee

In Turkmenistan und in Usbekistan gibt es Regulierungen zur Beschaffung inländischer Baumwolle. Auch hier gilt, dass diese Regulierungen unweigerlich mit ineffizienter Produktion verbunden sind, wenn sie wirken. Dies bedeutet für turkmenische und usbekische Unternehmen nicht nur, dass sie aufgrund der protektionistischen Politik Aschgabads und Taschkents höhere Preise für Baumwolle zu zahlen haben, sondern auch, dass ihnen erschwert wird, ägyptische Baumwolle zu importieren, die im Orient im Ruf steht, die beste Qualität zu haben. Dies wirkt sich auf die Wettbewerbsfähigkeit zentralasiatischer Unternehmen aus, die für die Herstellung ihrer Produkte überteuerte, zum Teil qualitativ minderwertige Baumwolle verwenden müssen. Dieses Beispiel zeigt zudem, wie sehr die Umwelt durch diesen „Schutz" der turkmenischen und usbekischen (sowie kasachischen) Baumwollindustrie geschädigt wird: Für die wasserintensive Bewirtschaftung der Baumwollfelder im Wüstenklima der zentralasiatischen Steppe wird auf Wasser des Aralsees zurückgegriffen. Dieser See war einmal nach dem Kaspischen Meer und dem Oberen See in Nordamerika zusammen mit dem ostafrikanischen Viktoriasee der drittgrößte See der Welt. Zwischen 1960 und 2020 verlandeten 90 Prozent seiner Fläche. Bildlich gesprochen schrumpfte dieser See von der Fläche Bayerns auf die Fläche Oberfrankens. ◄

Qualitätsstandards werden offiziell mit qualitativen Anforderungen an die Produkt- oder Prozessqualität gerechtfertigt. In manchen Fällen ist es jedoch fraglich, ob realer Handelsbarrieren für eine Qualitätssicherung sorgen sollen oder ob nicht vielmehr qualitative Anforderungen für protektionistische Ziele missbraucht werden und die wahren Motive widerspiegeln. Dass dies zu moralischen Dilemmata führen kann, zeigt in

Deutschland die Diskussion über ein Lieferkettengesetz.

Ein Lieferkettengesetz wird von den Bundesministerien für Arbeit und Soziales (BMAS) sowie für wirtschaftliche Zusammenarbeit und Entwicklung (BMZ) unterstützt (vgl. BMZ 2021): Deutsche Unternehmen sollen darauf achten, dass ihre Liefer- und Wertschöpfungsketten unter anderem frei sind von Kinderarbeit. Verbotene Kinderarbeit ist nach Definition der Internationalen Arbeitsorganisation (ILO) durch folgende Effekte gekennzeichnet (ILO 2021):

> „Child labour … refers to work that is mentally, physically, socially or morally dangerous and harmful to children and/or interferes with their schooling by: depriving them of the opportunity to attend school; obliging them to leave school prematurely; or requiring them to attempt to combine school attendance with excessively long and heavy work."

Insbesondere die „schlechtesten" (vgl. ILO 1999a: C 182, Art. 3) und „gefährlichsten" (vgl. ILO 1999b: R 190, II, 3) Formen von Kinderarbeit sind zu verhindern. Dies ist moralisch zu würdigen: Kein Konsument möchte sich vorstellen, dass ein Neunjähriger in der weltweit größten Silber- und Kupfermine im bolivianischen Potosí unter schlechten Arbeitsbedingungen Kupfer für sein neues iphone fördert. Auf der anderen Seite der (moralischen) Medaille steht jedoch die Tatsache, dass in vielen Entwicklungsländern die Mehrheit der Bevölkerung noch im Kindesalter und damit im Kinderarbeitsalter steckt (vgl. ILO 1999a, C182, Art. 2), aber dennoch etwas zum Lebensunterhalt ihrer armen Familien beitragen muss, um diese vor Hunger zu bewahren. Auch in Deutschland gingen bis in die zweite Hälfte des 20. Jahrhunderts hinein die Mehrheit der Vierzehnjährigen einer bezahlten Arbeit (oder Berufsausbildung) nach. Erst die Bildungsexpansion seit den sechziger Jahren hat dies nachhaltig verändert. Aus Sicht der Entwicklungsländer können derartige europäische Regeln auch als Handelshemmnisse angesehen werden, die arme lateinamerikanische, afrikanische oder asiatische Länder daran hindern, ihre Waren in die Wohlstandsregionen Europas zu exportieren. Die hohen EU-Subventionen für die Landwirtschaft, die über die Agrar-, Regional- und Kohäsionsfonds jedes Jahr mehr als die Hälfte des EU-Haushalts verschlingen, geben den Deutungen Nahrung, dass Qualitätsstandards als protektionistische Instrumente missbraucht werden. Was aus dem Blickwinkel deontologischer (Pflichten-) Ethik als moralisch gut erscheint, kann unter bestimmten Umständen aus dem Blickwickel teleologischer (Folgen-) Ethik für moralisch verwerflich gehalten werden.

Bürokratische Hürden für die administrative Abwicklung dienen zum einen der Erfüllung wichtiger kaufmännischer Pflichten wie der Dokumentation von Produktmenge, Produktquali-

tät, Produktionsort, Lieferort und Sicherheits-
standards. Allerdings sind bürokratische Hürden
und andere subtile Handelsbeschränkungen
(z. B. Wartezeiten an Grenzübergängen oder bei
Behörden) geeignete Instrumente, um Negativanreize für Importe zu schaffen.

Beispiel

Die tagelangen Warteschlangen am Kanal-
tunnel unmittelbar nach dem in die Praxis um-
gesetzten Brexit Anfang 2021 können als von
der EU bewusst in Kauf genommene teure
zeitliche Verzögerungen betrachtet werden,
um dem Vereinigten Königreich seinen
EU-Austritt wenig schmackhaft zu machen.
Denn dadurch wurden Handel und Versorgung
der Briten und Nordiren medienwirksam ein-
geschränkt. ◄

3.6.4 Interpretation

Bei der Frage Freihandel versus Protektionismus
tritt ein **politökonomisches Paradoxon** auf: Wie
die Inzidenzanalysen gezeigt haben, müssten die
großen ökonomischen Verlierer des Protektionismus, nämlich die vielen Konsumenten, gegen
Handelsbeschränkungen und für Freihandel ein-
treten. Dies tun sie jedoch mitnichten: Typischerweise wird im Inland eine politische Allianz aus
Produzenten, Konsumenten und Politikern ge-
schmiedet, die protektionistische Maßnahmen –
offen oder subtil – befürwortet.

Um zu verstehen, warum Protektionismus
trotz seiner insgesamt negativen Netto-Wohlfahrtseffekte so weit verbreitet ist, greifen wir auf
die **Theorie kollektiven Handelns** (vgl. Olson
1965) zurück, welche die **Inkompatibilität** *individueller* und *kollektiver* **Rationalität** konstatiert: Politische Aktivitäten werden im Namen
von Gruppen durchgeführt. Das Problem des
Freihandels liegt jedoch darin, dass wechsel-
seitige Vorteile für alle beteiligten Handelsnationen nicht gleichbedeutend damit sind, dass
alle Individuen vom Freihandel profitieren.
Innerhalb eines Landes gibt es viele Gewinner,
aber auch einige Verlierer. Diese Minderheit der

Freihandelsverlierer – inländische, vor allem unproduktive Unternehmen – ist, auch wenn es auf
den ersten Blick paradox anmuten mag, mächti-
ger als die Mehrheit der Freihandelsgewinner
(Konsumenten), und zwar aus zwei Gründen:
Erstens lassen sich kleine, homogene Gruppen
wie Produzenten leichter **organisieren** als große,
heterogene Gruppen wie Konsumenten. *Zweitens*
haben die *wenigen* Produzenten einen starken
Anreiz, Lobbying für Protektionismus zu betreiben, weil ihre möglichen *Pro-Kopf*-**Gewinne**
hoch sind, selbst wenn ihr Gesamtgewinn relativ
gering ausfällt. Hingegen haben die *vielen*
Konsumenten nur einen geringen Anreiz, Widerstand gegen protektionistische Maßnahmen zu
leisten, weil ihre *Pro-Kopf*-Verluste nur gering
sind, obgleich ihr Gesamtverlust relativ hoch
ausfällt. Bei Protektionismus sind die gesamtwirtschaftlichen Verluste aller Konsumenten
zwar größer als die gesamtwirtschaftlichen Gewinne aller betroffenen Unternehmen, aber gemäß der Theorie kollektiven Handelns spielen sie
für die Entscheidung selbst keine Rolle, da die
individuelle Rationalität nicht mit der kollektiven
Rationalität einhergeht. Deshalb wird der Me-
dian-Wähler (vgl. Downs 1957) gegen drohenden
Protektionismus keinen Widerstand leisten, obwohl er es für die Sache aller Konsumenten
eigentlich tun müsste. Kollektives Handeln für
ein gemeinsames Ziel, hier: Protektionismus,
zahlt sich aus für die kleinere, besser zu organi-
sierende, sich hohe Per-capita-Gewinne versprechende Gruppe der Produzenten. Diese
haben daher einen starken Anreiz hat, etwas zu
unternehmen, um ihre Partikularinteressen durchzusetzen.

Werden beispielsweise Importquoten für Bananen festgelegt, die aus Drittstaaten in die Europäische Union eingeführt werden, trifft die
Hauptlast die inländischen Konsumenten: Die
Kosten für den Verzehr einer gleichgroßen Menge
an Bananen steigen *insgesamt* sehr, die zusätzlichen jährlichen Kosten eines *einzelnen* Konsumenten erhöhen sich aber nur in geringem
Ausmaß, sodass sich ein zeitaufwändiger, mit
(Opportunitäts-)Kosten verbundener politischer
Widerstand gegen diese protektionistische Maßnahme nicht lohnt. Der politische Einsatz für die

Importquote seitens weniger Bananenproduzenten lohnt sich aber sehr wohl, weil für diese Unternehmen die Frage der Erhebung eines Zolls eine existenzielle Bedeutung hat: Jeder von ihnen kann in einem Zollregime viel gewinnen und in einem Freihandelsregime viel verlieren, sodass jeder einen starken Anreiz hat, Lobbyarbeit für eine „Bananenrepublik EU" zu leisten.

Bei der Beurteilung protektionistischer Maßnahmen soll auch eine *sprachliche* Komponente nicht fehlen: Die Fähigkeit, Unterschiede zwischen *formaler* und *ökonomischer* Inzidenz zu *erkennen*, hängt stark davon ab, wie die entsprechenden Aussagen formuliert werden. Die ***euphemistische* Rhetorik** protektionistischer Politik ist ein Grund für deren Popularität. Um die Schwäche menschlicher Erkenntnisgewinnung zu verdeutlichen, wird im Folgenden die Erhebung eines Zolls einer alternativen Kombination staatlicher Maßnahmen gegenübergestellt, die zum selben Ergebnis führt, aber unterschiedlich formuliert wird: Die erste dieser Formulierungen ist eine **pejorative**, die eine Maßnahme in „schlechterem" (lateinisch: „peius") Lichte erscheinen lässt. Die zweite ist eine **euphemistische**, die eine Maßnahme beschönigend (griechisch: „eu" – „gut", griechisch: „phemein" – „reden") beschreibt.

Beispielsweise könnte sich ein Politiker einer Partei mit folgenden Worten an sein Wahlvolk richten:

„Wenn Sie mich wählen, werde ich dafür sorgen, dass …
… Sie als Verbraucher höhere Preise zahlen,
… ausländische Verbraucher von niedrigeren Preisen profitieren,
… Sie *produktiven* Unternehmen Geld zahlen, damit deren Gewinne noch höher ausfallen [Fläche a],
… Sie *unproduktiven* Unternehmen Geld zahlen, damit sie weiterhin unproduktiv bleiben können [Fläche b],
… die Steuern erhöht werden [Fläche d],
… einige unserer Bürger sich den Konsum mancher Güter nicht mehr werden leisten können [Fläche e],
… ausländische Unternehmen geschädigt werden [Fläche f]."

Eine derartige pejorative Formulierung ist politisch suizidal. Leichtes Spiel hätte ein Politi-

ker einer anderen Partei, wenn er mit folgenden *euphemistischen* Worten kontert:

„Wenn Sie mich wählen, werde ich dafür sorgen, dass …
… deutsche Unternehmen vor billiger ausländischer Konkurrenz geschützt werden."

Diese zweite Aussage wird unter den Wählern mehr Anklang finden als die erste, obwohl die Ergebnisse in beiden Fällen gleich sind.

Für Protektionismus scheint das populäre **infant-industry**-Argument zu sprechen: Wirtschaftszweige, die noch in den Kinderschuhen stecken, sollen für die Zeit des Heranwachsens gegen die bereits etablierte Konkurrenz „geschützt" werden, da jene Potenziale komparativer Vorteile in sich tragen. Allein durch Branding (Markenbildung) haben etablierte Unternehmen Wettbewerbsvorteile gegenüber No-Name-Unternehmen, die sich noch in ihrer Gründungsphase befinden. Die Erfahrung zeigt jedoch, dass eine „Kleinkind"-Industrie, wenn überhaupt, dann selten in angemessener Zeit „erwachsen" wird. Es stellt sich unter Hinweis auf von Hayeks „Anmaßung von Wissen" (vgl. von Hayek 1944, 1996) die Frage, warum Politiker von langfristigen Potenzialen junger Betriebe wissen, Unternehmer jedoch nicht. Nehmen wir an, dass Unternehmen erwarten, dass ein Industriezweig zunächst rote, später schwarze Zahlen schreibt, so ist eine protektionistische Unterstützung gar nicht vonnöten: Denn dann gäbe es private, langfristig orientierte Investitionen. Ist dies nicht der Fall, ist davon auszugehen, dass die Förderung eines Industriezweigs zu früh kommt und daher unterlassen werden sollte. Liegt allerdings Marktversagen vor, wie es beispielsweise bei asymmetrischer Informationsverteilung, bei externen Effekten, natürlichen Monopolen, öffentlichen Gütern, (de)meritorischen Gütern, beim Fehlen eindeutiger Eigentums- und Verfügungsrechte oder bei unvollkommenen Kapitalmärkten der Fall ist, lassen sich staatliche Eingriffe – zumindest als Second-Best-Lösungen – rechtfertigen.

Start-ups haben es schwerer, Kredite zu erhalten. Sie können noch nicht auf Erfolge in der Vergangenheit hinweisen wie etablierte Unternehmen, und oft fehlen ihnen die notwendigen

Sicherheiten und Referenzen, oder es mangelt ihnen an der Expertise der Antragstellung. In diesem Fall ist die Protektion junger Industrien jedoch nur die zweitbeste Lösung. Besser wäre ein neues Design für besser funktionierende Kapitalmärkte.

Für eine Unterstützung junger Unternehmen spricht die Annahme, dass sie positive externe Effekte generieren: Pioniere sorgen für immaterielle Gewinne wie die Schöpfung neuen Wissens oder die Etablierung neuer Märkte. Dafür können sie keine (immateriellen) Eigentums- oder Verfügungsrechte geltend machen. Anstatt jedoch über Protektionismus die Märkte zu verzerren und gesamtwirtschaftliche Wohlfahrtsverluste in Kauf zu nehmen, wären aus ökonomischer Sicht direkte Kompensationszahlungen effizienter, weil sie Verzerrungen auf den Gütermärkten vermeiden.

In vielen Entwicklungsländern schafft wirtschaftliche Entwicklung einen **ökonomischen Dualismus**: In urbanen Regionen entstehen moderne, kapitalintensive Sektoren, in denen hohe Löhne gezahlt werden, während der traditionelle landwirtschaftliche Sektor mit niedrigen Lohnsätzen hinterherhinkt. Somit kann es positiv gesehen werden, wenn Arbeitnehmer von der schlechter bezahlten Landwirtschaft in die besser bezahlte Industrie wechseln. Gegen diese Einschätzung spricht jedoch das **Harris-Todaro-Modell** (vgl. Harris und Todaro 1970, S. 126–142), dessen Ergebnisse auch heute noch beobachtet werden können: Dualistische Volkswirtschaften weisen eine hohe Arbeitslosigkeit in urbanen Regionen auf. Dennoch hält die Migration in die Städte an, weil dort höhere Lohnsätze erwartet werden. Die Zunahme attraktiver industrieller Arbeitsplätze führt jedoch zu einer stärkeren Landflucht, sodass ein zusätzlich geschaffener Arbeitsplatz überkompensiert wird durch zwei oder drei neue Arbeitslose, die ihre Felder auf dem Land in der Hoffnung verlassen, in der Stadt mehr zu verdienen. Den meisten gelingt dies aber nicht. Sie wechseln daher von einem schlechter bezahlten Job in der Landwirtschaft in die urbane Arbeitslosigkeit. Daher führt eine Zunahme neuer Industriearbeitsplätze in geschützten jungen Industriezweigen nicht unbedingt zu einer Zunahme kollektiver Wohlfahrt.

3.7 Zusammenfassung und Aufgaben

3.7.1 Zusammenfassung

Die wichtigsten Ergebnisse dieses Kapitels sind zusammengefasst:

1. In der Außenhandelstheorie werden in einer Inzidenzanalyse die Effekte einer protektionistischen Maßnahme auf die Wohlfahrt eines Landes untersucht. Dabei zeigt die *formale* Inzidenz, wer die Last einer protektionistischen Maßnahme tragen *soll*, und die *ökonomische* Inzidenz, wer sie *tatsächlich* trägt.
2. Wohlfahrtseffekte werden ermittelt durch Änderungen der Produzenten-, Konsumenten- und Staatsrente.
3. Populäre protektionistische Instrumente sind Zölle, Importquoten, freiwillige Exportbeschränkungen, Exportsubventionen, Exportkreditsubventionen, Regulierungen für die inländische Beschaffung und Wertschöpfung, bürokratische Hürden sowie Qualitätsstandards.
4. Ein im Inland auf Importgüter erhobener Zollsatz führt im Inland zu höheren Preisen. Inländische Produzenten und der Staat gewinnen zulasten inländischer Konsumenten und ausländischer Produzenten.
5. Ein im Inland auf Importgüter erhobener Zollsatz führt im Ausland zu niedrigeren Preisen. Ausländische Produzenten verlieren, ausländische Konsumenten gewinnen, der ausländische Staat ist nicht direkt betroffen.

6. Der Netto-Wohlfahrtseffekt eines Zollsatzes ist für ein großes Land unbestimmt, für ein kleines Land negativ.

7. Eine Exportsubvention führt im Inland
zu höheren, im Ausland zu niedrigeren
Preisen. Inländische Produzenten und
ausländische Konsumenten gewinnen,
inländische Konsumenten und der Staat
verlieren. Die Terms of Trade verschlechtern sich, der Netto-Wohlfahrtseffekt ist negativ.

8. Eine dem Ausland gewährte Exportkreditsubvention führt für das Inland zu
größeren Wohlfahrtsverlusten als eine
Exportsubvention, da diese inländische,
jene ausländische Marktakteure subventioniert.

9. Eine im Inland auf Importgüter er-
hobene Importquote, bei der dem Inland Lizenzgebühren zufließen, führt zu
ähnlichen Ergebnissen wie ein Zollsatz.
Werden im Inland keine Gebühren für
die Importlizenzen erhoben, ist der
Netto-Wohlfahrtseffekt einer Importquote negativ.

10. Eine vom Ausland eingeforderte „freiwillige" Exportbeschränkung hat die
gleiche ökonomische Inzidenz wie eine
Importquote, für die keine Lizenzgebühren im Inland erhoben werden.
Daher ist ihr Netto-Wohlfahrtseffekt negativ.

11. Die Netto-Wohlfahrtseffekte von Außenhandelsregulierungen sind negativ.

12. Euphemismen unterstützen aufgrund
menschlicher kognitiver Defizite Protektionismus.

13. Lobbying unterstützt aufgrund asymmetrischer Information Protektionismus: Eine kleine, aber gut organisierbare Gruppe *weniger* Produzenten mit
der Chance auf hohe *Pro-Kopf*-Ge-
winne bei Protektionismus übt einen
stärkeren Einfluss auf die Politik aus als
eine große, aber schlecht organisierbare

Gruppe *vieler* Konsumenten mit dem
Risiko eines zwar hohen *Gesamt*verlusts, aber nur niedriger *Pro-Kopf*-Ver-
luste.

14. Das „beste" protektionistische Instrument ist ein Zoll. Eine Importquote ist
besser als eine freiwillige Exportbeschränkung, eine Exportsubvention
besser als eine Exportkreditsubvention.

15. Kleine Länder verlieren immer, wenn
sie eine protektionistische Politik verfolgen, selbst wenn sie das „beste" protektionistische Instrument, einen Zoll,
einsetzen.

3.7.2 Wiederholungsfragen

1. Woran werden in einer Inzidenzanalyse
Wohlfahrtseffekte   gemessen?   Lösung
Abschn. 3.1

2. Was ist ein deadweight loss? Lösung
Abschn. 3.2.4

3. Wer trägt in der Regel die Hauptlast protektionistischer   Maßnahmen?   Lösung
Abschn. 3.3.3

4. Warum leiden Entwicklungsländer unter
internationaler Abschottung stärker als
Industrieländer? Lösung Abschn. 3.3.4

5. Welche möglichen Vor- und Nachteile hat
eine Politik der Importsubstitution? Lösung
Abschn. 3.3.4

6. Inwiefern profitieren ausländische Konsumenten von einem Zollsatz des Inlandes?
Lösung Abschn. 3.4.3

7. Was ist der Unterschied zwischen einer Exportsubvention und einer Exportkreditsubvention? Lösung Abschn. 3.5.4

8. Unter welchen Bedingungen ist eine Importquote ein „besseres" protektionistisches Instrument als eine freiwillige Exportbeschränkung? Lösung Abschn. 3.6.2

9. Warum ist Lobbyismus in der Umsetzung
einer protektionistischen Politik so erfolgreich? Lösung Abschn. 3.6.4

10. Inwiefern hat die hohe Popularität des Protektionismus auch sprachliche Ursachen? Lösung Abschn. 3.6.4

3.7.3 Aufgaben

Aufgabe 1
Erläutern Sie, wer die Last eines Zolls in einer Welt vollkommenen Wettbewerbs trägt.

Aufgabe 2
Erläutern Sie, warum Exportkreditsubventionen in der Realität vorkommen, obwohl sie für das Inland ein schlechteres protektionistisches Instrument darstellen als Exportsubventionen.

Aufgabe 3
Erläutern Sie, wie das Dilemma gelöst werden kann, dass protektionistische Maßnahmen eingeleitet werden, obwohl sie dem protektionistischen Land selbst insgesamt mehr Schaden zufügen als Nutzen bringen.

3.7.4 Lösungen

Lösung zu Aufgabe 1
Vollkommener Wettbewerb bedeutet, dass kein einziger Unternehmer die Möglichkeit hat, den Weltmarktpreis zu beeinflussen. Jedes Unternehmen ist Preisnehmer und hat den Preis als Datum hinzunehmen. Als Mengenanpasser können Unternehmen ihre Angebotsmengen an die gegebenen Preise anpassen. Algebraisch bedeutet dies, dass die Preiselastizität des Angebots gegen unendlich strebt. Geometrisch bedeutet dies, dass die Angebotskurve horizontal verläuft. Es besteht kein Spielraum für Preiserhöhungen, weil in diesem Fall die Nachfrager auf das Angebot anderer billigerer Unternehmen ausweichen können. Wenn die ausländischen Unternehmen aufgrund des Preiswettbewerbs keinen Spielraum mehr für (Netto-)Preissenkungen haben und die Kapazitäten inländischer Unternehmen ausreichen, um die inländische Nachfrage komplett zu befriedigen, wird der Außenhandel zusammenbrechen. Denn nur inländische Unternehmen

haben keine zusätzlichen Kosten, ausländische Unternehmen können einen Zoll aber weder selbst tragen noch auf die Nachfrager überwälzen. Die Last einer Zollerhebung tragen in diesem Fall die ausländischen Unternehmen, weil sie aus dem Inlandsmarkt ausscheiden.

Lösung zu Aufgabe 2
Im Gegensatz zu Exportsubventionen werden bei Exportkreditsubventionen nicht inländische, sondern ausländische Unternehmen subventioniert. Deshalb stellt sich das Inland bei einer Exportkreditsubvention schlechter als bei einer Exportsubvention. Dies gilt jedoch nur unter der Annahme, dass beide protektionistischen Instrumente mit gleichhohem Widerstand eingeführt werden können. Berücksichtigen wir die Möglichkeit des Auslandes, mit Vergeltungsmaßnahmen auf eine protektionistische Politik des Inlandes zu reagieren, spielt die Wahrscheinlichkeit, mit der das Ausland die Vergeltungspolitik durchführt, eine Rolle. Bei Exportsubventionen, bei denen das Inland offensichtlich inländische Unternehmen unterstützt, regt sich im Ausland eher Widerstand als in einer Situation, in der das Inland das Ausland durch Kredite subventioniert. Daher lassen sich Exportkreditsubventionen international besser verkaufen als Exportsubventionen und genießen als vermeintlicher Spatz in der Hand den Vorzug vor der Taube auf dem Dach.

Lösung zu Aufgabe 3
In der Außenhandelspolitik zeigt sich das Problem der Inkompatibilität individueller und kollektiver Rationalität: Auch wenn Freihandel für die Gesamtheit der Inländer von Vorteil ist, gibt es immer Verlierer des Außenhandels. Die Anreize potenzieller Verlierer wie einiger inländischer Unternehmen, sich gegen Freihandel aufzulehnen, sind hoch, wenn ihr Pro-Kopf-Verlust bei Freihandel hoch ist und sie leicht mit Gleichgesinnten Widerstand organisieren können. Der Pro-Kopf-Verlust der vielen Konsumenten ist gering, sodass sie keinen Anreiz haben, mühevoll den Freihandel zu verteidigen. Dieses Dilemma ließe sich zumindest aufbrechen, wenn potenziellen Verlierern Kom-

pensationszahlungen geboten würden, die in Summe kleiner wären als die Außenhandelsgewinne bei Freihandel.

Literatur

Bhagwati, J. N. (1958). Immiserizing growth: A geometrical note. *Review of Economic Studies, 25*(3), 201–205.

Bhagwati, J. N. (1968). Distortions and immiserizing growth: A generalization. *Review of Economic Studies, 35*(4), 481–485.

BMZ (2021). *Faire globale Liefer- und Wertschöpfungsketten*. Bundesministerium für wirtschaftliche Zusammenarbeit und Entwicklung. https://www.bmz.de/de/themen/lieferketten/index.html. Zugegriffen am 29.01.2021.

destatis (1986). *Länderbericht Indien*. Statistisches Bundesamt. https://www.statistischebibliothek.de/mir/servlets/MCRFileNodeServlet/DEHeft_derivate_00035895/LB-Indien-1986.pdf;jsessionid=080CFFC6EE16335D1EE09B786B959DC4. Zugegriffen am 05.02.2021.

Downs, A. (1957). *An economic theory of democracy*. New York: Harper and Brothers.

Harris, J. R., & Todaro, M. P. (1970). Migration, unemployment, and development: A two-sector analysis. *American Economic Review, 60*(1), 126–142.

von Hayek, F. A. (1944). *The road to serfdom*. Chicago: The University of Chicago Press.

von Hayek, F. A. (1996). *Die Anmaßung von Wissen – Neue Freiburger Studien*. Tübingen: Mohr Siebeck.

ILO (1999a). C182: *Worst forms of child labour convention*. International Labour Organization. https://www.ilo.org/dyn/normlex/en/f?p=NORMLEXPUB:12100:0::NO::P12100_ILO_CODE:C182. Zugegriffen am 29.01.2021.

ILO (1999b). R190: *Worst forms of child labour recommendation*. International Labour Organization. https://www.ilo.org/dyn/normlex/en/f?p=NORMLEXPUB:12100:0::NO::P12100_INSTRUMENT_ID:312528. Zugegriffen am 29.01.2021.

ILO (2021). *What is child labour*. International Labour Organization. https://www.ilo.org/ipec/facts/lang%2D%2Den/index.htm. Zugegriffen am 29.01.2021.

Jevons, W. S. (1871). *Theory of political economy*. London/New York: Macmillan.

Krugman, P., Obstfeld, M. & Melitz, M. (2018). *International economics. Theory and policy, Global edition* (11. Aufl., S. 52–78). Harlow: Pearson.

Olson, M. L. (1965). *The logic of collective action: Public goods and the theory of groups*. Cambridge, MA: Harvard University Press.

statista (2020a). *Die 20 größten Exportländer weltweit im Jahr 2019*. https://de.statista.com/statistik/daten/studie/37013/umfrage/ranking-der-top-20-exportlaender-weltweit/. Zugegriffen am 13.11.2020.

statista (2020b). *Die 20 größten Importländer weltweit im Jahr 2019*. https://de.statista.com/statistik/daten/studie/157858/umfrage/groesste-importlaender-weltweit/. Zugegriffen am 13.11.2020.

statista (2021a). *Entwicklung der weltweiten Exporte im Warenhandel von 1948 bis 2019*. https://de.statista.com/statistik/daten/studie/37143/umfrage/weltweites-exportvolumen-im-handel-seit-1950/. Zugegriffen am 28.01.2021.

statista (2021b). *Entwicklung der weltweiten Importe im Warenhandel von 1950 bis 2019*. https://de.statista.com/statistik/daten/studie/158228/umfrage/weltweites-exporthandelsvolumen-seit-1948/. Zugegriffen am 28.01.2021.

Statistik-BW (2020). *Exportquote im Bundesländervergleich*. Statistisches Landesamt Baden-Württemberg. https://www.statistikbw.de/HandelDienstl/Aussenhandel/AH-XP_exportquote.jsp. Zugegriffen am 05.02.2021.

Zahlungsbilanztheorie

4

Zusammenfassung

In der Zahlungsbilanz werden die internationalen realwirtschaftlichen und monetären Beziehungen zwischen Ländern sichtbar gemacht. Eine ausgeglichene Zahlungsbilanz – genauer: Devisenbilanz – gilt als Ausweis eines außenwirtschaftlichen Gleichgewichts. Bei der Beschäftigung mit den zahlreichen Teilbilanzen der Zahlungsbilanz wird deutlich, dass populäre Urteile über Außenhandelsbilanzüberschüsse und -defizite ohne Berücksichtigung anderer Teilbilanzen der Sache nicht gerecht werden. Bemerkenswert ist das Ergebnis, dass die beiden größten Handelsnationen der Welt, China und die USA, auf ihre Bevölkerungszahl umgerechnet Anfang der 2020er Jahre nur relativ wenig Handel treiben. Die populäre Wechselkurspolitik, über eine Abwertung der inländischen Währung die Nettoexporte zu erhöhen, zeigt diffuse Ergebnisse, die den von der Politik suggerierten engen Zusammenhang zwischen einer Abwertung der inländischen Währung und einer „Verbesserung" des Außenbeitrags mitnichten bestätigen. Es zeigt sich, dass sogar das Risiko besteht, die eigene Volkswirtschaft durch eine Abwertungspolitik langfristig zu schädigen.

4.1 Einführung

Lernziele: Beschreiben, Erklären, Interpretieren, Beurteilen

- der Zahlungsbilanz als Maßstab für ein außenwirtschaftliches Gleichgewicht,
- des Elastizitätsansatzes,
- des Absorptionsansatzes,
- der monetären Zahlungsbilanztheorie.

Im ersten Abschnitt wird die Zahlungsbilanz vorgestellt. Der zweite Abschnitt befasst sich mit dem Elastizitätsansatz, der die Wirkung einer Wechselkurspolitik auf den Außenbeitrag untersucht. Da diese Wirkung maßgeblich von den Preiselastizitäten des Angebots und der Nachfrage abhängt, steckt diese Variable bereits im Namen dieses Ansatzes. Im dritten Abschnitt wird die Monetäre Zahlungsbilanztheorie erläutert. Diese hebt die hohe Bedeutung monetärer Aspekte für ein außenwirtschaftliches Gleichgewicht hervor. Wir zeigen, welche Wirkungen eine vom Ausland betriebene Geldpolitik auf die inländische Volkswirtschaft hat.

© Springer Fachmedien Wiesbaden GmbH, ein Teil von Springer Nature 2021
R. Richert, *Internationale Wirtschaftsbeziehungen klipp & klar*, WiWi klipp & klar,
https://doi.org/10.1007/978-3-658-34768-0_4

4.2 Zahlungsbilanz und Wechselkurs

4.2.1 Grundlagen

Die **Zahlungsbilanz** ist die systematische Erfassung **aller ökonomischen Transaktionen zwischen Inländern und Ausländern innerhalb eines Jahres**. Sie ist eine Ex-post-Rechnung, das heißt, es werden nicht die geplanten, sondern die tatsächlichen Größen ermittelt. Die Struktur der Zahlungsbilanz orientiert sich am Handbuch zur Zahlungsbilanz des Internationalen Währungsfonds, das fortwährend in aktualisierten Auflagen herausgegeben wird (vgl. BPM 2009).

Als **Inländer** gelten alle natürlichen Personen – mit Ausnahme von Diplomaten, Angehörigen ausländischer Streitkräfte und Studenten – mit ständigem Wohnsitz im Inland sowie andere Wirtschaftssubjekte einschließlich rechtlich nicht-selbstständiger Produktionsstätten und Zweigniederlassungen, soweit der Schwerpunkt ihrer wirtschaftlichen Aktivität im Inland liegt. Dies schließt Unternehmen in ausländischem Eigentum, die sich im Inland befinden, mit ein.

Die Zahlungsbilanz unterteilt sich in fünf Teilbilanzen, die sich zum Teil in weitere Teilbilanzen untergliedern, wie Tab. 4.1 zeigt.

Im Folgenden wird die Zahlungsbilanz vorgestellt.

4.2.2 Zahlungsbilanz

4.2.2.1 Leistungsbilanz

Die **Leistungsbilanz** unterteilt sich in vier Teilbilanzen:

1. Außenhandelsbilanz (Handelsbilanz, Warenbilanz),
2. Dienstleistungsbilanz,
3. Bilanz der Erwerbs- und Vermögenseinkommen (Primäreinkommen),
4. Bilanz der laufenden Transfers.

Die **Außenhandelsbilanz** erfasst den Handel mit Waren. Exporte werden auf der Aktivseite, Importe auf der Passivseite dieser Bilanz gebucht. Der deutsche Außenhandelsbilanzsaldo ist seit Jahrzehnten durchweg **positiv** – in der Regel mit Salden im dreistelligen Milliardenbereich – und war seit Gründung der Bundesrepublik Deutschland im Jahr 1949 noch in keinem einzigen Jahr negativ. Zu den konkreten Zahlen zu den einzelnen Posten der Zahlungsbilanz sei auf die Monatsberichte der Deutschen Bundesbank verwiesen (vgl. Monatsberichte der Deutschen Bundesbank, verschiedene Jahrgänge).

Seit Beginn der Europäischen Wirtschafts- und Währungsunion 1999 ist der Extrahandel, das heißt der Handel mit Ländern außerhalb der EU, stärker gestiegen als der Intrahandel, das heißt der Handel mit Ländern innerhalb der

Tab. 4.1 Zahlungsbilanz

1 Leistungbilanz	1.1 Außenhandel (Waren)
	1.2 Dienstleistungen
	1.3 Erwerbs- und Vermögenseinkommen
	1.4 Laufende Übertragungen
2 Bilanz der Vermögensübertragungen	
3 Kapitalbilanz	3.1 Direktinvestitionen
	3.2 Wertpapieranlagen
	3.3 Finanzderivate
	3.4 Kredite
	3.5 Übriger Kapitalverkehr
4 Restposten	
5 Devisenbilanz	5.1 Transaktionswerte
	5.2 Bilanzwerte

EU. Deutschland ist weltweit nach China und den USA der drittgrößte Exporteur der Welt. Noch bis in die frühen Jahre des 21. Jahrhunderts hinein trug Deutschland in mehreren Jahren sogar den inoffiziellen Titel des „Exportweltmeisters". Seit der wirtschaftlichen Öffnung Chinas Ende der siebziger Jahre hat sich das Reich der Mitte in einem einmaligen ökonomischen Aufholprozess von einem der ärmsten Länder der Welt zu einem Handelsgiganten entwickelt, der voraussichtlich auch in den nächsten Dekaden den Welthandel dominieren wird. Es erscheint heute kaum mehr vorstellbar, dass noch in den neunziger Jahren des 20. Jahrhunderts zwölf Millionen Bayern mehr exportiert haben als einhundertmal so viele Chinesen.

In der Außenhandelsbilanz werden Exporte und Importe wertmäßig unterschiedlich erfasst: **Exporte** werden grundsätzlich zu **fob (free on board)** bewertet: Zum Warenwert gehören auch die Transportkosten bis zur inländischen Landesgrenze, aber nicht mehr diejenigen, die in Transitländern oder im Empfängerland anfallen. Importe werden grundsätzlich zu **cif (cost, insurance, freight)** bewertet: Zum Warenwert gehören die Transportkosten bis zur inländischen Landesgrenze, also auch diejenigen, die in Transitländern und im Ursprungsland anfallen. Werden diese Transportleistungen von ausländischen Unternehmen erbracht, zählen sie bei der Lieferung von Waren auch zu den Warenimporten, nicht zu den Dienstleistungsimporten, die sie genaugenommen verkörpern.

Die USA wandelten sich zwischen 1982 und 1986 von der größten Gläubigernation der Welt zur größten Schuldnernation der Welt. Seit 1982 weisen die Vereinigten Staaten kontinuierlich Außenhandelsbilanzdefizite auf. Große Nettoexporteure wie Japan, Deutschland und China weisen die größten Nettoauslandsvermögen auf.

Die größten Exporteure der Welt sind in Tab. 4.2 aufgeführt.

Bei den Exporten zeigen sich die großen Unterschiede internationaler Wettbewerbsfähigkeit: Die „Großen Drei" unter den Exportnationen sind China, die USA und Deutschland, deren jeweiliger Exportwert die Billionenhöhe deutlich übersteigt. Japan gehört immer noch zum Reigen

Tab. 4.2 Die 20 größten Exportländer der Welt (vgl. statista 2020a; eigene Rundungen)

Land	Exportwert 2019 in $ Milliarden
China	2500
USA	1650
Deutschland	1500
Niederlande	700
Japan	700
Frankreich	570
Süd-Korea	540
Hongkong	530
Italien	530
Vereinigtes Königreich	470
Mexiko	460
Kanada	450
Belgien	440
Russland	420
Singapur	390
Spanien	330
Taiwan	330
Indien	320
Schweiz	310
Vereinigte Arabische Emirate	280

der großen Exportländer, hat jedoch an Bedeutung verloren, seit China sich von einem rückständigen Land unter Mao Tse-tung (1893–1976) zu einer wirtschaftlich erfolgreichen Sozialistischen Marktwirtschaft entwickelt hat. Der Exportwert des 125-Millionen-Volkes Japan ist nicht höher als derjenige der nur 17 Millionen Niederländer, die ihre Rolle als eine der größten Handelsnationen der Welt seit ihrem „Goldenen Zeitalter" im 17. Jahrhundert – „de Gouden Eeuw" – bis heute erfolgreich verteidigt haben. Die Niederländer exportieren mehr nach Deutschland als zwanzigmal so viele US-Amerikaner und nicht viel weniger als achtzigmal so viele Chinesen (vgl. destatis 2021: China). Dies liegt auch daran, dass ein großer Teil des Außenhandels über Europas größten Hafen in Rotterdam abgewickelt wird und somit nur Transithandel ist. Auffällig ist auch, dass das frühere „Empire", das Vereinigte Königreich mit 65 Millionen Briten und zwei Millionen Nordiren, inzwischen weniger exportiert als seine frühere Kronkolonie Hongkong mit einem Zehntel der Einwohnerzahl. Russland, wie kein zweites Land gesegnet mit einer Fülle exportfähiger Rohstoffe wie Erdgas, Erdöl, Gold, Platin, Nickel, Eisen, Zinn, erreicht nicht einmal den Exportwert Belgiens, wo nicht mehr Menschen leben als in Moskau. 1,4 Milliarden Inder exportieren nicht mehr als neun Millionen Schweizer und sogar weniger als sechs Millionen Singapurer.

Die größten Importeure der Welt sind in Tab. 4.3 zu sehen.

Die „Großen Drei" unter den Importnationen sind dieselben wie die „Großen Drei" unter den Exportnationen, allerdings in anderer Reihenfolge: Während China bereits 2009 den inoffiziellen Titel des „Exportweltmeisters" von Deutschland übernommen und seitdem jedes Jahr verteidigt hat, sind die Vereinigten Staaten 2019 noch „Importweltmeister". Diesen Titel werden sie in den zwanziger Jahren des 21. Jahrhunderts an China verlieren.

Weisen Länder einen *positiven* Saldo in der Außenhandelsbilanz auf, sind sie *Nettoexporteure*. Tab. 4.4 gibt einen Überblick über die größten Nettoexporteure der Welt, die als „Überschussländer" bezeichnet werden.

Tab. 4.4 mit den 20 größten Überschussländern im Außenhandel unmittelbar vor Ausbruch der Corona-Krise zeigt deutlich, dass aus dem Vorliegen eines hohen Außenhandelsbilanzüberschusses nicht ohne Weiteres auf ein reiches Land geschlossen werden kann. Diese unfundierte Annahme lässt die Fehlschlüsse der ständigen Wiederholung (Ad nauseam), der veröffentlichten Meinung (Ad publicatum/Media Proof) sowie der öffentlichen Meinung (Ad publicam/Social Proof) erkennen: Auch wenn immer wieder (Ad nauseam) in den Medien (Ad publicatum) und in der Öffentlichkeit (Ad publicum) der Eindruck erweckt wird, dass ein Außenhandelsbilanzüberschuss erstrebenswert sei, kann aus Tab. 4.4 mitnichten geschlossen werden, dass ein Außenhandelsbilanzüberschuss ein signifikanter Indikator für Wohlstand ist: Unter den 20 größten Überschussländern gehört zwar die eine Hälfte zu den reichen Ländern mit einer vom Wohlstand profitierenden breiten Mittelschicht: Deutschland, die Niederlande, Irland, Italien, Australien, Taiwan, Süd-Korea, die

Tab. 4.3 Die 20 größten Importländer der Welt (vgl. statista 2020b, eigene Rundungen)

Land	Importwert 2019 in $ Milliarden
USA	2570
China	2080
Deutschland	1230
Japan	720
Vereinigtes Königreich	690
Frankreich	650
Niederlande	640
Hongkong	580
Süd-Korea	500
Indien	480
Italien	470
Mexiko	470
Kanada	460
Belgien	430
Spanien	370
Singapur	360
Taiwan	290
Schweiz	280
Polen	260
Vereinigte Arabische Emirate	260

Tab. 4.4 Die 20 größten Überschussländer im Außenhandel (vgl. statista 2020d; eigene Rundungen)

Land	Außenhandelsbilanzsaldo 2019 in $ Milliarden
China	+ 420
Deutschland	+ 250
Russland	+ 160
Saudi-Arabien	+ 130
Niederlande	+ 70
Irland	+ 70
Italien	+ 60
Australien	+ 50
Taiwan	+ 40
Katar	+ 40
Süd-Korea	+ 40
Brasilien	+ 40
Schweiz	+ 40
Malaysia	+ 30
Irak	+ 30
Singapur	+ 30
Kuwait	+ 30
Tschechien	+ 20
Angola	+ 20
Kasachstan	+ 20

Schweiz, Singapur und Tschechien. Daneben sind in dieser Gruppe der Nettoexporteure aber auch Staaten, die zwar ein hohes BIP pro Kopf aufweisen, in denen aber große Teile der Bevölkerung an den Früchten des Wohlstands kaum teilhaben, wie die arabischen Golfstaaten Saudi-Arabien, Katar und Kuwait. Schließlich kennen acht Nettoexporteure, darunter drei der vier größten, auch Armut unter ihrer eigenen Bevölkerung: China, Russland und Saudi-Arabien sowie Brasilien, Malaysia, der Irak, Angola und Kasachstan. Stattdessen sind zahlreiche reiche Länder wie die skandinavischen Länder (im weiteren Sinne: Norwegen, Schweden, Dänemark sowie Island und Finnland), die angelsächsischen Länder mit Ausnahme Australiens (Vereinigtes Königreich, Kanada, USA, Neuseeland) und Japan nicht unter den größten Nettoexporteuren zu finden.

Weisen Länder einen *negativen* Saldo in der Außenhandelsbilanz auf, sind sie *Nettoimporteure*. Tab. 4.5 gibt einen Überblick über die größten Nettoimporteure der Welt, die als „Defizitländer" bezeichnet werden.

Tab. 4.5 Die 20 größten Defizitländer im Außenhandel (vgl. statista 2020c; eigene Rundungen)

Land	Außenhandelsbilanzsaldo 2019 in $ Milliarden
USA	− 920
Vereinigtes Königreich	− 220
Indien	− 160
Frankreich	− 80
Hongkong	− 40
Philippinen	− 40
Ägypten	− 40
Spanien	− 40
Türkei	− 30
Pakistan	− 30
Griechenland	− 20
Portugal	− 20
Bangladesch	− 20
Marokko	− 20
Rumänien	− 20
Israel	− 20
Südafrika	− 20
Kanada	− 15
Japan	− 15
Libanon	− 15

Tab. 4.5 belegt, dass aus dem Vorliegen eines hohen Außenhandelsbilanzdefizits nicht ohne Weiteres auf ein armes Land geschlossen werden kann: Das mit Abstand größte Defizitland der Welt mit einem Außenhandelsbilanzdefizit von annähernd einer Billion US-Dollar sind die USA, eines der reichsten Länder überhaupt. Unter den fünf größten Defizitländern sind vier reiche: neben den USA das Vereinigte Königreich, Frankreich und Hongkong. Nur Indien durchbricht als drittgrößtes Defizitland die Phalanx der reichen Defizitländer. Mit Spanien, Kanada und Japan gehören drei weitere reiche Staaten zu den größten Nettoimporteuren. Die Türkei, Griechenland, Portugal, Rumänien, Israel und Südafrika zählen ebenfalls nicht zu den armen Ländern der Welt, importieren aber mehr als sie exportieren.

Seit Gründung der Bundesrepublik Deutschland hat die deutsche Außenhandelsbilanz immer einen positiven Saldo ausgewiesen. Abb. 4.1 zeigt die Außenhandelsbilanzsalden seit der Wiedervereinigung.

Die kumulierten Außenhandelsbilanzüberschüsse seit der Wiedervereinigung belaufen sich auf fast € 4 Billionen. Die Außenhandelsbilanzüberschüsse zwischen 2001 und 2019 sind genauso hoch wie das BIP von 2019: ca. € 3,45 Billionen. Sehr vereinfacht – ohne Berücksichtigung der Geldentwertung und der Zinsen – kann man sich als Gedankenspiel vorstellen, dass die Deutschen in diesem Zeitraum auf den Konsum ihrer 2019 erarbeiteten Wertschöpfung verzichtet haben.

In der **Dienstleistungsbilanz** wird der Handel mit Dienstleistungen berücksichtigt. Darunter fallen beispielsweise Ausgaben für den Tourismus, für Transportleistungen, Lizenzgebühren, Kapitalerträge, Versicherungsleistungen oder die Stationierung ausländischer Truppen. Exporte werden auf der Aktivseite, Importe auf der Passivseite dieser Bilanz gebucht.

Straußensteak in Südafrika

Angenommen, eine Gruppe deutscher Studenten ist auf Südafrikareise und isst am Ende einer Safari im Krüger-Nationalpark ein Straußensteak. Reisen Deutsche ins Ausland, werden deren grenzüberschreitende Leistun-

Jahr	Außenhandelsbilanzsaldo in € Milliarden	Jahr	Außenhandelsbilanzsaldo in € Milliarden	Jahr	Außenhandelsbilanzsaldo in € Milliarden
1991	+ 11	2000	+ 59	2010	+ 155
1992	+ 17	2001	+ 96	2011	+ 159
1993	+ 32	2002	+ 133	2012	+ 193
1994	+ 38	2003	+ 130	2013	+ 198
1995	+ 44	2004	+ 156	2014	+ 214
1996	+ 50	2005	+ 158	2015	+ 244
1997	+ 60	2006	+ 159	2016	+ 249
1998	+ 65	2007	+ 195	2017	+ 248
1999	+ 65	2008	+ 178	2018	+ 229
		2009	+ 139	2019	+ 223
Summe	+ 382	Summe	+ 1.403	Summe	2.112
Summe	€ 3,9 Billionen				

Abb. 4.1 Deutscher Außenhandelsbilanzsaldo seit der Wiedervereinigung (vgl. statista 2020h; eigene Rundungen)

gen als Dienstleistungsimporte angesehen. Ökonomisch betrachtet stellen wir uns nämlich vor, dass ein Deutscher, der beispielsweise ein Straußensteak isst, sich dieses zarte Fleisch auch nach Deutschland importieren lassen könnte, um es in Hamburg mit Blick auf die Alster zu verspeisen. In diesem Fall wäre die Verbuchung als Dienstleistungsimport offensichtlich.

Eine Japanerin, die auf dem Münchener Oktoberfest eine Maß Bier bestellt, wird buchungstechnisch genauso behandelt wie ihre japanische Freundin, die sich einen Liter bayerischen Gerstensaft in die alte japanische kaiserliche Residenz Kyoto liefern lässt: Der Kauf eines Bieres wird in der deutschen Zahlungsbilanz als Dienstleistungsexport erfasst, obgleich es sich um eine Ware handelt. ◄

Typischerweise ist der deutsche Dienstleistungsbilanzsaldo **negativ** – in der Regel mit Salden im hohen zweistelligen Milliardenbereich (vgl. Monatsberichte der Deutschen Bundesbank). Die Hauptursache für die negative deutsche Dienstleistungsbilanz ist der internationale Reiseverkehr: Touristische Leistungen werden grundsätzlich in der Dienstleistungsbilanz gebucht, auch wenn es sich um den Austausch von Waren handelt. Ausgaben ausländischer Touristen bei Deutschen wirken sich positiv, Ausgaben deutscher Touristen bei Ausländern negativ auf die Dienstleistungsbilanz aus. Deutsche Touristen geben jährlich zweistellige Milliardenbeträge an Euro mehr bei Ausländern aus als ausländische Touristen bei Deutschen. Im Jahr vor der Corona-Krise lag allein das Defizit im Reiseverkehr bei € 45 Milliarden.

Die größten Nettoexporteure im Dienstleistungshandel sind in Tab. 4.6 zu sehen.

Die beiden größten Defizitländer im Warenverkehr sind die beiden größten Überschussländer im Dienstleistungsverkehr: die USA mit einem Überschuss von einer viertel Billion US-Dollar und das Vereinigte Königreich mit einem Überschuss im Dienstleistungshandel, der über die Hälfte seines Defizits im Warenhandel ausgleicht. Diese Zahlen sind von besonderer Bedeutung, da immer wieder gefordert wird, Deutschland möge seine Außenhandelsbilanzüberschüsse reduzieren, ohne dass eine analoge Forderung für die Reduktion der Dienstleistungsbilanzüberschüsse dieser beiden angelsächsischen Länder erhoben wird. Abgesehen davon, dass es weder im Warenhandel noch im Dienstleistungshandel eine signifikante Korrelation zwischen Überschuss- beziehungsweise Defizitländern und wirtschaftlichem Wohlstand gibt, ist es nicht nachvollziehbar, für den Warenhandel etwas Anderes zu fordern als für den Dienstleistungshandel.

Tab. 4.6 Die 20 größten Überschussländer bei Dienstleistungen (vgl. statista 2020e; eigene Rundungen)

Land	Dienstleistungsbilanzsaldo 2019 in $ Millliarden
USA	+ 250
Vereinigtes Königreich	+ 130
Spanien	+ 70
Macau	+ 40
Türkei	+ 40
Indien	+ 35
Polen	+ 25
Luxemburg	+ 25
Israel	+ 25
Frankreich	+ 25
Griechenland	+ 25
Thailand	+ 25
Hongkong	+ 20
Portugal	+ 20
Schweiz	+ 20
Niederlande	+ 15
Philippinen	+ 15
Kroatien	+ 10
Österreich	+ 10
Rumänien	+ 10

Die Bilanz der **Erwerbs- und Vermögenseinkommen** berücksichtigt Löhne und Gehälter von Inländern, die diese von Ausländern beziehen, als Erwerbseinkommen sowie internationale Kapitalerträge als Vermögenseinkommen. Empfangene Einkommen werden auf der Aktivseite, geleistete Einkommen auf der Passivseite dieser Bilanz gebucht.

Aus deutscher Sicht ist diese Bilanz grundsätzlich **positiv** – mit Salden im hohen zweistelligen Milliardenbereich –, nachdem dieser Saldo noch bis 2004 negativ gewesen ist. Die deutliche Änderung dieses Saldos lässt sich durch die deutschen Leistungsbilanzüberschüsse seit der Jahrtausendwende erklären: Leistungsbilanzüberschüsse bedeuten Exporte von Gütern, die im Gegenzug bezahlt werden. Dadurch strömt Kapital nach Deutschland, das wiederum nach profitablen Anlagen verlangt. Werden diese wie im deutschen Beispiel im Ausland gefunden, kommt es zu Kapitalexporten, die sich in der defizitären deutschen Kapitalbilanz niederschlagen. Diese Auslandsaktiva werfen Renditen ab, die dann als Vermögenseinkommen nach Deutsch-

land fließen und zu einem positiven Saldo der Erwerbs- und Vermögenseinkommen beitragen.

Laufende Übertragungen sind Ausgaben ohne Anspruch auf eine entsprechende Gegenleistung. Dazu zählen zum Beispiel die Zahlungen Deutschlands an internationale Organisationen wie die Europäische Union oder den Internationalen Währungsfonds sowie Überweisungen ausländischer Arbeitnehmer in ihre Heimatländer. Auch Leistungen im Rahmen der Entwicklungshilfe werden in dieser Bilanz gebucht, sodass es nicht verwunderlich ist, dass die deutsche Bilanz der laufenden Übertragungen immer **negativ** ausfällt – in der Regel mit Salden im mittleren zweistelligen Milliardenbereich. Empfangene Übertragungen werden auf der Aktivseite, geleistete Übertragungen auf der Passivseite dieser Bilanz gebucht.

Der Saldo der **Leistungsbilanz** ergibt sich als aggregierter Saldo der Teilbilanzen des Außenhandels, der Dienstleistungen, der Erwerbs- und Vermögenseinkommen sowie der laufenden Übertragungen.

Die aggregierten Salden der Außenhandels- und Dienstleistungsbilanz sind der **Außenbeitrag zum Inlandsprodukt**. Vermehrt um den Saldo der Erwerbs- und Vermögenseinkommen bilden sie den **Außenbeitrag zum Bruttonationaleinkommen**. Wird noch der Saldo der laufenden Übertragungen berücksichtigt, erhält man den **Finanzierungssaldo**: die **Änderung der Vermögensposition von Inländern gegenüber Ausländern**.

Der deutsche **Leistungsbilanzsaldo** ist normalerweise positiv. Zwischen 1991 und 2000 war er im Zuge der deutschen Wiedervereinigung negativ. Seit 2001 ist er wieder **positiv** – in der Regel mit Werten zwischen 100 und 300 Milliarden Euro.

Ein **Leistungsbilanzüberschuss** (Nettoexporte) geht mit einem **Kapitalbilanzdefizit** i. w. S. (Netto-Kapitalexporte einschließlich Veränderungen der Netto-Auslandsaktiva in der Devisenbilanz) einher, weil Verkäufe von Waren und Dienstleistungen mit einer Zunahme von Forderungen verbunden sind. Dadurch steigt das Netto-Auslandsvermögen. Ein **Leistungsbilanzdefizit** (Nettoimporte) geht mit einem **Kapitalbilanzüberschuss** i. w. S.

(Netto-Kapitalimporte einschließlich Veränderungen der Netto-Auslandsaktiva in der Devisenbilanz) einher, weil Käufe von Waren und Dienstleistungen mit einer Zunahme von Verbindlichkeiten verbunden sind. Dadurch sinkt das Netto-Auslandsvermögen.

Die Leistungsbilanzsalden variieren zwischen verschiedenen Ländern stark, wie Tab. 4.7 eindrucksvoll belegt.

4.2.2.2 Bilanz der Vermögensübertragungen

In der Bilanz der **Vermögensübertragungen** werden beispielsweise Investitionsbeihilfen der Europäischen Investitionsbank (EIB) gebucht. Der Saldo der Vermögensübertragungen spielt quantitativ nur eine geringe Rolle – zumeist liegt er bei unter € 3 Milliarden. Er wies in den vergangenen Jahren sowohl positive als auch negative Werte auf. Wegen seiner geringen Bedeutung wird er in der ökonomischen Theorie in der Regel vernachlässigt.

4.2.2.3 Kapitalbilanz

Die **Kapitalbilanz** erfasst die Änderung von Eigentumsrechten an Finanzpositionen wie Unternehmensbeteiligungen, Kapitaleinlagen oder Wertpapieren. Auf der Aktivseite verbuchte Kapitalimporte – die Abnahme von Forderungen

Tab. 4.7 Leistungsbilanzsalden ausgewählter Länder (vgl. statista 2020f, g; eigene Rundungen)

Land	Leistungsbilanzsaldo 2018 in $ Milliarden
Deutschland	+ 290
Japan	+ 175
Russland	+ 113
Niederlande	+ 100
Süd-Korea	+ 76
Saudi-Arabien	+ 72
Schweiz	+ 72
Taiwan	+ 72
Singapur	+ 65
Italien	+ 52
China	+ 50
Frankreich	– 16
Indien	– 57
Vereinigtes Königreich	– 109
USA	– 500

sowie die Zunahme von Verbindlichkeiten gegenüber Ausländern – führen zu einer Aktivierung, auf der Passivseite verbuchte Kapitalexporte – die Zunahme von Forderungen beziehungsweise die Abnahme von Verbindlichkeiten gegenüber Ausländern – zu einer Passivierung der Kapitalbilanz. Der Saldo der Kapitalbilanz misst demzufolge die **Nettokapitalimporte**, die sich aus der Differenz von Kapitalimporten minus Kapitalexporten ergeben. Die Kapitalbilanz gliedert sich in fünf Teilbilanzen:

1. Bilanz der Direktinvestitionen,
2. Bilanz der Wertpapieranlagen,
3. Bilanz der Finanzderivate,
4. Bilanz der Kredite,
5. Bilanz des übrigen Kapitalverkehrs.

In der ersten Teilbilanz werden ausländische **Direktinvestitionen** (FDI – „Foreign Direct Investment") erfasst. Zu diesen zählen Aktien oder andere Kapitalbeteiligungen an Unternehmen, an denen der Investor mindestens zehn Prozent des Kapitals hält, sowie langfristige Finanz- und Handelskredite und (Ver-)Käufe von Immobilien, insbesondere der Erwerb von Produktionsstätten. Direktinvestitionen fallen zum Beispiel an, wenn ein deutscher Unternehmer eine Fabrik in der Toskana baut. Wenn mehr Deutsche direkt in ausländisches Sachkapital investieren, als dass Ausländer Direktinvestitionen bei Deutschen tätigen, ist der Saldo der Direktinvestitionen negativ.

Wertpapieranlagen werden in der zweiten Teilbilanz berücksichtigt. Darunter fallen beispielsweise – sofern sie nicht zu den Direktinvestitionen gerechnet werden – Aktien, (lang- und kurzfristige) festverzinsliche Schuldverschreibungen, Anteile an Investment- und Geldmarktfonds sowie Dividendenpapiere. Der Saldo dieser Teilbilanz schwankt sehr stark.

Finanzderivate sind „… Finanzinstrumente, die an ein bestimmtes Finanzinstrument, einen Indikator oder eine Ware gebunden sind, wodurch bestimmte finanzielle Risiken als solche an den Finanzmärkten gehandelt werden können …" (ESVG 2010, 5199, S. 172). Finanzderivate werden in der dritten Teilbilanz erfasst und sind

„abgeleitete" (lateinisch: „derivare" – „ableiten", „abwälzen") Finanzgeschäfte zur Absicherung gegenüber Spekulation (mit Risiken), denen entsprechende Hauptgeschäfte zugrunde liegen: Beispielsweise sind Optionen Geschäfte, die jemandem Rechte auf Käufe beziehungsweise Verkäufe einräumen. Zu den Derivaten zählen auch Termingeschäfte, welche die Bedingungen (zum Beispiel geltende Wechselkurse) für künftige Geschäfte bereits heute regeln. Diese Teilbilanz ist aus deutscher Sicht typischerweise negativ.

Internationale Kredite und der übrige Kapitalverkehr, der keiner der ersten vier Teilbilanzen der Kapitalbilanz zugeordnet werden kann, werden von der Deutschen Bundesbank zusammen erfasst. Ihre Salden schwanken sehr stark. In der Volkswirtschaftslehre werden Kredite und der übrige Kapitalverkehr oft gesondert ausgewiesen. Dann werden internationale **Kredite** – sofern sie nicht zu den Direktinvestitionen gerechnet werden – in der vierten Teilbilanz erfasst. Entwicklungshilfeleistungen, die oft in Form vergünstigter Kredite gewährt werden, fallen unter diese Rubrik. Der Kapitalverkehr, der sich in keine der oben genannten Teilbilanzen einordnen lässt, fällt unter den **übrigen Kapitalverkehr**.

In **Deutschland** wechselten die Vorzeichen des **Kapitalbilanzsaldos**. Seit 2001 ist dieser Saldo durchweg **negativ**, das heißt, es fließt bedeutend mehr deutsches Kapital in ausländische Anlagen als umgekehrt.

4.2.2.4 Restposten

Der **Restposten** erfasst den Saldo der statistisch nicht aufgliederbaren Transaktionen. Diese liegen zum Beispiel vor, wenn die Abwicklung korrespondierender Transaktionen nicht periodengerecht erfolgt. Seine Vorzeichen variieren. Ökonomisch hat dieser Posten keine Bedeutung. Gäbe es die Orwell'sche Welt und eine exakte Statistik, gäbe es diesen Posten nicht. Deshalb wird er in der Wirtschaftstheorie üblicherweise vernachlässigt.

4.2.2.5 Devisenbilanz

Die **Devisenbilanz** misst die Veränderung der Netto-Auslandsaktiva der Zentralbank, nämlich die Änderung der

- Währungsreserven (Forderungen minus Verbindlichkeiten in Fremdwährung),
- Gold- und weiteren Edelmetallbestände,
- Ziehungsrechte (Reserveposition) beim Internationalen Währungsfonds (IWF), das heißt, der Kreditlinie, die ein Land zur Finanzierung von Devisenbilanzdefiziten ohne Rechtfertigung und ohne Auflagen jederzeit für einen Kredit in Anspruch nehmen kann,
- Sonderziehungsrechte (seit 1969/70), das heißt, Buchkredite, die ein Land ohne Rechtfertigung und ohne Auflagen in Höhe von bis zu 85 Prozent seiner IWF-Quote in Anspruch nehmen kann.

Die Zentralbank „… umfasst alle finanziellen Kapitalgesellschaften und Quasi-Kapitalgesellschaften, deren Hauptfunktion darin besteht, Zahlungsmittel auszugeben, den inneren und äußeren Wert der Landeswährung aufrechtzuerhalten und die internationalen Währungsreserven des Landes ganz oder teilweise zu halten" (ESVG 2010, 2.72, S. 45).

Die Bewertung der Auslandsaktiva erfolgt auf zweierlei Weise: zu **Transaktionswerten** und zu **Bilanzwerten**: Erwirbt die Zentralbank beispielsweise $ 1 Million zu einem Wechselkurs von $ 1 = € 0,80, liegt der Transaktionswert bei € 800.000. Wertet der Euro auf, sodass am Ende eines Jahres der Wechselkurs bei $ 1 = € 0,70 Euro liegt, beträgt der Bilanzwert nur noch € 700.000. Denn in der Bilanz wird gemäß dem Niederstwertprinzip der niedrigere Wert von Transaktionskurs und Kurs zum Bilanzstichtag gewählt.

Vorgänge, die zu Zahlungseingängen, das heißt zu einem inländischen Devisenangebot führen (Güterexporte, empfangene Erwerbs- und Vermögenseinkommen, empfangene Transfers, Kapitalimporte, Devisenverkäufe), werden auf der Aktivseite gebucht. Vorgänge, die zu Zahlungsausgängen, das heißt zu einer inländischen Devisennachfrage führen (Güterimporte, geleistete Erwerbs- und Vermögenseinkommen, geleistete Transfers, Kapitalexporte, Devisenkäufe), werden auf der Passivseite gebucht. Ein **Devisenbilanzüberschuss** führt in der Bilanz zu einer Aktivierung, da Reserven *zu*fließen. Ein **Devisen-**

bilanz*defizit* führt in der Bilanz zu einer Passivierung, da Reserven *abfließen*. Ein starkes Sinken der Devisenreserven kann die ökonomische Souveränität einschränken, da die Volkswirtschaft Devisen für die Bezahlung ihrer Importe benötigt.

4.2.2.6 Außenwirtschaftliches Gleichgewicht

Ein **außenwirtschaftliches Gleichgewicht** manifestiert sich in einem **Zahlungsbilanzgleichgewicht**. Die Zahlungsbilanz ist jedoch aufgrund der doppelten Buchführung formal immer ausgeglichen. Das Kompositum „Zahlungsbilanzgleichgewicht" setzt sich aus drei Begriffen zusammen, die alle inadäquat sind: Erstens ist die Zahlungsbilanz keine „Bilanz" im engeren Sinne, weil sie typischerweise nicht Bestandsgrößen, sondern Stromgrößen erfasst. Zweitens berücksichtigt sie nicht nur „Zahlungen", das heißt Zu- und Abflüsse liquider Mittel, sondern alle Einnahmen und Ausgaben. Drittens ergibt ein „Gleichgewicht" nur Sinn, wenn ein Ungleichgewicht zumindest denkbar ist. Ein formales Ungleichgewicht wird jedoch durch das Prinzip der doppelten Buchführung „undenkbar" gemacht. In der Realität gibt es zwar jedes Jahr globale Zahlungsbilanzungleichgewichte, zum Teil in dreistelliger Milliardenhöhe. Dies liegt jedoch an den Unvollkommenheiten, sämtliche (zumeist steuerlich relevanten) Aktivitäten statistisch korrekt zu erfassen. In der Außenwirtschaftstheorie nehmen wir an, so gut informiert zu sein wie „Big Brother" aus Orwells Welt, der eine ausgeglichene Zahlungsbilanz „beobachten" würde. Deshalb ist zu spezifizieren, was genau unter einem Zahlungsbilanzgleichgewicht zu verstehen ist und was nicht.

Ein **Leistungsbilanz***überschuss* ist per definitionem mit einem *Defizit* der *Kapitalbilanz* im weiteren Sinne verbunden, die sich aus der Kapitalbilanz (im engeren Sinne) und der Devisenbilanz zusammensetzt. Eine *negative* Kapitalbilanz (i. e. S.) manifestiert sich in einer Erhöhung der privaten Nettoforderungen der Inländer gegenüber dem Ausland, es kommt zu Nettokapital*exporten*. Eine *negative* Devisenbilanz bedeutet eine *Zunahme* der *Nettoauslandsaktiva* der Zentralbank.

Ein **Leistungsbilanz***defizit* ist ex definitione mit einem *Überschuss* der *Kapitalbilanz* im weiteren Sinne verbunden. Eine *positive* Kapitalbilanz (i. e. S.) manifestiert sich in einer Verringerung der privaten Nettoforderungen der Inländer gegenüber dem Ausland, es kommt zu Nettokapital*importen*. Eine *positive* Devisenbilanz bedeutet eine *Abnahme* der *Nettoauslandsaktiva* der Zentralbank.

Ein Zahlungsbilanzgleichgewicht liegt nach herrschender Meinung vor, wenn ein **Devisenbilanzgleichgewicht** besteht. Devisenbilanz*gleichgewicht* bedeutet, dass sich der Bestand der Nettoauslandsaktiva der Zentralbank nicht ändert und somit der geplante Bestand der Währungsreserven dem tatsächlichen entspricht. Dies heißt bei Vernachlässigung des Restpostens, der nur statistische Bedeutung hat, sowie bei Vernachlässigung der Vermögensübertragungen, die quantitativ kaum zu Buche schlagen, dass die **Kapitalbilanz** (i. e. S.) das **Spiegelbild** der **Leistungsbilanz** sein soll: Liegt ein Leistungsbilanzüberschuss vor, muss gleichzeitig ein Kapitalbilanzdefizit in gleicher Höhe bestehen, damit die Devisenbilanz ausgeglichen ist. Liegt ein Leistungsbilanzdefizit vor, muss dieses durch einen gleichhohen Kapitalbilanzüberschuss ausgeglichen werden.

Auch wenn das Wort „Überschuss" positive Assoziationen weckt, bedeutet dies nicht, dass ein **Leistungsbilanzüberschuss** ein zu verfolgendes wirtschaftspolitisches Ziel darstellt: Mögliche negative Nebenwirkungen sind:

- Konsumverzicht trotz vorhandener Ressourcen,
- Risiken ausländischer Anlagen,
- zu hohe Währungsreserven,
- Vergeltungsmaßnahmen anderer Länder.

Werden Leistungsbilanzüberschüsse durch entsprechende Kapitalbilanzdefizite ausgeglichen, verzichtet die Volkswirtschaft auf eine bessere Versorgung mit Importgütern, obwohl sie die nötigen Ressourcen dazu hat. Demzufolge nutzt sie nicht alle Konsummöglichkeiten, die sie sich erarbeitet hat. Zudem ist Auslandsvermögen mit Unsicherheit behaftet und erfordert eine aufwändige Kontrolle.

Werden Leistungsbilanzüberschüsse nicht durch entsprechende Kapitalbilanzdefizite, sondern durch entsprechende Devisenbilanzüberschüsse ausgeglichen, sind die Währungsreserven höher als geplant. Da diese von der Zentralbank zu geld- und währungspolitischen Zwecken gehalten werden, führt ein Überschuss an Devisen nicht zu einer optimalen Faktorallokation: Diese Reserven könnten auf dem Geld- oder Kapitalmarkt kurz- beziehungsweise langfristig einer besseren Verwendung mit höherer Rendite zugeführt werden. Somit entstehen Opportunitätskosten in Form entgangener (höherer) Zinsen.

Allerdings ist in Rechnung zu stellen, dass die Kompensation eines **Leistungsbilanzdefizits** durch einen ebenso hohen Kapitalbilanzüberschuss zwar die Devisenbilanz zum Ausgleich bringt und somit ein außenwirtschaftliches Gleichgewicht vorliegt. Gleichwohl ist die Volkswirtschaft in diesem Fall auf ausländische Kapitalimporte angewiesen. Ausländisches Kapital jedoch ist renditeorientiert und nicht durch nationale Präferenzen beeinflusst, sodass es bei Änderungen der Erwartungen über künftige Renditen schneller abgezogen wird als inländisches Kapital.

China, Japan und die Schweiz haben Währungsreserven in Billionenhöhe. Dies ist zwar aus ökonomischen Gründen aufgrund der Opportunitätskosten nicht effizient, kann aber aus anderen Gründen gerechtfertigt sein: Zum Beispiel strebt China aus politischer Motivation hohe Dollarreserven an. Denn dadurch steht die unausgesprochene Drohung im Raum, dass Chinas von der Regierung abhängige Zentralbank durch eine Dollarflut auf den Märkten und eine damit verbundene Abwertung dieser Leitwährung die US-Wirtschaft und im Nachgang die Weltwirtschaft ins Wanken bringen kann. Dies verleiht der Zentralregierung in Peking politische Macht.

Die Höhe der Währungsreserven verschiedener Länder unterscheidet sich deutlich, wie Tab. 4.8 offenlegt.

Zu berücksichtigen ist generell, dass andere Länder Überschussländern immer wieder mit Vergeltungsmaßnahmen (z. B. Zöllen) drohen, falls diese ihre Leistungsbilanzüberschüsse nicht abbauen. Derartige Maßnahmen können lang-

Tab. 4.8 Währungsreserven ausgewählter Länder (vgl. statista 2020i; eigene Rundungen)

Land	Währungsreserven 2020 in $ Milliarden
China	3200
Japan	1400
Schweiz	1000
Russland	600
Indien	500
Saudi-Arabien	450
Hongkong	450
Süd-Korea	400
Brasilien	350
Singapur	300
Deutschland	250
Thailand	250
Frankreich	200
Vereinigtes Königreich	200
Mexiko	200
Italien	200
USA	130

fristig wirtschaftliche Nachteile für die Nettoexporteure nach sich ziehen, sodass sich ein „freiwilliger" Abbau der Leistungsbilanzüberschüsse aufdrängen kann.

In Deutschland wird das Ziel außenwirtschaftlichen Gleichgewichts erfüllt: Über Jahre hinweg ist der Devisenbilanzsaldo ausgeglichen gewesen: Die Salden liegen im niedrigen einstelligen Milliardenbereich, manchmal sogar darunter, und die Vorzeichen wechseln.

4.2.2.7 Außenhandelsrate

Die Zahlungsbilanz orientiert sich am Inländerkonzept und nicht, wie das Bruttoinlandsprodukt zu Marktpreisen (BIP), am Inlandskonzept. Die ungleiche theoretische wie statistische Behandlung dieser beiden äußerst wichtigen makroökonomischen Aggregate ist bei der Bestimmung der Außenhandelsrate mit zwei wichtigen methodischen Defiziten verbunden:

▶ Die **Außenhandelsrate** ergibt sich als Quotient aus der halbierten Summe von Exportwert sowie Importwert und dem BIP.

Im Zähler werden der Export- und der Import- wert nur jeweils zur Hälfte berücksichtigt, um Doppelzählungen zu vermeiden, da die Exporte eines Landes gleichzeitig die Importe eines ande- ren Landes sind. Der **Zähler** basiert auf dem **In- länderkonzept**, schließt daher Inländer im Aus- land mit ein, aber Ausländer im Inland aus. Im **Nenner** steht das BIP, das auf dem **Inlands- konzept** basiert und somit Inländer im Ausland ausschließt, aber Ausländer im Inland einschließt. Der Bruch ist somit nicht konsistent. Für Deutsch- land spielt dies keine große Rolle, weil sich die Zahlen von Inlands- und Inländerprodukt bisher noch nicht stark unterschieden haben. In kleinen Ländern, die wie Luxemburg ausländische Pend- ler anziehen, können volkswirtschaftliche Aggre- gate nach dem Inländerkonzept stark von ihren entsprechenden Größen nach dem Inlands- konzept abweichen.

Zudem gehen **Ex-** sowie **Importe** immer mit ihren **Bruttowerten** in die Statistik ein, während im **Inlandsprodukt** nur die gesamtwirtschaft- liche Wertschöpfung abzüglich der Vorleistungen, also der **Nettowert**, gemessen wird. Dadurch sind Außenhandelsraten überzeichnet, insbe- sondere dann, wenn Länder viele Re-Importe tä- tigen, die Güter also mehrmals die Grenze über- schreiten. Denn bei jeder Transaktion fließen die vollen Beträge in die Zahlungsbilanzstatistik, während beim Inlandsprodukt die Vorleistungen abgezogen werden und nur der jeweilige Mehr- wert berücksichtigt wird. Daher ist es möglich, dass die Außenhandelsrate eines Landes sogar bei über 100 Prozent liegt, wie dies bei Hong- kong und Singapur typischerweise der Fall ist. Die methodisch inkorrekte Behandlung von Zäh- ler und Nenner ist der Grund, warum der übliche Terminus „**Außenhandels***quote*" **sprachlich falsch** ist: Denn bei einer Quote ist der Zähler eine echte Teilmenge des Nenners, sodass jener nie größer sein kann als dieser. Daher wird hier der Begriff „Außenhandelsrate" bevorzugt.

Die **höchsten Außenhandelsraten** haben flächenmäßig kleine Länder mit viel Grenzver- kehr und einer geringen Bevölkerung (vgl. World Bank 2020a, Export, 2020b: Import). Traditionell weisen Luxemburg (600.000 Einwohner), Hong- kong (8 Millionen), Singapur (6 Millionen),

Malta (400.000), Irland (5 Millionen) sowie die Vereinigten Arabischen Emirate (10 Millionen) Außenhandelsraten von über 100 Prozent auf. **Deutschland** ist nicht nur die drittgrößte Handelsnation der Welt, sondern gehört mit einer Außenhandelsrate von über **40 Prozent** zu den offenen Volkswirtschaften, auch wenn es nicht in der Spitzengruppe liegt.

Die Volkswirtschaften mit den **niedrigsten Außenhandelsraten** sind vor allem Länder, die

* (flächenmäßig) groß,
* bevölkerungsreich,
* arm

sind. Große Länder wickeln wegen großer Entfernungen zu anderen Ländern bereits viel Handel innerhalb ihrer Landesgrenzen ab, der in keine Außenhandelsstatistik eingeht. Auch be- völkerungsreiche Staaten weisen oft niedrige Außenhandelsraten auf (vgl. World Bank 2020a, Export, 2020b: Import). Dies erklärt sich da- durch, dass in diesen Ländern bereits die in- ländische Nachfrage groß genug ist, um von eco- nomies of scale (Vorteilen der Massenproduktion) profitieren zu können, ohne im Ausland größere Märkte erschließen zu müssen. Neben flächen- mäßig großen sowie bevölkerungsreichen Staa- ten weisen wirtschaftlich unterentwickelte Län- der ebenfalls häufiger niedrige Außenhandelsraten auf, weil ihnen oft die Infrastruktur und die fi- nanziellen Mittel fehlen, um Außenhandels- beziehungen aufzubauen und zu pflegen. Die niedrigsten Außenhandelsraten mit Werten zwi- schen 10 und 15 Prozent haben (vgl. World Bank 2020a, Export, 2020b: Import): in Afrika das mit über 200 Millionen Menschen bevölkerungs- reichste Nigeria sowie der arme Sudan (40 Mil- lionen), das flächenmäßig drittgrößte Land dieses Kontinents; in Asien das arme Pakistan mit über 200 Millionen Einwohnern; in Südamerika Bra- silien, das nach Fläche und Bevölkerung größte Land Südamerikas mit ebenfalls über 200 Millio- nen Menschen, sowie Argentinien (45 Millio- nen); in Nordamerika die USA mit über 330 Mil- lionen Menschen, die schon immer – entgegen ihrer öffentlichen Wahrnehmung – zu den Län- dern mit den niedrigsten Außenhandelsraten der

Welt und damit zu den geschlossenen Volkswirtschaften gehört haben.

Die nach Fläche 15 größten Länder der Welt haben bis auf Mexiko Außenhandelsraten, die unter dem Weltdurchschnitt oder nur nahe am Weltdurchschnitt von etwa 30 Prozent liegen (vgl. World Bank 2020a, Export, 2020b: Import): Russland, Kanada, USA, China, Brasilien, Australien, Indien, Argentinien, Kasachstan, Algerien, Kongo, Saudi-Arabien, (Mexiko,) Indonesien, Sudan. In diesen weniger offenen Volkswirtschaften lebt über die Hälfte der Menschheit. Unter diesen Ländern befinden sich auch der „Exportweltmeister" China und der „Exportvizeweltmeister" USA sowie alle aufstrebenden großen BRIC-Staaten (Brasilien-Russland-Indien-China). Die Ausnahme Mexikos lässt sich mit seiner besonderen wirtschaftlichen Orientierung an den USA begründen, die über vier Fünftel der mexikanischen Exporte abnehmen. Mexikanische Exporte stammen in erheblichem Ausmaß von den unter US-amerikanischer Regie produzierenden Unternehmen im Norden Mexikos, den „maquiladoras". Die bevölkerungsreichsten neun Länder der Erde weisen alle Außenhandelsraten auf, die unter dem Weltdurchschnitt liegen (vgl. World Bank 2020a, Export; World Bank: Import).

Die **chinesischen Außenhandelszahlen** sind deutlicher **überzeichnet** als die entsprechenden Zahlen anderer Länder, gehören doch 2020 immerhin acht chinesische Häfen zu den zehn größten Häfen der Welt, in denen Güter aus anderen Ländern oft nur umgeschlagen und dann in andere Länder transportiert, dennoch als „chinesischer" Außenhandel registriert werden: Dies sind der Hafen im politisch souveränen Singapur mit überwiegend chinesischer Bevölkerung und daher mit übermäßig vielen Außenhandelsaktivitäten mit Festlandchina; ebenso die drei großen Häfen am Perlflussdelta im Südosten Chinas: in der chinesischen Sonder*verwaltungs*zone Hongkong, das als chinesische Entität aufgrund seines offiziellen Sonderstatus bis zum Jahr 2047 mit dem chinesischen Festland „Außenhandel" betreibt; zudem in der Sonder*wirtschafts*zone Shenzhen, das auf dem Festland an Hongkong grenzt, sowie in Kanton (Guangzhou); weiter nördlich an der zentralen Ostküste der größte Hafen der Welt in Schanghai, das als eine „regierungsunmittelbare Stadt" dem direkten Zugriff der Zentralregierung in Peking unterstellt ist; sowie nicht weit entfernt davon die beiden 2006 administrativ zusammengeführten Häfen in Ningbo-Shousan; schließlich im Nordosten die beiden Großhäfen in Tsingtao (Quingdao), das zwischen 1898 und 1919 deutsche Kolonie gewesen ist, sowie der Hafen in der neben Peking, Chongqing und Schanghai vierten „regierungsunmittelbaren Stadt" Tianjin. Durchbrochen wird diese Phalanx chinesischer Häfen nur durch den Hafen von Pusan im Südosten Süd-Koreas sowie durch den Hafen von Dschabal Ali (Jebel Ali) in Dubai in den Vereinigten Arabischen Emiraten.

4.2.3 Wechselkurs

Der Wechselkurs e (vgl. englisch: „exchange rate") ist der Preis einer Währung. Er wird in zwei Notierungen verwendet:

▶ Der **Wechselkurs** in *Preis*notierung ist der Preis einer Einheit Auslandswährung, ausgedrückt in Einheiten der Inlandswährung.

Der Wechselkurs in Preisnotierung lautet im Euro-Dollar-Verhältnis:

$$\$1 = e \cdot \text{€} \qquad (4.1)$$

Ein Zahlenbeispiel ist:

$$\$1 = \text{€}\,0{,}80 \qquad (4.2)$$

▶ Der **Wechselkurs** in *Mengen*notierung ist der Preis einer Einheit Inlandswährung, ausgedrückt in Einheiten der Auslandswährung.

Der Wechselkurs in Mengennotierung lautet im Euro-Dollar-Verhältnis:

$$\text{€}1 = \frac{1}{e} \cdot \$ \qquad (4.3)$$

Das entsprechende Zahlenbeispiel zu Gleichung 4.2 lautet:

$$€1 = \$1,25 \qquad (4.4)$$

Wechselkursregime werden unterschieden in fixe (feste), flexible und hybride Wechselkurssysteme. Letztgenannte verkörpern sich beispielsweise in einem „schmutzigen" Floating, bei dem die Zentralbank trotz offiziell flexibler Wechselkurse durch Interventionen am Devisenmarkt versucht, den Wechselkurs zumindest zu beeinflussen. Dazu zählt auch die Orientierung an Wechselkurszielzonen, wie sie vom Europäischen Währungssystem (EWS) bekannt sind, das zwischen 1979 und 1998 der Vorläufer der Europäischen Wirtschafts- und Währungsunion gewesen ist. Dies kann auch eine Bindung der inländischen Währung an eine fremde (Reserve-) Währung sein, durch ein lockeres Pegging oder in einer strengen Form wie einem Currency Board.

In der Zahlungsbilanztheorie wird grundsätzlich die langfristige Gültigkeit der Kaufkraftparitätentheorie vorausgesetzt. Der Grundstein dieser Theorie wurde bereits in napoleonischer Zeit gelegt (vgl. Thornton 1802; Wheatley 1803) und vor einem Jahrhundert durch die Arbeiten des schwedischen Ökonomen Karl Gustav Cassel (1866–1945) in den volkswirtschaftlichen Kanon aufgenommen (vgl. Cassel 1923).

Die *absolute* **Kaufkraftparität** ist erfüllt, wenn der Wechselkurs den Wert annimmt, der dafür sorgt, dass man in beiden Ländern die gleiche Menge homogener Güter für den entsprechenden Betrag in der jeweiligen nationalen Währung erhält. Daher entspricht das inländische Preisniveau P dem mit dem Wechselkurs e multiplizierten ausländischen Preisniveau P_F:

$$P = e \cdot P_F \qquad (4.5)$$

Die Kaufkraftparität gilt unter der Annahme, dass homogene Güter bei Vernachlässigung der Translokationskosten international gehandelt werden (können). Nennenswerte Preisunterschiede werden durch Arbitrage ausgeschlossen. Bei unterschiedlichen Inflationsraten müsste sich der Wechselkurs anpassen. In der Realität sind diese Annahmen allerdings nicht erfüllt: Güter sind oft **heterogen**, sodass einer Konvergenz der Preise der mangelnde Preiswettbewerb entgegen-

steht. Auch in einer globalisierten Welt gibt es eine Vielzahl nationaler, nicht-handelbarer Güter (non-tradeables), die sich dem internationalen Wettbewerb entziehen (können). Translokationskosten existieren sehr wohl und werden zum Teil für protektionistische Ziele eingesetzt.

Da sich die Preise aller Güter im Preisniveau widerspiegeln, der Wechselkurs hingegen nur von homogenen internationalen Gütern (*tradeables*) abhängt, ist evident, dass die Kaufkraftparitätentheorie in ihrer absoluten Form in der Regel nicht gültig ist. Aufgrund des internationalen Preiszusammenhangs ist allerdings damit zu rechnen, dass sich im Zuge einer Änderung der relativen Preise internationaler Güter Preisänderungen nationaler Güter ergeben, da Anpassungen von Angebot und Nachfrage internationaler Güter zu entsprechenden Anpassungen von Angebot und Nachfrage nationaler Güter führen. Daher gilt die Kaufkraftparität in abgeschwächter Form, in ihrer um den Faktor Gamma erweiterten *relativen* **Kaufkraftparität**:

$$P = \gamma \cdot e \cdot P_F \qquad (4.6)$$

Wenn der Faktor γ als konstant angenommen wird, bedeutet dies, dass Preise für gleiche Güter in beiden Ländern – im Gegensatz zur absoluten Kaufkraftparität – voneinander abweichen können, sofern diese Unterschiede *stabil* sind. Nicht die Preise müssen sich angleichen, nur die *Preisentwicklung* muss in beiden Ländern bei festen Wechselkursen parallel verlaufen, damit die Kaufkraftparität erfüllt ist. Weichen in- und ausländische Inflationsraten voneinander ab, muss ein flexibler Wechselkurs für den Ausgleich sorgen.

Der *reale* **Wechselkurs** lautet (in Preisnotierung):

$$e_{real} = e_{nominal} \cdot \frac{P_F}{P} \qquad (4.7)$$

Ist der reale Wechselkurs konstant, entspricht der nominale Wechselkurs der Differenz der Inflationsraten beider Länder, und es gilt die relative Kaufkraftparität. Ist der reale Wechselkurs 1, gilt die absolute Kaufkraftparität. Auch die relative Kaufkraftparität setzt voraus, dass Wechselkursänderungen zu einer normalen Reaktion des Außenbeitrags führen und geht deshalb davon aus, dass die Nachfrageelastizitäten nicht zu niedrig sind.

Die Zinssatzparität ist erfüllt, wenn der inländische Zinssatz i der Summe aus dem ausländischen Zinssatz i_F und der erwarteten relativen Wechselkursänderung $(e^e - e)/e$ entspricht:

$$i = i_F + \frac{e^e - e}{e} \qquad (4.8)$$

Wird der erwartete Kassakurs e^e zugrunde gelegt, handelt es sich um die *ungedeckte* Zinssatzparität, wird der Terminkurs e^T zugrunde gelegt, um die *gedeckte* Zinssatzparität. Bei *vollständiger* Substituierbarkeit in- und ausländischer Aktiva ist die Zinssatzparität auch *kurzfristig* erfüllt. Weil die Güterpreise jedoch verzögert reagieren, kann es zu einem Überschießen des *kurzfristigen* Wechselkurses über den *langfristigen* Wechselkurs kommen, den die Kaufkraftparitätentheorie erwarten lässt. Dies ist die Kernaussage der **Zinssatzparitätentheorie** (vgl. Dornbusch 1976a, S. 1161–1176, 1976b, S. 231–244).

Die Validität sowohl der kurzfristig orientierten Zinssatzparitätentheorie (vgl. Rogoff 2002) als auch der langfristig orientierten relativen Kaufkraftparitätentheorie (vgl. Meese und Rogoff 1983, S. 3–24) wird auch von renommierter Seite seit langem bestritten, weil traditionelle Wechselkurstheorien verhaltensökonomische Erkenntnisse (vgl. Kahneman 2011, 2012) wie Herdenverhalten (vgl. Banerjee 1992, S. 797–817), stimmungsabhängiges Noise Trading (vgl. Menkhoff 1998, S. 547–564) oder paternalistisches Nudging (vgl. Sunstein und Thaler 2003, S. 1159–1202; Thaler und Sunstein 2003, S. 175–179, 2008; Benartzi et al. 2017, S. 1041–1055) ausblenden. Diese verhaltensökonomischen Ansätze können eine Wechselkursentwicklung ex post gut erklären, sind aber nicht in der Lage, eben solche ex ante zuverlässig vorhersagen. Wegen der geringen empirischen Relevanz von Wechselkurstheorien gehen wir an dieser Stelle nicht auf Details ein und belassen es bei der Erläuterung der grundsätzlichen Idee der (relativen) Kaufkraftparitätentheorie, die dem Elastizitätsansatz zugrunde liegt.

Wechselkurspolitik kann in Form einer Abwertungs- oder einer Aufwertungspolitik durchgeführt werden:

Eine **Abwertung** der inländischen Währung ist mit einem *steigenden* **Wechselkurs** (in Preisnotierung) verbunden. Dieser Zusammenhang ist nicht immer leicht zu verstehen, deshalb wollen wir folgende Überlegungen anstellen: Wir gehen davon aus, dass zunächst Wechselkurs*parität* zwischen dem US-Dollar und dem Euro besteht, sodass gilt: $ 1 = € 1. Wenn nun der Euro aufgrund seiner Abwertung an Wert verliert, hat jede einzelne Ein-Euro-Münze einen geringeren Wert als vorher. Beabsichtigt ein Deutscher, ein bestimmtes Gut zu erwerben, muss er nach der Abwertung nun mit mehr Ein-Euro-Münzen bezahlen, um den gleichen Gegenwert zu erzielen, weil jede einzelne Ein-Euro-Münze weniger wert ist als zuvor. Ist das „Gut", das der Deutsche kauft, eine 100-Dollar-Banknote, muss er statt der ursprünglichen 100 Ein-Euro-Münzen nunmehr – bei einer angenommenen Erhöhung des Wechselkurses um 25 % – 125 Ein-Euro-Münzen zahlen. Deshalb *steigt* der Wechselkurs, wenn der Wert der inländischen Währung *sinkt*.

▶ Ein **steigender Wechselkurs** bedeutet eine Abwertung der inländischen Währung.

Eine **Aufwertung** der inländischen Währung ist mit einem *sinkenden* **Wechselkurs** (in Preisnotierung) verbunden: Wenn der Euro aufgrund seiner Aufwertung an Wert gewinnt, hat jede einzelne Ein-Euro-Münze einen höheren Wert als vorher. Beabsichtigt ein Deutscher, eine 100-Dollar-Banknote zu erwerben, braucht er statt der ursprünglichen 100 Ein-Euro-Münzen nunmehr – bei einer angenommenen Senkung des Wechselkurses um 20 % – nur 80 Ein-Euro-Münzen zu zahlen. Deshalb *sinkt* der Wechselkurs, wenn der Wert der inländischen Währung *steigt*.

▶ Ein **sinkender Wechselkurs** bedeutet eine Aufwertung der inländischen Währung.

Eine Abwertung der Inlandswährung bedeutet eine Aufwertung der Auslandswährung, eine

Aufwertung der Inlandswährung eine Abwertung der Auslandswährung.

4.2.4 Interpretation

Wird die abstrakte Zielgröße „außenwirtschaftliches Gleichgewicht" operationalisiert, ergibt sich als konkrete Zielgröße „Zahlungsbilanzgleichgewicht". Wird dieses präzisiert, erhalten wir „Devisenbilanzgleichgewicht" als Zielgröße. Gleichwohl spielen in der Politik der Leistungsbilanzsaldo und hier insbesondere der Außenhandelsbilanzsaldo eine entscheidende Rolle. Obwohl Deutschland typischerweise sehr hohe Leistungsbilanzüberschüsse erzielt, stehen diesen nur *geringere* **Erhöhungen** des **Nettoauslandsvermögens** gegenüber. Ein Grund ist darin zu sehen, dass ein nicht unerheblicher Teil der im Ausland erwirtschafteten Gewinne von den im Ausland tätigen Unternehmen einbehalten und gegebenenfalls im Ausland investiert wird. Ein weiterer Grund liegt darin, dass Bruttoinvestitionen im Zeitablauf an Wert verlieren und daher der jeweilige Buchwert des Anlagevermögens in der Bilanz um die Abschreibungen – direkt im Vermögensposten selbst oder indirekt über Wertberichtigungen – vermindert wird.

Über eine Wechselkurspolitik wird versucht, aktiv Einfluss auf die Leistungsbilanz zu nehmen:

Eine *Abwertungs*politik genießt in der Politik eine hohe Popularität, scheint sie doch dazu beizutragen, Exporte zu stimulieren und somit eine „positive" Reaktion des Außenbeitrags hervorzurufen: Die Abwertung führt dazu, dass deutsche Exportgüter, für die bisher $ 100 = € 100 gezahlt worden sind, nun von den amerikanischen Konsumenten für $ 80 = € 100 oder für $ 88 = € 110 oder weiterhin für $ 100 = € 125 gekauft werden. Wenn sich der Preis, was wahrscheinlich ist, irgendwo zwischen den beiden extremen Preisen von $ 80 und $ 100 einpendelt, ist diese Situation für die amerikanischen Nachfrager attraktiv, weil sie in *ihrer* Währung ($) weniger zahlen, aber auch für die deutschen Anbieter attraktiv, weil sie in *ihrer* Währung (€) einen höheren Preis erzielen als vorher.

Eine *Aufwertungs*politik genießt in der Politik eine geringere Popularität, scheint sie doch dazu beizutragen, Importe zu stimulieren und somit eine „negative" Reaktion des Außenbeitrags hervorzurufen. Allerdings fördert die Aufwertung der inländischen Währung ceteris paribus Nettokapitalimporte. Zudem kann sich ein Land gegen eine Aufwertung nicht immer wehren, wenn nämlich Währungen anderer Länder abwerten.

Dadurch, dass in einem Zwei-Güter-zwei-Länder-Fall zwei Währungen beteiligt sind, stellt sich die Frage, ob Preise, Exportwerte, Importwerte und Außenbeiträge in inländischer (€) oder in ausländischer Währung ($) gemessen werden sollen. Für die inländische Währung spricht die Vertrautheit, für die ausländische die internationale Statistik. In einer eingehenden Analyse der Wirkungen wechselkurspolitischer Maßnahmen auf den Außenbeitrag werden wir der Vollständigkeit halber vier Szenarien untersuchen:

1. Abwertungspolitik in Inlandswährung,
2. Abwertungspolitik in Auslandswährung,
3. Aufwertungspolitik in Inlandswährung,
4. Aufwertungspolitik in Auslandswährung.

4.3 Elastizitätsansatz I: Abwertungspolitik in Inlandswährung

4.3.1 Grundlagen

Eine Abwertung der inländischen Währung bedeutet, dass der Wechselkurs steigt.

Im Elastizitätsansatz werden die Effekte einer Änderung der Wechselkurse auf die Zahlungsbilanz, genauer: auf den Exportwert, den Importwert sowie den Außenbeitrag untersucht (vgl. Jarchow und Rühmann 2000, S. 34–70). Eine Abwertungspolitik resultiert in einem Wertverlust der inländischen Währung (Euro) und in einem Wertzuwachs der ausländischen Währung (US-Dollar). Nach der Abwertung entspricht ein gegebener Dollarbetrag nunmehr einem höheren

Eurobetrag. In den folgenden Abschnitten werden die unterschiedlichen Effekte einer Abwertungspolitik in Preis-Mengen-Diagrammen dargestellt. Inländische Exporteure und Importeure kalkulieren in Euro, ausländische Importeure und Exporteure in US-Dollar. Wenn sich der Wechselkurs ändert, verändern sich die in Euro gemessenen Kalküle der Inländer nicht: Ein Inländer, der ein Gut für € 100 exportieren möchte, hat diese Präferenz unabhängig davon, ob € 100 den Gegenwert von $ 125 oder von nur $ 80 haben. Ebenso wenig wird ein Importeur seine Präferenzen ändern, wenn er vor der Wechselkursänderung bereit gewesen ist, für ein Gut € 100 auszugeben. Dies ist der Grund, warum eine Kurve, die Inländer repräsentiert, die *originäre* („ursprüngliche") **Kurve** ist, die sich bei einer Wechselkursänderung *nicht* ändert, wenn alle Preise in Euro gemessen werden.

Baht-Preis für thailändischen Reis

Wer thailändischen Jasmin-Reis kauft, fragt nicht danach, wie hoch der Europreis umgerechnet in thailändische Baht ist. Sein Kaufverhalten hängt nur vom Europreis ab und ist unabhängig von Wechselkursänderungen, die den Europreis nicht verändern. ◄

Die Kurve, welche die Ausländer repräsentiert, die in Dollar kalkulieren, ist die *derivative* („abgeleitete"), die sich im Zuge einer Wechselkursänderung verschiebt. Ein gegebener Dollarbetrag entspricht nach einer Abwertung einem höheren Eurobetrag. Der ausländische Exporteur plant weiterhin, ein Gut für $ 100 zu exportieren, der ausländische Importeur weiterhin, ein Gut für $ 100 zu importieren. Ihre Kalküle, gemessen in US-Dollar, ändern sich nicht. Jedoch ändern sich die korrespondierenden Eurobeträge: $ 100 entsprechen nach der Abwertung des Euro einem höheren Eurobetrag. Diese Änderung zeigt sich in der Verschiebung der derivativen Kurve nach oben. Die Abwertung einer Währung führt jedoch nicht zu *absolut* gleichen Änderungen, sondern zu *relativ* (prozentual) gleichen Änderungen. Bei einer Wechselkurserhöhung um 25 % steigt der

Eurobetrag immer um 25 % (relativ gleiche Änderung). Hat vor der Abwertung Währungsparität ($ 1 = € 1) gegolten, haben nach der Abwertung $ 100 nicht mehr den Gegenwert von € 100, sondern von € 125 (relative Differenz: 25 %, absolute Differenz: € 25), $ 1000 entsprechen nunmehr € 1250 (relative Differenz: 25 %, absolute Differenz: € 250). Deshalb verschiebt sich die derivative Kurve nicht parallel nach oben, was bei gleicher absoluter Differenz der Fall wäre, sondern sie dreht sich in der Weise, dass die prozentuale Verschiebung nach oben immer gleich ist. In Abb. 4.2 und in Abb. 4.3 gilt daher:

$$\frac{b}{a} = \frac{d}{c} \qquad (4.9)$$

4.3.2 Normalfall

4.3.2.1 Exportwert
Der **Exportwert** ist das Produkt aus dem Preis pro Einheit und der gehandelten Menge:

$$Ex = P^€ \cdot {}^{Ex}X \qquad (4.10)$$

Wir untersuchen mögliche Preis- und Mengeneffekte auf den Exportwert.

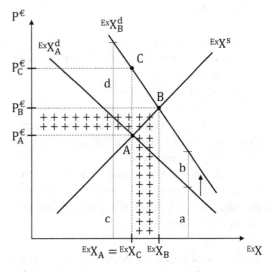

Abb. 4.2 Effekte einer Abwertung der Inlandswährung auf den Exportwert im Normalfall in Inlandswährung

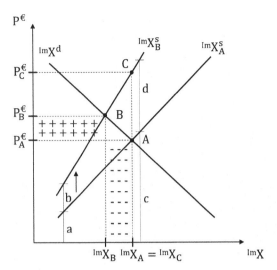

Abb. 4.3 Effekte einer Abwertung der Inlandswährung auf den Importwert im Normalfall in Inlandswährung

▶ Der **Exportmarkt** ist folgendermaßen definiert:

Inländer

- sind Exporteure,
- sind verantwortlich für das Angebot an Exportgütern,
- kalkulieren in Euro.

Ausländer

- sind Importeure,
- sind verantwortlich für die Nachfrage nach Exportgütern,
- kalkulieren in US-Dollar.

Abb. 4.2 zeigt mögliche Preis- und Mengeneffekte einer Abwertung der inländischen Währung auf den **Exportwert**.

Für die Interpretation dieser und aller weiteren Graphiken lohnt sich eine systematische Vorgehensweise nach einem Schema, das folgende vier Fragen beantwortet:

1. Wer wird durch die Angebots- beziehungsweise Nachfragekurve repräsentiert, **Inländer** oder **Ausländer**? Auf dem Exportmarkt sind die Anbieter Inländer und die Nachfrager Ausländer.

2. In welcher Währung kalkulieren die Marktteilnehmer? Auf dem Exportmarkt kalkulieren die inländischen Anbieter in **Euro**, die ausländischen Nachfrager in **Dollar**.

3. Welche der beiden Kurven ist die originäre, welche die derivative Kurve? Die *originäre* **Kurve** ist immer diejenige, welche diejenigen Marktteilnehmer repräsentiert, die in der Währung kalkulieren, die auf der Ordinate abgetragen ist. Die *derivative* **Kurve** ist immer diejenige, welche die Marktteilnehmer repräsentiert, die in der Währung kalkulieren, die nicht auf der Ordinate abgetragen ist. Werden die Preise in Euro gemessen, sind die Kurven, die Inländer repräsentieren, die originären. Im Gegensatz dazu sind Kurven, die Ausländer repräsentieren, die derivativen. Auf dem Exportmarkt sind Inländer, die in Euro kalkulieren, die Anbieter, und Ausländer, die in Dollar kalkulieren, die Nachfrager. Deshalb ist die **Angebotskurve** die *originäre* und die **Nachfragekurve** die *derivative*. Daher ändert sich im Zuge der Abwertung die Angebotskurve nicht, die Nachfragekurve sehr wohl.

4. In welche Richtung verschiebt sich die Nachfragekurve? In einem **Preis-Mengen-Diagramm** ist die **Abszisse** für *horizontale* **Kurvenverschiebungen** „verantwortlich", wenn sich *exogene* Größen ändern. Beim Elastizitätsansatz ist die Abszisse für die **Mengen** „zuständig": Steigt beispielsweise eine exogene Mengenvariable wie die Bevölkerungszahl, verschiebt sich die korrespondierende Kurve nach rechts. Sinkt die Bevölkerungszahl, verschiebt sich die korrespondierende Kurve nach links. Die **Ordinate** ist für *vertikale* **Kurvenverschiebungen** „verantwortlich", wenn sich exogene Größen ändern. Beim Elastizitätsansatz ist die Ordinate für die **Preise** „zuständig": Steigt der Preis, verschiebt sich die korrespondierende Kurve nach oben. Sinkt der Preis, verschiebt sich die korrespondierende Kurve nach unten. Der Wechselkurs ist ein Preis, nämlich der Preis für eine Einheit Auslandswährung in Einheiten inländischer Währung. Deshalb ziehen **Wechselkursänderungen**

immer *vertikale* **Verschiebungen** nach sich: Steigt der Wechselkurs bei einer **Abwertung** der inländischen Währung, verschiebt sich die *Nachfrage*kurve um denselben Prozentsatz nach *oben*.

In Abb. 4.2 führt die Abwertung der inländischen Währung vom Ausgangsgleichgewicht A zum Endgleichgewicht B. Zwei Effekte lassen sich beobachten: ein *positiver* **Preiseffekt** sowie ein *positiver* **Mengeneffekt**. Der **Netto-Effekt** ergibt sich aus der Summe aus Preis- und Mengeneffekt: Er ist in diesem Fall *positiv*. Dies bedeutet, dass die Abwertung der inländischen Währung zu einem steigenden Exportwert führt, weil beide Komponenten dieses Wertes, der Preis und die Menge, steigen.

4.3.2.2 Importwert

Wir untersuchen mögliche Preis- und Mengeneffekte auf den **Importwert**.

▶ Der **Importmarkt** ist folgendermaßen definiert:

Inländer

- sind Importeure,
- sind verantwortlich für die Nachfrage nach Importgütern,
- kalkulieren in Euro.

Ausländer

- sind Exporteure,
- sind verantwortlich für das Angebot von Importgütern,
- kalkulieren in US-Dollar.

Der **Importwert** ist das Produkt aus dem Preis pro Einheit und der gehandelten Menge:

$$Im = P^\epsilon \cdot {}^{Im}X \qquad (4.11)$$

Abb. 4.3 zeigt mögliche Preis- und Mengeneffekte einer Abwertung der inländischen Währung auf den **Importwert**.

Wir gehen die vier Fragen nach demselben Schema wie oben durch:

1. Wer wird durch die Angebots- beziehungsweise Nachfragekurve repräsentiert, **Inländer** oder **Ausländer**? Auf dem Importmarkt sind die Nachfrager Inländer und die Anbieter Ausländer.

2. In welcher Währung kalkulieren die Marktteilnehmer? Auf dem Importmarkt kalkulieren die inländischen Nachfrager in **Euro**, die ausländischen Anbieter in **Dollar**.

3. Welche der beiden Kurven ist die originäre, welche derivative Kurve? Auf dem Importmarkt sind Inländer, die in Euro kalkulieren, die Nachfrager, und Ausländer, die in Dollar kalkulieren, die Anbieter. Deshalb ist die **Nachfragekurve** die *originäre* und die **Angebotskurve** die *derivative*. Daher ändert sich im Zuge der Abwertung die Nachfragekurve nicht, die Angebotskurve sehr wohl.

4. In welche Richtung verschiebt sich die Angebotskurve? Steigt der Wechselkurs bei einer **Abwertung** der inländischen Währung, so verschiebt sich die *Angebots*kurve um denselben Prozentsatz nach *oben*.

In Abb. 4.3 führt die Abwertung der inländischen Währung vom Ausgangsgleichgewicht A zum Endgleichgewicht B. Zwei Effekte lassen sich beobachten: ein *positiver* **Preiseffekt** sowie ein *negativer* **Mengeneffekt**. Der **Netto-Effekt** ergibt sich aus der Summe aus Preis- und Mengeneffekt: Er ist in diesem Fall *unbestimmt*. Dies bedeutet, dass die Abwertung der inländischen Währung zu einem unbestimmten Importwert führt, weil die eine Komponente dieses Wertes, der Preis, steigt, und die andere Komponente, die Menge, sinkt.

Ob der Importwert fällt, stabil bleibt oder steigt, hängt von der Preiselastizität der Nachfrage nach Importgütern ab:

$$|\eta_{Im}| > 1 \Rightarrow dIm < 0 \qquad (4.12)$$

$$|\eta_{Im}| = 1 \Rightarrow dIm = 0 \qquad (4.13)$$

$$|\eta_{Im}| < 1 \Rightarrow dIm > 0 \qquad (4.14)$$

▶ Je höher die Preiselastizität der Nachfrage nach Importgütern ist, desto eher ist der Effekt auf den Importwert negativ und auf den Außenbeitrag positiv.

Nachdem die Effekte auf den Exportwert und den Importwert bestimmt worden sind, werden nun die Effekte auf den Außenbeitrag bestimmt.

4.3.2.3 Außenbeitrag
Der **Außenbeitrag** ist definiert als Exportwert minus Importwert:

$$Ex^{net} = Ex - Im \qquad (4.15)$$

Deshalb hängt der Außenbeitrag positiv vom Exportwert und negativ vom Importwert ab:

$$Ex^{net} = Ex^{net} \underset{(+)\ (-)}{\left(Ex, Im\right)} \qquad (4.16)$$

Abb. 4.4 zeigt mögliche Preis- und Mengeneffekte einer Abwertung der inländischen Währung auf den **Außenbeitrag**.

Die bisherige Analyse hat gezeigt, dass die Wirkung einer Abwertung der inländischen Währung auf den Außenbeitrag *unbestimmt* ist: Der Exportwert steigt erstens aufgrund des positiven Preiseffekts und zweitens aufgrund des positiven Mengeneffekts. Der Importwert sinkt aufgrund des negativen Mengeneffekts. Obwohl diese drei Effekte den Außenbeitrag positiv beeinflussen, ist der Effekt auf den Außenbeitrag unbestimmt, weil der Importwert aufgrund des positiven Preiseffekts auch steigt. Dies beeinflusst den Außenbeitrag negativ. Daher wirkt sich eine Abwertung der inländischen Währung nicht zwingend positiv auf den Außenbeitrag aus. Ob eine solche normale Reaktion des Außenbeitrags eintritt, hängt von den jeweiligen Preiselastizitäten des Angebots und der Nachfrage ab.

Die **hinreichende Bedingung** für eine **normale Reaktion** des Außenbeitrags auf eine Abwertung der inländischen Währung lautet: Die Preiselastizität der Nachfrage nach Importgütern muss mindestens bei 1 liegen:

$$|\eta_{Im}| \geq 1 \qquad (99)$$

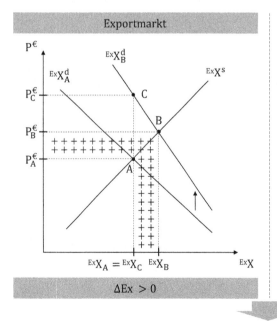

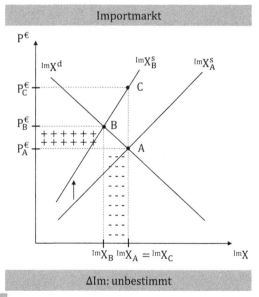

Abb. 4.4 Effekte einer Abwertung der Inlandswährung auf den Außenbeitrag im Normalfall in Inlandswährung

4.3.3   Spezialfälle

Um zu erkennen, inwiefern Preiselastizitäten die Wirkungen einer Wechselkurspolitik beeinflussen, führen wir die gleiche Analyse wie für den Normalfall nun für vier Spezialfälle durch, die sich durch folgende extreme Preiselastizitäten auszeichnen:

1. preisunelastisches Angebot,
2. extrem preiselastisches Angebot,
3. preisunelastische Nachfrage,
4. extrem preiselastische Nachfrage.

4.3.3.1 Preisunelastisches Angebot
In Abb. 4.5 ist der Fall extrem niedriger Angebotselastizitäten dargestellt:

$$\varepsilon_{\mathrm{Ex}},\ \varepsilon_{\mathrm{Im}} = 0$$

Ein positiver Effekt auf den Exportwert und kein Effekt auf den Importwert führen zu einem *positiven* Effekt auf den Außenbeitrag.

4.3.3.2 Extrem preiselastisches Angebot
In Abb. 4.6 ist der Fall extrem hoher Angebotselastizitäten dargestellt:

$$\varepsilon_{\mathrm{Ex}},\ \varepsilon_{\mathrm{Im}} \to \infty$$

Ein positiver Effekt auf den Exportwert und ein unbestimmter Effekt auf den Importwert führen zu einem *unbestimmten* Effekt auf den Außenbeitrag.

4.3.3.3 Preisunelastische Nachfrage
In Abb. 4.7 ist der Fall extrem niedriger Nachfrageelastizitäten dargestellt:

$$\eta_{\mathrm{Ex}},\ \eta_{\mathrm{Im}} = 0$$

Kein Effekt auf den Exportwert und ein positiver Effekt auf den Importwert führen zu einem

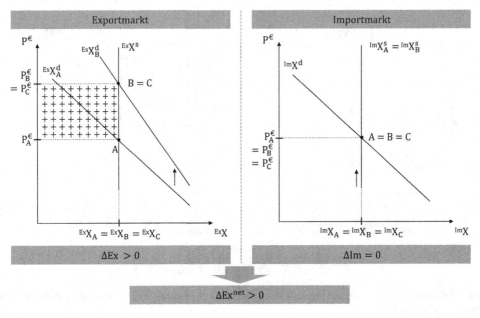

Abb. 4.5 Effekte einer Abwertung der Inlandswährung auf den Außenbeitrag bei extrem niedriger Preiselastizität des Angebots in Inlandswährung

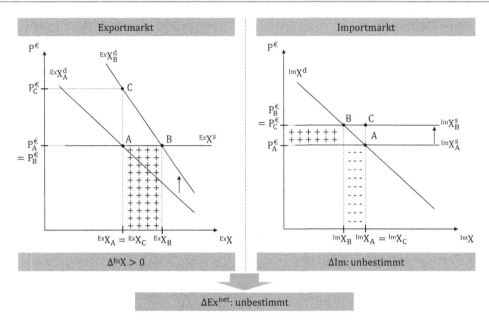

Abb. 4.6 Effekte einer Abwertung der Inlandswährung auf den Außenbeitrag bei extrem hoher Preiselastizität des Angebots in Inlandswährung

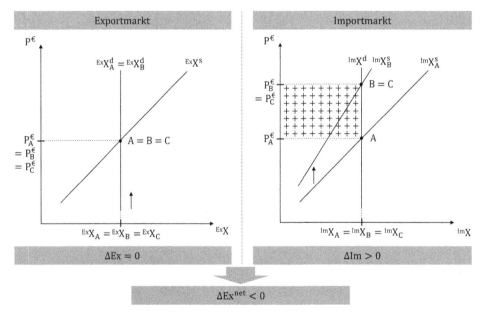

Abb. 4.7 Effekte einer Abwertung der Inlandswährung auf den Außenbeitrag bei extrem niedriger Preiselastizität der Nachfrage in Inlandswährung

negativen Effekt auf den Außenbeitrag. In diesem Fall bewirkt eine Abwertungspolitik das Gegenteil dessen, was sie beabsichtigt.

4.3.3.4 Extrem preiselastische Nachfrage

In Abb. 4.8 ist der Fall extrem hoher Nachfrageelastizitäten dargestellt:

$$\eta_{\text{Ex}}, \eta_{\text{Im}} \rightarrow -\infty$$

Ein positiver Effekt auf den Exportwert und ein negativer Effekt auf den Importwert führen zu einem *positiven* Effekt auf den Außenbeitrag. In diesem Fall ist eine Abwertungspolitik am wirksamsten.

4.3.4   Bedingungen für eine normale Reaktion

Eine graphische Analyse wie die obige hat den Vorteil hoher Anschaulichkeit, jedoch den Nachteil mangelnder Präzision. Es wurde gezeigt, dass insbesondere relativ hohe Preiselastizitäten der Nachfrage eine normale Reaktion des Außenbei-

trags auf wechselkurspolitische Maßnahmen unterstützen. In so einer geometrischen Analyse lässt sich aber nicht präzisieren, welche genaue Höhe die Preiselastizitäten der Nachfrage bei unterschiedlichen Preiselastizitäten des Angebots haben müssen, um eine normale Reaktion des Außenbeitrags zu ermöglichen. In einer algebraischen Analyse hingegen können die Bedingungen hergeleitet werden, die für eine normale Reaktion des Außenbeitrags zu erfüllen sind. An dieser Stelle werden nur die Ergebnisse dargestellt:

Die nach der englischen Cambridge-Ökonomin Joan Violet Robinson (1903–1983) benannte **Robinson-Bedingung** (vgl. Robinson 1937a, S. 194) nennt die Bedingung, die *generell* erfüllt sein muss, damit wechselkurspolitische Maßnahmen eine *normale* Reaktion des **Außenbeitrags** hervorrufen, die sich im Fall einer Abwertung in einer Zunahme, im Fall einer Aufwertung in einer Abnahme des Außenbeitrags niederschlägt. Die Robinson-Bedingung in Inlandswährung (€) lautet:

$$_{\in}\text{Ex} \cdot \frac{\eta_{\text{Ex}}\left(1+\varepsilon_{\text{Ex}}\right)}{-\left(\varepsilon_{\text{Ex}}-\eta_{\text{Ex}}\right)} > {}_{\in}\text{Im} \cdot \frac{\varepsilon_{\text{Im}}\left(1+\eta_{\text{Im}}\right)}{\left(\varepsilon_{\text{Im}}-\eta_{\text{Im}}\right)} \qquad (4.17)$$

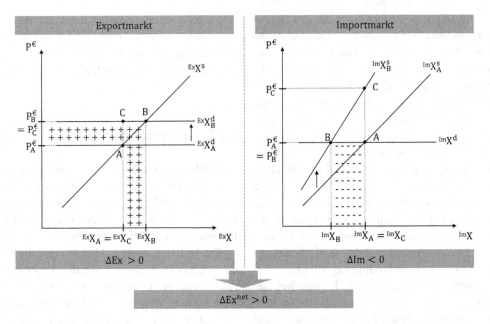

Abb. 4.8 Effekte einer Abwertung der Inlandswährung auf den Außenbeitrag bei extrem hoher Preiselastizität der Nachfrage in Inlandswährung

Die Preiselastizitäten des Angebots sind positiv, weil ein steigender Preis in der Regel ein steigendes Angebot der Unternehmer nach sich zieht. Die Preiselastizitäten der Nachfrage sind negativ, weil ein steigender Preis in der Regel eine sinkende Nachfrage der privaten Haushalte nach sich zieht. Das Vorzeichen einer Elastizität ist aber ohne Relevanz, wenn die Stärke einer Mengenreaktion auf eine Preisänderung im Fokus steht, wie dies bei der Berücksichtigung von Elastizitäten der Fall ist. Deshalb bedeutet die übliche Formulierung, dass eine Preiselastizität der Nachfrage „größer als eins" ist, präzise, dass die Preiselastizität „größer als der Betrag eins" ist, also genaugenommen „kleiner als minus eins". Negative Elastizitäten werden daher in ihren absoluten Werten (Betragswerten) dargestellt, die per definitionem positiv sind. Für die Interpretation einer präzisen algebraischen Formel ohne Beträge wie der Robinson-Bedingung ist die unpräzise verbale Formulierung zu beachten: Wenn die Preiselastizität der Nachfrage nach Importgütern – präzise: ihr Betrag – größer oder gleich eins ist, ist die *hinreichende* Bedingung erfüllt: In diesem Fall ist die linke Seite der Ungleichung positiv, die rechte negativ. Die linke Seite der Ungleichung ist immer positiv, weil der erste Faktor positiv ist und Dividend und Divisor des Quotienten negativ sind, sodass der zweite Faktor ebenfalls positiv ist. Die rechte Seite der Ungleichung ist bei einer Preiselastizität der Nachfrage, die größer als (ihr Betrag von) eins ist, negativ: In diesem Fall ist im Zähler der zweite Faktor des Dividenden (Klammerausdruck) negativ, der erste Faktor (Preiselastizität des Angebots) positiv, sodass der Dividend negativ ist. Der Nenner ist jedoch immer positiv, weil die Differenz aus einem positiven Minuenden (Preiselastizität des Angebots) und einem negativen Subtrahenden (Preiselastizität der Nachfrage) positiv ist, sodass der der Bruch negativ ist. Dieser wird mit dem ersten Faktor der rechten Seite multipliziert, der positiv ist, sodass das Produkt negativ ist.

Länder, die dringend auf Importgüter angewiesen sind, die sie selbst nicht herstellen können, erfüllen die hinreichende Bedingung einer normalen Reaktion des Außenbeitrags auf eine Abwertung der inländischen Währung nicht, da ihre Preiselastizität der Importnachfrage relativ niedrig ist. Dies bedeutet, dass das Risiko besteht, mit einer Abwertungspolitik das angepeilte Ziel einer Erhöhung des Außenbeitrags zu verfehlen.

Die nach dem englischen Cambridge-Ökonomen Alfred Marshall (1842–1924) und dem russisch-amerikanischen Volkswirt Abba Ptachya Lerner (1903–1982) benannte **Marshall-Lerner-Bedingung** (vgl. Marshall 1923, S. 354; Lerner 1944, S. 377 ff.) nennt die Bedingung, die *speziell* in einem besonderen Fall erfüllt sein muss, damit wechselkurspolitische Maßnahmen eine *normale* **Reaktion** des **Außenbeitrags** hervorrufen. Die Marshall-Lerner-Bedingung lautet:

$$|\eta_{\mathrm{Ex}}| + |\eta_{\mathrm{Im}}| > 1 \qquad (4.18)$$

Die Marshall-Lerner-Bedingung, die einen Spezialfall der Robinson-Bedingung darstellt, gilt nur unter den beiden Annahmen, dass:

1. in der Ausgangssituation der Außenbeitrag ausgeglichen ist,
2. vollständige Konkurrenz mit extrem hohen Preiselastizitäten des Angebots vorliegt.

Unter diesen Voraussetzungen ist eine normale Reaktion des Außenbeitrags zu erwarten, wenn die Summe der Preiselastizitäten der Nachfrage nach Ex- und Importgütern größer als eins ist.

4.3.5   Interpretation

In Abhängigkeit von den Preiselastizitäten unterscheiden sich die Effekte einer Abwertung der inländischen Währung auf den Exportwert, den Importwert sowie den Außenbeitrag teilweise erheblich, wie Tab. 4.9 deutlich macht.

Die Wirkungen einer Abwertungspolitik sind nicht eindeutig: Eine normale Reaktion des Außenbeitrags, die im Zuge einer Abwertung der inländischen Währung zu einer Zunahme des Nettoexportwerts führt, ist möglich, ergibt sich jedoch nicht notwendigerweise.

Tab. 4.9 Effekte einer Abwertung der Inlandswährung auf den Exportwert, Importwert und Außenbeitrag in Inlandswährung

Fall	Preiselastizitäten	ΔEx	ΔIm	ΔEx^{net}
normal	$\varepsilon_{Ex}, \varepsilon_{Im}$: normal η_{Ex}, η_{Im}: normal	positiv	unbestimmt	unbestimmt
preisunelastisches Angebot	$\varepsilon_{Ex}, \varepsilon_{Im} = 0$ η_{Ex}, η_{Im}: normal	positiv	null	positiv
extrem preiselastisches Angebot	$\varepsilon_{Ex}, \varepsilon_{Im} \to \infty$ η_{Ex}, η_{Im}: normal	positiv	unbestimmt	unbestimmt
preisunelastische Nachfrage	$\varepsilon_X, \varepsilon_M$: normal $\eta_{Ex}, \eta_{Im} = 0$	null	positiv	negativ
extrem preiselastische Nachfrage	$\varepsilon_{Ex}, \varepsilon_{Im}$: normal $\eta_{Ex}, \eta_{Im} \to -\infty$	positiv	negativ	positiv

Folgende Schlussfolgerungen lassen sich ableiten:

1. Im Allgemeinen ist der Effekt auf den Exportwert positiv, aber im Fall einer preisunelastischen Nachfrage verändert sich der Exportwert nicht. Negativ ist die Wirkung auf den Exportwert nie.
2. Im Allgemeinen ist der Effekt auf den Importwert unbestimmt. Im Fall eines preisunelastischen Angebots verändert sich der Importwert nicht, im Fall preisunelastischer Nachfrage ist die Wirkung positiv, im Fall extrem preiselastischer Nachfrage negativ.
3. Der positive Effekt auf den Importwert ist umso größer, je niedriger die Preiselastizität der Nachfrage nach Importgütern ist.
4. Der Effekt auf den Außenbeitrag kann positiv, unbestimmt oder negativ sein.
5. Eine normale Reaktion zeigt sich mit Sicherheit nur in den Fällen eines preisunelastischen Angebots und einer extrem preiselastischen Nachfrage.
6. Im Normalfall und im Fall extrem hoher Preiselastizität des Angebots ist die Wirkung auf den Außenbeitrag unbestimmt.
7. Bei preisunelastischer Nachfrage bewirkt eine Abwertung der inländischen Währung das Gegenteil dessen, was sie intendiert: Sie hat einen negativen Effekt auf den Außenbeitrag.
8. Im Allgemeinen ist der positive Effekt auf den Außenbeitrag umso größer, je höher die Preiselastizität der Nachfrage ist.

4.4 Elastizitätsansatz II: Abwertungspolitik in Auslandswährung

4.4.1 Grundlagen

Eine Abwertungspolitik resultiert in einem Wertverlust der inländischen Währung (Euro) und in einem Wertzuwachs der ausländischen Währung (US-Dollar). Nach der Abwertung entspricht ein gegebener Eurobetrag nunmehr einem niedrigeren Dollarbetrag. Inländische Exporteure und Importeure kalkulieren in Euro, ausländische Importeure und Exporteure in US-Dollar. Wenn sich der Wechselkurs ändert, verändern sich die in Dollar gemessenen Kalküle der Ausländer nicht: Ein Ausländer, der ein Gut für $ 100 importieren möchte, hat diese Präferenz unabhängig davon, ob $ 100 den Gegenwert von € 125 oder nur von € 80 haben. Ebenso wenig wird ein Exporteur seine Präferenzen ändern, wenn er vor der Wechselkursänderung bereit gewesen ist, ein Gut für $ 100 zu verkaufen. Dies ist der Grund, warum eine Kurve, die **Ausländer** repräsentiert, die *originäre* **Kurve** ist, die sich bei einer Wechselkursänderung nicht ändert, wenn alle Preise in Dollar gemessen werden.

Die Kurve, die **Inländer** repräsentiert, die in Euro kalkulieren, ist die *derivative*, die sich im Zuge einer Wechselkursänderung ändert. Denn ein gegebener Eurobetrag entspricht nach einer Abwertung einem niedrigeren Dollarbetrag. Der inländische Exporteur plant weiterhin, ein Gut

für € 100 zu exportieren, der inländische Importeur weiterhin, ein Gut für € 100 zu importieren. Ihre Kalküle, gemessen in Euro, ändern
sich nicht. Jedoch ändern sich die korrespondierenden Dollarbeträge: € 100 entsprechen nach
der Abwertung des Euro einem niedrigeren
Dollarbetrag. Diese Änderung zeigt sich in der
Verschiebung der derivativen Kurve nach unten.
Die Abwertung einer Währung führt jedoch nicht
zu *absolut* gleichen Änderungen, sondern zu *relativ* (prozentual) gleichen Änderungen. Deshalb
verschiebt sich die derivative Kurve nicht parallel
nach unten, was bei gleicher absoluter Differenz
der Fall wäre, sondern sie dreht sich in der Weise,
dass die prozentuale Verschiebung nach unten
immer gleich ist. In Abb. 4.9 und in Abb. 4.10 gilt
daher:

$$\frac{b}{a} = \frac{d}{c} \qquad (4.19)$$

4.4.2 Normalfall

4.4.2.1 Exportwert
Der **Exportwert** ist das Produkt aus Preis und
Menge:

$$Ex = P^\$ \cdot {}^{Ex}X \qquad (4.20)$$

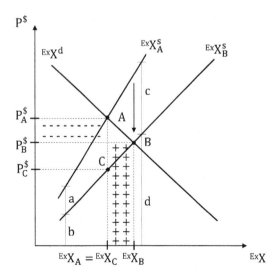

Abb. 4.9 Effekte einer Abwertung der Inlandswährung
auf den Exportwert im Normalfall in Auslandswährung

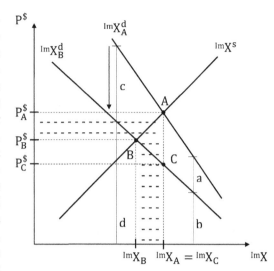

Abb. 4.10 Effekte einer Abwertung der Inlandswährung
auf den Importwert im Normalfall in Auslandswährung

Abb. 4.9 zeigt mögliche Preis- und Mengeneffekte einer Abwertung der inländischen Währung auf den **Exportwert**.
   Die vier Fragen nach dem obigen Schema lauten:

1. Wer wird durch die Angebots- beziehungsweise Nachfragekurve repräsentiert, **Inländer** oder **Ausländer**? Auf dem Exportmarkt sind die Anbieter Inländer und die
   Nachfrager Ausländer.
2. In welcher jeweiligen Währung kalkulieren
   die Marktteilnehmer? Auf dem Exportmarkt
   kalkulieren die inländischen Anbieter in
   Euro, die ausländischen Nachfrager in **Dollar**.
3. Welche der beiden Kurven ist die originäre,
   welche die derivative Kurve? Die *originäre*
   Kurve ist immer diejenige, welche die Marktteilnehmer repräsentiert, die in der Währung
   kalkulieren, die auf der Ordinate abgetragen
   ist. Die *derivative* **Kurve** ist immer diejenige, welche die Marktteilnehmer repräsentiert, die in der Währung kalkulieren, die
   nicht auf der Ordinate abgetragen ist. Werden alle Preise in Dollar gemessen, sind die
   Kurven, die Ausländer repräsentieren, die
   originären. Im Gegensatz dazu sind Kurven,
   die Inländer repräsentieren, die derivativen.

Auf dem Exportmarkt sind Inländer, die in Euro kalkulieren, die Anbieter, und Ausländer, die in Dollar kalkulieren, die Nachfrager. Deshalb ist die **Angebotskurve** die *derivative* und die **Nachfragekurve** die *originäre*. Daher ändert sich im Zuge der Abwertung die Nachfragekurve nicht, die Angebotskurve sehr wohl.

4. In welche Richtung verschiebt sich die Angebotskurve? Steigt der Wechselkurs bei einer **Abwertung** der inländischen Währung um ein *Viertel*, so verschiebt sich die **An-gebots**kurve um ein *Fünftel* nach **unten**. Sinkt der Wechselkurs bei einer Aufwertung der inländischen Währung um ein *Fünftel*, so verschiebt sich die Angebotskurve um ein *Viertel* nach *oben*. Die unterschiedlichen Brüche mögen auf den ersten Blick verwirren, sind aber nur Ergebnisse der Prozent- und Dreisatzrechnung, wie das folgende Zahlenbeispiel illustriert: Steigt der Wechselkurs um ein *Viertel* von e = 1,00 auf e = 1,25, dann sinkt der Gegenwert zu € 100 von ursprünglich $ 100 auf $ 80, also um ein *Fünftel*. Die Probe lautet: Der ursprüngliche Gegenwert zu € 80 liegt nun nicht mehr bei $ 80, sondern bei $ 100, also um ein *Viertel* höher.

In Abb. 4.9 führt die Abwertung der inländischen Währung vom Ausgangsgleichgewicht A zum Endgleichgewicht B. Zwei Effekte lassen sich beobachten: ein *negativer* **Preiseffekt** sowie ein *positiver* **Mengeneffekt**. Der **Netto-Effekt** ergibt sich aus der Summe aus Preis- und Mengeneffekt: Er ist in diesem Fall *unbestimmt*, weil Preis- und Mengeneffekt gegenläufige Effekte sind.

Ob der Exportwert steigt, stabil bleibt oder fällt, hängt insbesondere von der Preiselastizität der Nachfrage nach Exportgütern ab:

$$\left| \eta_{Ex} \right| > 1 \Rightarrow dEx > 0 \qquad (4.21)$$

$$\left| \eta_{Ex} \right| = 1 \Rightarrow dEx = 0 \qquad (4.22)$$

$$\left| \eta_{Ex} \right| < 1 \Rightarrow dEx < 0 \qquad (4.23)$$

▶ Je höher die Preiselastizität der Nachfrage nach Exportgütern ist, desto eher ist der Effekt auf den Exportwert und auf den Außenbeitrag positiv.

Es folgen die Wirkungen auf den Importwert.

4.4.2.2 Importwert

Der **Importwert** ist das Produkt aus dem Preis pro Einheit und der gehandelten Menge:

$$Im = P^\$ \cdot {}^{Im}X \qquad (4.24)$$

Abb. 4.10 zeigt mögliche Preis- und Mengeneffekte einer Abwertung der inländischen Währung auf den **Importwert**.

Wir greifen wieder auf unser bewährtes Schema zurück:

1. Wer wird durch die Angebots- beziehungsweise Nachfragekurve repräsentiert, **Inländer** oder **Ausländer**? Auf dem Importmarkt sind die Nachfrager Inländer und die Anbieter Ausländer.

2. In welcher Währung kalkulieren die Marktteilnehmer? Auf dem Importmarkt kalkulieren die inländischen Nachfrager in **Euro**, die ausländischen Anbieter in **Dollar**.

3. Welche der beiden Kurven ist die originäre, welche die derivative Kurve? Auf dem Importmarkt sind Inländer, die in Euro kalkulieren, die Nachfrager, und Ausländer, die in Dollar kalkulieren, die Anbieter. Deshalb ist die *Angebots*kurve die *originäre* und die *Nachfrage*kurve die *derivative*. Daher ändert sich im Zuge der Abwertung die Angebotskurve nicht, die Nachfragekurve sehr wohl.

4. In welche Richtung verschiebt sich die Nachfragekurve? Steigt der Wechselkurs bei einer **Abwertung** der inländischen Währung, so verschiebt sich die **Nachfragekurve** prozentual nach *unten*.

In Abb. 4.10 führt die Abwertung der inländischen Währung vom Ausgangsgleichgewicht A zum Endgleichgewicht B. Zwei Effekte lassen sich beobachten: ein *negativer* **Preiseffekt** sowie ein *negativer* **Mengeneffekt**. Der **Netto-Effekt** ergibt sich aus der Summe aus Preis- und Mengeneffekt: Er ist in diesem Fall *negativ*. Dies bedeutet, dass die Abwertung der inländischen Währung zu einem sinkenden Importwert führt.

4.4.2.3 Außenbeitrag
Der Außenbeitrag ist definiert als Exportwert minus Importwert:

$$Ex^{net} = Ex - Im \qquad (4.25)$$

Deshalb hängt der Außenbeitrag positiv vom Exportwert und negativ vom Importwert ab:

$$Ex^{net} = Ex^{net} \underset{(+)\ (-)}{\left(Ex, Im\right)} \qquad (4.26)$$

Abb. 4.11 zeigt mögliche Preis- und Mengeneffekte einer Abwertung der inländischen Währung auf den **Außenbeitrag**.

Die bisherige Analyse hat gezeigt, dass die Wirkung einer Abwertung der inländischen Währung auf den Außenbeitrag unbestimmt ist: Der Importwert sinkt erstens aufgrund des negativen Preiseffekts und zweitens aufgrund des negativen Mengeneffekts. Der Exportwert steigt aufgrund

des positiven Mengeneffekts. Obwohl diese drei Effekte den Außenbeitrag positiv beeinflussen, ist der Effekt auf den Außenbeitrag unbestimmt, weil der Exportwert aufgrund des negativen Preiseffekts auch sinkt. Dies beeinflusst den Außenbeitrag negativ. Daher wirkt sich eine Abwertung der inländischen Währung nicht zwingend positiv auf den Außenbeitrag aus. Ob eine solche normale Reaktion des Außenbeitrags eintritt, hängt von den jeweiligen Preiselastizitäten des Angebots und der Nachfrage ab.

Die **hinreichende Bedingung** für eine **normale Reaktion** des Außenbeitrags auf eine Abwertung der inländischen Währung lautet: Die Preiselastizität der Nachfrage nach Exportgütern muss mindestens bei 1 liegen:

$$\left|\eta_{Ex}\right| \geq 1 \qquad (4.27)$$

4.4.3 Spezialfälle

Um zu erkennen, inwiefern die Preiselastizitäten die Wirkungen einer Wechselkurspolitik beeinflussen, führen wir wie für den Normalfall die gleiche Analyse für die vier Spezialfälle durch:

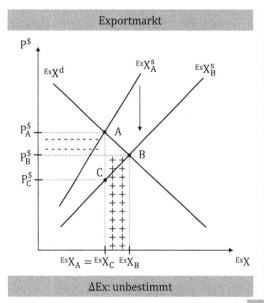

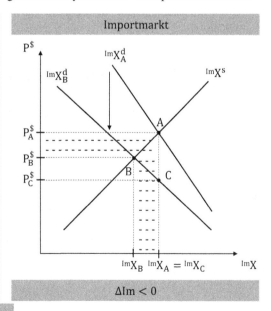

Abb. 4.11 Effekte einer Abwertung der Inlandswährung auf den Außenbeitrag im Normalfall in Auslandswährung

1. preisunelastisches Angebot,
2. extrem preiselastisches Angebot,
3. preisunelastische Nachfrage,
4. extrem preiselastische Nachfrage.

4.4.3.1 Preisunelastisches Angebot
In Abb. 4.12 ist der Fall extrem niedriger Angebotselastizitäten dargestellt:

$$\varepsilon_{\text{Ex}}, \varepsilon_{\text{Im}} = 0$$

Kein Effekt auf den Exportwert und ein negativer Effekt auf den Importwert führen zu einem positiven Effekt auf den Außenbeitrag.

4.4.3.2 Extrem preiselastisches Angebot
In Abb. 4.13 ist der Fall extrem hoher Angebotselastizitäten dargestellt:

$$\varepsilon_{\text{Ex}}, \varepsilon_{\text{Im}} \to \infty$$

Ein unbestimmter Effekt auf den Exportwert und ein negativer Effekt auf den Importwert führen zu einem unbestimmten Effekt auf den Außenbeitrag.

4.4.3.3 Preisunelastische Nachfrage
In Abb. 4.14 ist der Fall extrem niedriger Nachfrageelastizitäten dargestellt:

$$\eta_{\text{Ex}}, \eta_{\text{Im}} = 0$$

Ein negativer Effekt auf den Exportwert und kein Effekt auf den Importwert führen zu einem negativen Effekt auf den Außenbeitrag. In diesem Fall bewirkt eine Abwertungspolitik das Gegenteil dessen, was sie beabsichtigt.

4.4.3.4 Extrem preiselastische Nachfrage
In Abb. 4.15 ist der Fall extrem hoher Nachfrageelastizitäten dargestellt:

$$\eta_{\text{Ex}}, \eta_{\text{Im}} \to -\infty$$

Ein positiver Effekt auf den Exportwert und ein negativer Effekt auf den Importwert führen zu einem positiven Effekt auf den Außenbeitrag. In

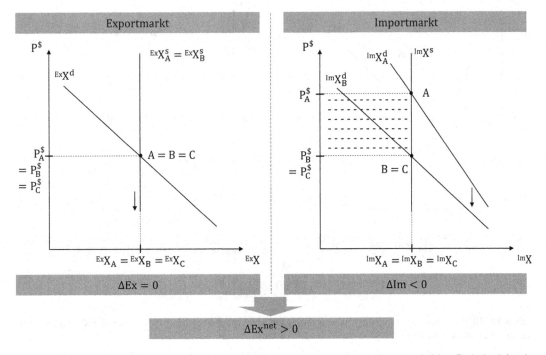

Abb. 4.12 Effekte einer Abwertung der Inlandswährung auf den Außenbeitrag bei extrem niedriger Preiselastizität des Angebots in Auslandswährung

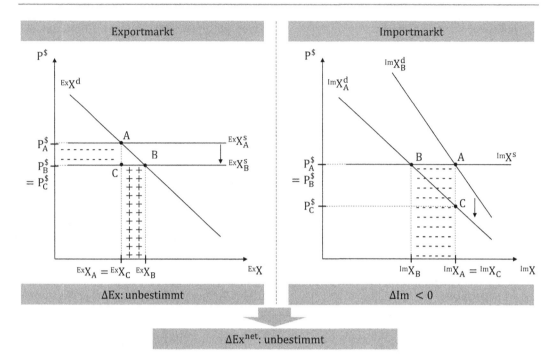

Abb. 4.13 Effekte einer Abwertung der Inlandswährung auf den Außenbeitrag bei extrem hoher Preiselastizität des Angebots in Auslandswährung

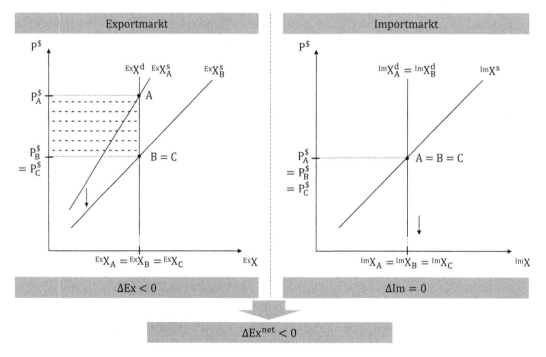

Abb. 4.14 Effekte einer Abwertung der Inlandswährung auf den Außenbeitrag bei extrem niedriger Preiselastizität der Nachfrage in Auslandswährung

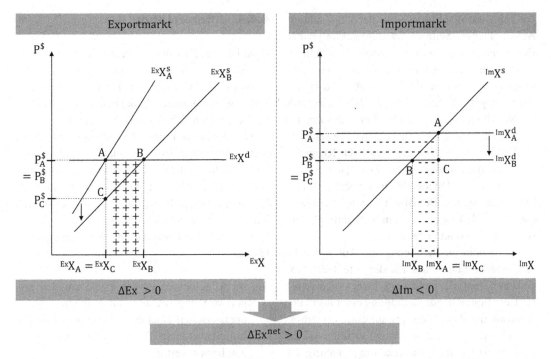

Abb. 4.15 Effekte einer Abwertung der Inlandswährung auf den Außenbeitrag bei extrem hoher Preiselastizität der Nachfrage in Auslandswährung

diesem Fall ist eine Abwertungspolitik am wirksamsten.

4.4.4 Bedingungen für eine normale Reaktion

Die Robinson-Bedingung in Auslandswährung weist Ähnlichkeiten mit der Robinson-Bedingung in Inlandswährung auf. Während in Inlandswährung der Effekt auf den Importwert unbestimmt ist, ist es in Auslandswährung der Effekt auf den Exportwert. Zum besseren Vergleich ist die Robinson-Bedingung (nochmals) in Inlandswährung sowie in Auslandswährung aufgeführt:

Die Robinson-Bedingung in Inlandswährung (€) lautet:

$$_\epsilon \text{Ex} \cdot \frac{\eta_{\text{Ex}}\left(1+\varepsilon_{\text{Ex}}\right)}{-\left(\varepsilon_{\text{Ex}}-\eta_{\text{Ex}}\right)} > _\epsilon \text{Im} \cdot \frac{\varepsilon_{\text{Im}}\left(1+\eta_{\text{Im}}\right)}{\left(\varepsilon_{\text{Im}}-\eta_{\text{Im}}\right)} \quad (4.28)$$

Die Robinson-Bedingung in Auslandswährung ($) lautet:

$$_\$ \text{Ex} \cdot \frac{\varepsilon_{\text{Ex}}\left(1+\eta_{\text{Ex}}\right)}{-\left(\varepsilon_{\text{Ex}}-\eta_{\text{Ex}}\right)} > _\$ \text{Im} \cdot \frac{\eta_{\text{Im}}\left(1+\varepsilon_{\text{Im}}\right)}{\left(\varepsilon_{\text{Im}}-\eta_{\text{Im}}\right)} \quad (4.29)$$

Der Exportwert und der Importwert in der Ausgangssituation sowie die Preiselastizitäten des Angebots sind positiv, die Preiselastizitäten der Nachfrage negativ. Wenn die Preiselastizität der Nachfrage nach Exportgütern – präzise: ihr Betrag – größer oder gleich eins ist, ist die *hinreichende* Bedingung erfüllt: In diesem Fall ist die linke Seite der Ungleichung positiv, die rechte negativ. Auf der linken Seite ist der erste Faktor positiv. Wenn der zweite Summand des Klammerausdrucks im Zähler (Preiselastizität der Nachfrage) betragsmäßig größer als eins ist, sind dieser Klammerausdruck und auch der Zähler negativ. Der Klammerausdruck des Nenners ist positiv, da ein negativer Wert (Preiselastizität der Nachfrage) vom positiven Minuenden subtrahiert wird. Aufgrund des negativen Vorzeichens des Klammerausdrucks ist der Nenner daher negativ. Ein Quotient aus einem negativen Dividenden und einem negativen Divisor ist positiv. Multipliziert mit dem positiven ersten Faktor, ergibt sich ein positiver Term auf der linken Seite der Ungleichung. Auf der rechten Seite ist der erste Faktor positiv. Der Nenner des zweiten Faktors ist ebenfalls positiv, weil die Differenz aus einem positiven Minuenden (Preiselastizität des Angebots) und einem negativen Subtrahenden (Preiselastizität der Nachfrage) positiv ist. Der Zähler des zweiten Faktors ist negativ, weil die negative Preiselastizität der Nachfrage mit einem positiven Klammerausdruck multipliziert wird. Der Quotient aus einem negativen Dividenden und einem positiven Divisor ist negativ. Der Bruch wird mit dem positiven ersten Faktor der rechten Seite multipliziert, sodass das Produkt negativ ist.

Die Robinson-Bedingung in Auslandswährung verdeutlicht, dass Länder, die Güter exportieren, auf die andere Länder angewiesen sind, die hinreichende Bedingung einer normalen Reaktion des Außenbeitrags auf eine Abwertung der inländischen Währung nicht erfüllen, da die Preiselastizität der Exportnachfrage niedrig ist. Dies bedeutet, dass das Risiko besteht, mit einer Abwertungspolitik das angepeilte Ziel einer Erhöhung des Außenbeitrags zu verfehlen.

Die Marshall-Lerner-Bedingung ist in Auslandswährung die gleiche wie in Inlandswährung:

$$|\eta_{Ex}| + |\eta_{Im}| > 1 \qquad (4.30)$$

Eine normale Reaktion des Außenbeitrags ist zu erwarten, wenn – unter der Annahme eines anfangs ausgeglichenen Außenbeitrags bei vollständiger Konkurrenz – die Summe der Preiselastizitäten der Nachfrage nach Ex- und Importgütern größer ist als eins.

4.4.5 Interpretation

In Abhängigkeit von den Preiselastizitäten unterscheiden sich die Effekte einer Abwertung der inländischen Währung auf den Exportwert, den Importwert sowie den Außenbeitrag teilweise erheblich, wie in Tab. 4.10 zu erkennen ist.

Die Wirkungen einer Abwertungspolitik sind nicht eindeutig: Eine normale Reaktion des Außenbeitrags, die im Zuge einer Abwertung der inländischen Währung zu einer Zunahme des Nettoexportwerts führt, ist möglich, ergibt sich jedoch nicht notwendigerweise.

Folgende Schlussfolgerungen lassen sich ableiten:

1. Im Allgemeinen ist der Effekt auf den Importwert negativ, aber im Fall einer preisunelastischen Nachfrage verändert sich der Importwert nicht. Positiv ist die Wirkung auf den Importwert nie.
2. Im Allgemeinen ist der Effekt auf den Exportwert unbestimmt. Im Fall eines preisunelastischen Angebots verändert sich der Exportwert nicht, im Fall preisunelastischer Nachfrage ist die Wirkung negativ, im Fall extrem preiselastischer Nachfrage positiv.
3. Der positive Effekt auf den Exportwert ist umso größer, je höher die Preiselastizität der Nachfrage nach Exportgütern ist.
4. Der Effekt auf den Außenbeitrag kann positiv, unbestimmt oder negativ sein.
5. Eine normale Reaktion des Außenbeitrags zeigt sich mit Sicherheit nur in den Fällen

Tab. 4.10 Effekte einer Abwertung der Inlandswährung auf den Exportwert, Importwert und Außenbeitrag in Auslandswährung

Fall	Preiselastizitäten	ΔEx	ΔIm	ΔEx^{net}
normal	$\varepsilon_{Ex}, \varepsilon_{Im}$: normal η_{Ex}, η_{Im}: normal	unbestimmt	negativ	unbestimmt
preisunelastisches Angebot	$\varepsilon_{Ex}, \varepsilon_{Im} = 0$ η_{Ex}, η_{Im}: normal	null	negativ	positiv
extrem preiselastisches Angebot	$\varepsilon_{Ex}, \varepsilon_{Im} \to \infty$ η_{Ex}, η_{Im}: normal	unbestimmt	negativ	unbestimmt
preisunelastische Nachfrage	$\varepsilon_X, \varepsilon_M$: normal $\eta_{Ex}, \eta_{Im} = 0$	negativ	null	negativ
extrem preiselastische Nachfrage	$\varepsilon_{Ex}, \varepsilon_{Im}$: normal $\eta_{Ex}, \eta_{Im} \to -\infty$	positiv	negativ	positiv

eines preisunelastischen Angebots und einer extrem preiselastischen Nachfrage.

6. Im Normalfall und im Fall extrem hoher Preiselastizität des Angebots ist die Wirkung auf den Außenbeitrag unbestimmt.

7. Bei preisunelastischer Nachfrage bewirkt eine Abwertung der inländischen Währung das Gegenteil dessen, was sie intendiert: Sie hat einen negativen Effekt auf den Außenbeitrag.

8. Im Allgemeinen ist der positive Effekt auf den Außenbeitrag umso größer, je höher die Preiselastizität der Nachfrage ist.

Ein Vergleich der Analysen einer Abwertung in Inlands- beziehungsweise Auslandswährung ergibt folgendes Bild: Sowohl die Effekte auf den Exportwert als auch die Effekte auf den Importwert sind spiegelverkehrt: Ist ein Effekt auf den Exportwert in Inlandswährung positiv, so ist der Effekt auf den Importwert in Auslandswährung unter der Annahme derselben Elastizitäten negativ. Ist ein Effekt auf den Exportwert in Inlandswährung negativ, so ist der Effekt auf den Importwert unter denselben Bedingungen in Auslandswährung positiv. Die Effekte auf den Außenbeitrag in Inlandswährung gehen in die gleiche Richtung wie diejenigen in Auslandswährung: Ist ein Effekt auf den Außenbeitrag in Inlandswährung positiv, so ist er in Auslandswährung unter der Annahme derselben Elastizitäten auch positiv. Ist ein Effekt auf den Außenbeitrag in Inlandswährung negativ, so ist er unter denselben Bedingungen in Auslandswährung ebenfalls negativ.

4.5 Elastizitätsansatz III: Aufwertungspolitik in Inlandswährung

4.5.1 Grundlagen

Eine Aufwertungspolitik resultiert in einem Wertzuwachs der inländischen Währung (Euro) und in einer Wertabnahme der ausländischen Währung (US-Dollar). $ 100 entsprechen nach einer Aufwertung des Euro einem niedrigeren Eurobetrag. Deshalb verschiebt sich die derivative Kurve prozentual nach unten.

4.5.2 Normalfall

4.5.2.1 Exportwert

Der **Exportwert** ist das Produkt aus dem Preis pro Einheit und der gehandelten Menge:

$$Ex = P^\epsilon \cdot {}^{Ex}X \tag{4.31}$$

Abb. 4.16 zeigt mögliche Preis- und Mengeneffekte einer Aufwertung der inländischen Währung auf den **Exportwert**.

Folgende Ergebnisse sind für den Exportmarkt festzuhalten:

1. Die Anbieter sind Inländer, die Nachfrager Ausländer.

2. Die inländischen Anbieter kalkulieren in Euro, die ausländischen Nachfrager in Dollar.

3. Die Angebotskurve ist die originäre, die Nachfragekurve die derivative Kurve.

4. Bei einer Aufwertung der inländischen Währung verschiebt sich die Nachfragekurve prozentual nach unten.

In Abb. 4.16 führt die Aufwertung der inländischen Währung vom Ausgangsgleichgewicht A zum Endgleichgewicht B. Zwei Effekte lassen sich beobachten: ein *negativer* **Preiseffekt** sowie ein *negativer* **Mengeneffekt**. Der **Netto-Effekt** ergibt sich aus der Summe aus Preis- und Mengeneffekt: Er ist in diesem Fall *negativ*.

4.5.2.2 Importwert

Der **Importwert** ist das Produkt aus dem Preis pro Einheit und der gehandelten Menge:

$$Im = P^\epsilon \cdot {}^{Im}X \tag{99}$$

Abb. 4.16 zeigt mögliche Preis- und Mengeneffekte einer Aufwertung der inländischen Währung auf den **Importwert**. Folgende Ergebnisse sind für den Importmarkt festzuhalten:

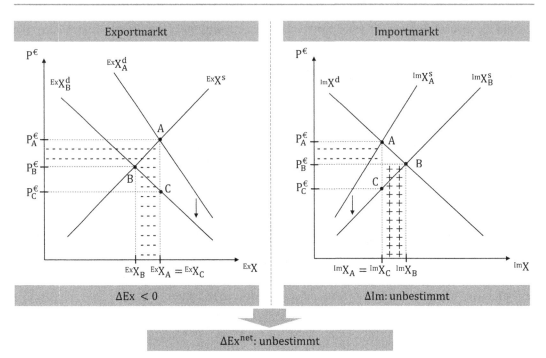

Abb. 4.16 Effekte einer Aufwertung der Inlandswährung auf den Außenbeitrag im Normalfall in Inlandswährung

1. Die Nachfrager sind Inländer, die Anbieter die Ausländer.
2. Die inländischen Nachfrager kalkulieren in Euro, die ausländischen Anbieter in Dollar.
3. Die Nachfragekurve ist die originäre, die Angebotskurve die derivative Kurve.
4. Bei einer Aufwertung der inländischen Währung verschiebt sich die Angebotskurve prozentual nach unten.

In Abb. 4.16 führt die Aufwertung der inländischen Währung vom Ausgangsgleichgewicht A zum Endgleichgewicht B. Zwei Effekte lassen sich beobachten: ein *negativer* **Preiseffekt** sowie ein *positiver* **Mengeneffekt**. Der **Netto-Effekt** ist *unbestimmt*.

Ob der Importwert fällt, stabil bleibt oder steigt, hängt von der Preiselastizität der Nachfrage nach Importgütern ab:

$$|\eta_{Im}| > 1 \Rightarrow dIm > 0 \qquad (4.32)$$

$$|\eta_{Im}| = 1 \Rightarrow dIm = 0 \qquad (4.33)$$

$$|\eta_{Im}| < 1 \Rightarrow dIm < 0 \qquad (4.34)$$

Je höher die Preiselastizität der Nachfrage nach Importgütern ist, desto eher ist der Effekt auf den Importwert positiv.

4.5.2.3 Außenbeitrag
Der **Außenbeitrag** ist definiert als Exportwert minus Importwert:

$$Ex^{net} = Ex - Im \qquad (4.35)$$

Abb. 4.16 zeigt mögliche Preis- und Mengeneffekte einer Aufwertung der inländischen Währung auf den **Außenbeitrag**:

Die bisherige Analyse hat gezeigt, dass die Wirkung einer Aufwertung der inländischen Währung auf den Außenbeitrag unbestimmt ist: Der Exportwert sinkt erstens aufgrund des negativen Preiseffekts und zweitens aufgrund des negativen Mengeneffekts. Der Importwert steigt aufgrund des positiven Mengeneffekts. Obwohl diese drei Effekte den Außenbeitrag negativ beeinflussen, ist der Effekt auf den Außenbeitrag unbestimmt, weil der Importwert aufgrund des negativen Preiseffekts auch sinkt. Dies beeinflusst den Außenbeitrag positiv. Daher wirkt sich eine Aufwertung der inländischen Währung nicht zwingend negativ auf den Außenbeitrag aus. Ob eine solche normale Reaktion des Außenbeitrags eintritt, hängt von den jeweiligen Preiselastizitäten des Angebots und der Nachfrage ab.

Die **hinreichende Bedingung** für eine **normale Reaktion** des Außenbeitrags auf eine Aufwertung der inländischen Währung lautet: Die Preiselastizität der Nachfrage nach Importgütern muss mindestens bei 1 liegen:

$$|\eta_{Im}| \geq 1 \qquad (4.36)$$

4.5.3 Spezialfälle

Um zu erkennen, inwiefern die Preiselastizitäten die Wirkungen einer Wechselkurspolitik beeinflussen, führen wir die gleiche Analyse für die vier Spezialfälle durch:

1. preisunelastisches Angebot,
2. extrem preiselastisches Angebot,
3. preisunelastische Nachfrage,
4. extrem preiselastische Nachfrage.

4.5.3.1 Preisunelastisches Angebot
In Abb. 4.17 ist der Fall extrem niedriger Angebotselastizitäten dargestellt:

$$\varepsilon_{Ex}, \varepsilon_{Im} = 0$$

Ein negativer Effekt auf den Exportwert und kein Effekt auf den Importwert führen zu einem negativen Effekt auf den Außenbeitrag.

4.5.3.2 Extrem preiselastisches Angebot
In Abb. 4.18 ist der Fall extrem hoher Angebotselastizitäten dargestellt:

$$\varepsilon_{Ex}, \varepsilon_{Im} \to \infty$$

Ein negativer Effekt auf den Exportwert und ein unbestimmter Effekt auf den Importwert führen zu einem unbestimmten Effekt auf den Außenbeitrag.

4.5.3.3 Preisunelastische Nachfrage
In Abb. 4.19 ist der Fall extrem niedriger Nachfrageelastizitäten dargestellt:

$$\eta_{Ex}, \eta_{Im} = 0$$

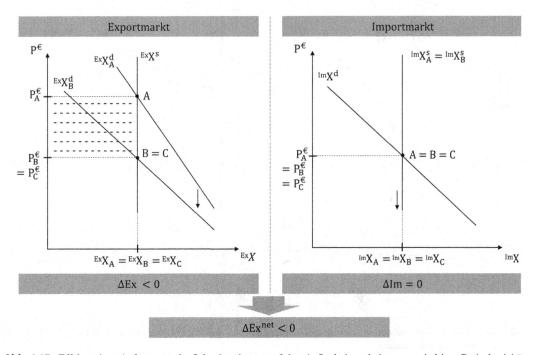

Abb. 4.17 Effekte einer Aufwertung der Inlandswährung auf den Außenbeitrag bei extrem niedriger Preiselastizität des Angebots in Inlandswährung

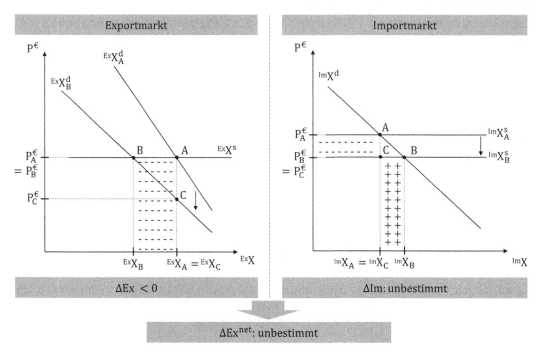

Abb. 4.18 Effekte einer Aufwertung der Inlandswährung auf den Außenbeitrag bei extrem hoher Preiselastizität des Angebots in Inlandswährung

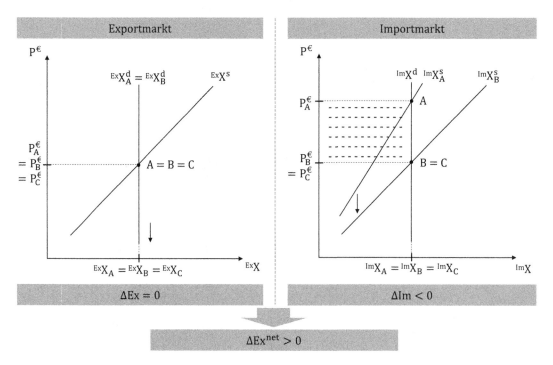

Abb. 4.19 Effekte einer Aufwertung der Inlandswährung auf den Außenbeitrag bei extrem niedriger Preiselastizität der Nachfrage in Inlandswährung

Kein Effekt auf den Exportwert und ein negativer Effekt auf den Importwert führen zu einem positiven Effekt auf den Außenbeitrag. Da es sich um eine Aufwertungspolitik handelt, entspricht diese Reaktion des Außenbeitrags nicht der normalen.

4.5.3.4 Extrem preiselastische Nachfrage

In Abb. 4.20 ist der Fall extrem hoher Nachfrageelastizitäten dargestellt:

$$\eta_{Ex}, \eta_{Im} \rightarrow -\infty$$

Ein negativer Effekt auf den Exportwert und ein positiver Effekt auf den Importwert führen zu einem negativen Effekt auf den Außenbeitrag.

4.5.4 Interpretation

In Abhängigkeit von den Preiselastizitäten unterscheiden sich die Effekte einer Aufwertung der inländischen Währung auf den Exportwert, den Importwert sowie den Außenbeitrag teilweise erheblich, wie in Tab. 4.11 illustriert wird.

Die Wirkungen einer Aufwertungspolitik sind nicht eindeutig: Eine normale Reaktion des Außenbeitrags, die im Zuge einer Aufwertung der inländischen Währung zu einer Abnahme des Nettoexportwerts führt, ist möglich, ergibt sich jedoch nicht notwendigerweise.

Folgende Schlussfolgerungen lassen sich ableiten:

1. Im Allgemeinen ist der Effekt auf den Exportwert negativ, aber im Fall einer preisunelastischen Nachfrage verändert sich der Exportwert nicht. Positiv ist die Wirkung auf den Exportwert nie.
2. Im Allgemeinen ist der Effekt auf den Importwert unbestimmt. Im Fall eines preisunelastischen Angebots verändert sich der Importwert nicht, im Fall preisunelastischer Nachfrage ist die Wirkung negativ, im Fall extrem preiselastischer Nachfrage positiv.
3. Der negative Effekt auf den Importwert ist umso größer, je niedriger die Preiselastizität der Nachfrage nach Importgütern ist.
4. Der Effekt auf den Außenbeitrag kann positiv, unbestimmt oder negativ sein.

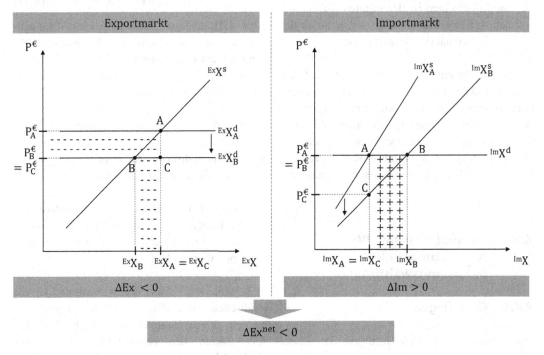

Abb. 4.20 Effekte einer Aufwertung der Inlandswährung auf den Außenbeitrag bei extrem hoher Preiselastizität der Nachfrage in Inlandswährung

Tab. 4.11 Effekte einer Aufwertung der Inlandswährung auf den Exportwert, Importwert und Außenbeitrag in Inlandswährung

Fall	Preiselastizitäten	ΔEx	ΔIm	ΔEx^{net}
normal	$\varepsilon_{Ex}, \varepsilon_{Im}$: normal η_{Ex}, η_{Im}: normal	negativ	unbestimmt	unbestimmt
preisunelastisches Angebot	$\varepsilon_{Ex}, \varepsilon_{Im} = 0$ η_{Ex}, η_{Im}: normal	negativ	null	negativ
extrem preiselastisches Angebot	$\varepsilon_{Ex}, \varepsilon_{Im} \to \infty$ η_{Ex}, η_{Im}: normal	negativ	unbestimmt	unbestimmt
preisunelastische Nachfrage	$\varepsilon_X, \varepsilon_M$: normal $\eta_{Ex}, \eta_{Im} = 0$	null	negativ	positiv
extrem preiselastische Nachfrage	$\varepsilon_{Ex}, \varepsilon_{Im}$: normal $\eta_{Ex}, \eta_{Im} \to -\infty$	negativ	positiv	negativ

5. Eine normale Reaktion des Außenbeitrags zeigt sich mit Sicherheit nur in den Fällen eines preisunelastischen Angebots und einer extrem preiselastischen Nachfrage.

6. Im Normalfall und im Fall extrem hoher Preiselastizität des Angebots ist die Wirkung auf den Außenbeitrag unbestimmt.

7. Bei preisunelastischer Nachfrage bewirkt eine Aufwertung der inländischen Währung das Gegenteil dessen, was sie intendiert: Sie hat einen positiven Effekt auf den Außenbeitrag.

8. Im Allgemeinen ist der negative Effekt auf den Außenbeitrag umso größer, je höher die Preiselastizität der Nachfrage ist.

Die Effekte einer Wechselkurspolitik auf den Export- und den Importwert divergieren, je nachdem, ob eine Abwertung oder eine Aufwertung der inländischen Währung vorgenommen wird. Die entscheidende Frage, wann eine normale Reaktion in Inlandswährung zu erwarten ist, wird bei beiden Wechselkurspolitiken gleich beantwortet.

4.6 Elastizitätsansatz IV: Aufwertungspolitik in Auslandswährung

4.6.1 Grundlagen

Eine Aufwertungspolitik resultiert in einem Wertzuwachs der inländischen Währung (Euro) und in einem Wertverlust der ausländischen Währung (US-Dollar). € 100 entsprechen nach der Aufwertung des Euro einem höheren Dollarbetrag. Deshalb verschiebt sich die derivative Kurve prozentual nach oben.

4.6.2 Normalfall

4.6.2.1 Exportwert

Der **Exportwert** ist das Produkt aus dem Preis pro Einheit und der gehandelten Menge:

$$Ex = P^\$ \cdot {}^{Ex}X \qquad (4.37)$$

Abb. 4.21 zeigt mögliche Preis- und Mengeneffekte einer Aufwertung der inländischen Währung auf den **Exportwert**.

Das Vier-Fragen-Schema liefert folgende Antworten für den Exportmarkt:

1. Die Anbieter sind Inländer, die Nachfrager Ausländer.
2. Die inländischen Anbieter kalkulieren in Euro, die ausländischen Nachfrager in Dollar.
3. Die Angebotskurve ist die derivative, die Nachfragekurve die originäre Kurve.
4. Die Angebotskurve verschiebt sich prozentual nach oben.

In Abb. 4.21 führt die Abwertung der inländischen Währung vom Ausgangsgleichgewicht A zum Endgleichgewicht B. Zwei Effekte lassen sich beobachten: ein *positiver* **Preiseffekt** sowie ein *negativer* **Mengeneffekt**. Der **Netto-Effekt** ergibt sich aus der Summe aus

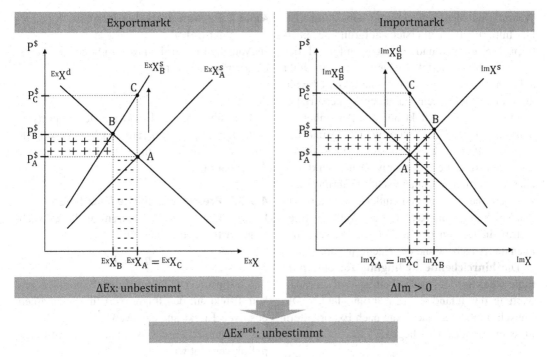

Abb. 4.21 Effekte einer Aufwertung der Inlandswährung auf den Außenbeitrag im Normalfall in Auslandswährung

Preis- und Mengeneffekt: Er ist in diesem Fall **unbestimmt**, weil Preis- und Mengeneffekt gegenläufige Effekte sind.

Ob der Exportwert steigt, stabil bleibt oder fällt, hängt insbesondere von der Preiselastizität der Nachfrage nach Exportgütern ab:

$$|\eta_{Ex}| > 1 \Rightarrow dEx < 0 \qquad (4.38)$$

$$|\eta_{Ex}| = 1 \Rightarrow dEx = 0 \qquad (4.39)$$

$$|\eta_{Ex}| < 1 \Rightarrow dEx > 0 \qquad (4.40)$$

Je höher die Preiselastizität der Nachfrage nach Exportgütern ist, desto eher ist der Effekt auf den Exportwert negativ.

4.6.2.2 Importwert

Der **Importwert** ist das Produkt aus dem Preis pro Einheit und der gehandelten Menge:

$$Im = P^{\$} \cdot {}^{Im}X \qquad (4.41)$$

Das Vier-Fragen-Schema liefert folgende Antworten für den Importmarkt:

1. Die Nachfrager sind Inländer, die Anbieter Ausländer.
2. Die inländischen Nachfrager kalkulieren in Euro, die ausländischen Anbieter in Dollar.
3. Die Angebotskurve ist die originäre, die Nachfragekurve die derivative Kurve.
4. Die Nachfragekurve verschiebt sich prozentual nach oben.

In Abb. 4.21 führt die Aufwertung der inländischen Währung vom Ausgangsgleichgewicht A zum Endgleichgewicht B. Zwei Effekte lassen sich beobachten: ein *positiver* **Preiseffekt** sowie ein *positiver* **Mengeneffekt**. Der **Netto-Effekt** ist *positiv*.

4.6.2.3 Außenbeitrag

Der **Außenbeitrag** ist definiert als Exportwert minus Importwert:

$$Ex^{net} = Ex - Im \qquad (4.42)$$

Abb. 4.21 zeigt die Effekte einer Aufwertung der inländischen Währung auf den **Außenbeitrag**:

Die bisherige Analyse hat gezeigt, dass die Wirkung einer Aufwertung der inländischen

Währung auf den Außenbeitrag unbestimmt ist: Der Importwert steigt erstens aufgrund des positiven Preiseffekts und zweitens aufgrund des positiven Mengeneffekts. Der Exportwert sinkt aufgrund des negativen Mengeneffekts. Obwohl diese drei Effekte den Außenbeitrag negativ beeinflussen, ist der Effekt auf den Außenbeitrag unbestimmt, weil der Exportwert aufgrund des positiven Preiseffekts auch steigt. Dies beeinflusst den Außenbeitrag positiv. Daher wirkt sich eine Aufwertung der inländischen Währung nicht zwingend negativ auf den Außenbeitrag aus. Ob eine solche normale Reaktion des Außenbeitrags eintritt, hängt von den jeweiligen Preiselastizitäten des Angebots und der Nachfrage ab.

Die **hinreichende Bedingung** für eine **normale Reaktion** des Außenbeitrags auf eine Abwertung der inländischen Währung lautet: Die Preiselastizität der Nachfrage nach Exportgütern muss mindestens bei 1 liegen:

$$|\eta_{Ex}| \geq 1 \qquad (4.43)$$

4.6.3 Spezialfälle

Um zu erkennen, inwiefern die Preiselastizitäten die Wirkungen einer Wechselkurspolitik beeinflussen, führen wir wie bei der Messung in Inlandswährung (€) so auch bei der Messung in Auslandswährung ($) die gleiche Analyse für vier Spezialfälle durch, die sich durch folgende extreme Preiselastizitäten auszeichnen:

- preisunelastisches Angebot,
- extrem preiselastisches Angebot,
- preisunelastische Nachfrage,
- extrem preiselastische Nachfrage.

4.6.3.1 Preisunelastisches Angebot
In Abb. 4.22 ist der Fall extrem niedriger Angebotselastizitäten dargestellt:

$$\varepsilon_{Ex},\, \varepsilon_{Im} = 0$$

Kein Effekt auf den Exportwert und ein positiver Effekt auf den Importwert führt zu einem negativen Effekt auf den Außenbeitrag.

4.6.3.2 Extrem preiselastisches Angebot
In Abb. 4.23 ist der Fall extrem hoher Angebotselastizitäten dargestellt:

$$\varepsilon_{Ex},\, \varepsilon_{Im} \to \infty$$

Ein unbestimmter Effekt auf den Exportwert und ein positiver Effekt auf den Importwert führen zu einem unbestimmten Effekt auf den Außenbeitrag.

4.6.3.3 Preisunelastische Nachfrage
In Abb. 4.24 ist der Fall extrem niedriger Nachfrageelastizitäten dargestellt:

$$\eta_{Ex},\, \eta_{Im} = 0$$

Ein positiver Effekt auf den Exportwert und kein Effekt auf den Importwert führen zu einem positiven Effekt auf den Außenbeitrag. Dies ist das Gegenteil dessen, was mit einer Aufwertungspolitik verfolgt wird.

4.6.3.4 Extrem preiselastische Nachfrage
In Abb. 4.25 ist der Fall extrem hoher Nachfrageelastizitäten dargestellt:

$$\eta_{Ex},\, \eta_{Im} \to -\infty$$

Ein negativer Effekt auf den Exportwert und ein positiver Effekt auf den Importwert führen zu einem negativen Effekt auf den Außenbeitrag.

4.6.4 Interpretation

In Abhängigkeit von den Preiselastizitäten unterscheiden sich die Effekte einer Aufwertung der inländischen Währung auf den Exportwert, den Importwert sowie den Außenbeitrag teilweise erheblich, wie Tab. 4.12 verdeutlicht.

Die Wirkungen einer Aufwertungspolitik sind nicht eindeutig: Eine normale Reaktion des Außenbeitrags, die im Zuge einer Aufwertung der inländischen Währung in eine Abnahme des Nettoexportwerts mündet, ist möglich, ergibt sich jedoch nicht notwendigerweise.

Folgende Schlussfolgerungen lassen sich ableiten:

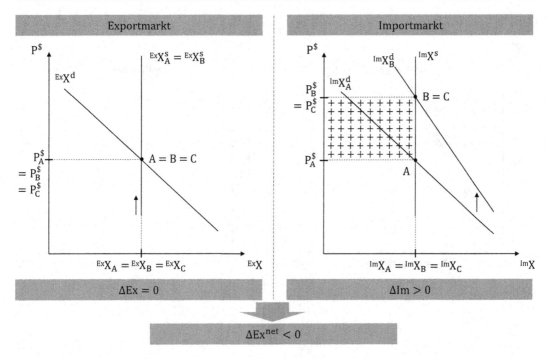

Abb. 4.22 Effekte einer Aufwertung der Inlandswährung auf den Außenbeitrag bei extrem niedriger Preiselastizität des Angebots in Auslandswährung

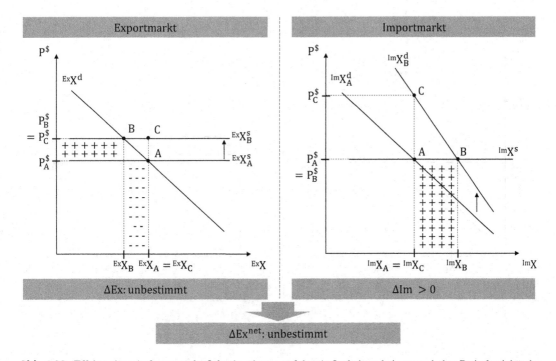

Abb. 4.23 Effekte einer Aufwertung der Inlandswährung auf den Außenbeitrag bei extrem hoher Preiselastizität des Angebots in Auslandswährung

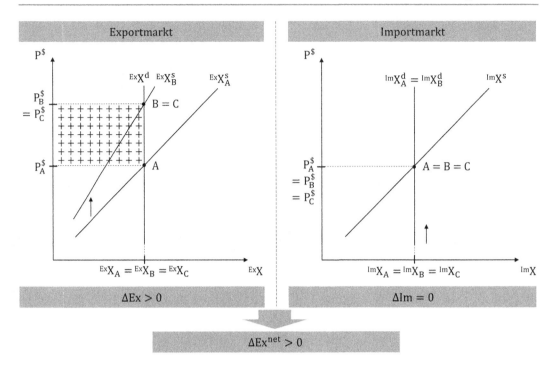

Abb. 4.24 Effekte einer Aufwertung der Inlandswährung auf den Außenbeitrag bei extrem niedriger Preiselastizität der Nachfrage in Auslandswährung

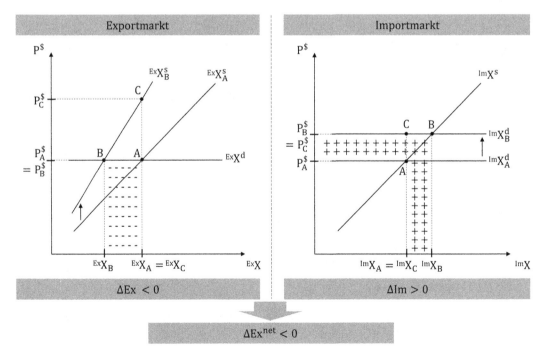

Abb. 4.25 Effekte einer Aufwertung der Inlandswährung auf den Außenbeitrag bei extrem hoher Preiselastizität der Nachfrage in Auslandswährung

Tab. 4.12 Effekte einer Aufwertung der Inlandswährung auf den Exportwert, Importwert und Außenbeitrag in Auslandswährung

Fall	Preiselastizitäten	ΔEx	ΔIm	ΔEx^{net}
normal	$\varepsilon_{Ex}, \varepsilon_{Im}$: normal η_{Ex}, η_{Im}: normal	unbestimmt	positiv	unbestimmt
preisunelastisches Angebot	$\varepsilon_{Ex}, \varepsilon_{Im} = 0$ η_{Ex}, η_{Im}: normal	null	positiv	negativ
extrem preiselastisches Angebot	$\varepsilon_X, \varepsilon_M \rightarrow \infty$ η_{Ex}, η_{Im}: normal	unbestimmt	positiv	unbestimmt
preisunelastische Nachfrage	$\varepsilon_X, \varepsilon_M$: normal $\eta_{Ex}, \eta_{Im} = 0$	positiv	null	positiv
extrem preiselastische Nachfrage	$\varepsilon_{Ex}, \varepsilon_{Im}$: normal $\eta_{Ex}, \eta_{Im} \rightarrow -\infty$	negativ	positiv	negativ

1. Im Allgemeinen ist der Effekt auf den Importwert positiv, aber im Fall einer preisunelastischen Nachfrage verändert sich der Importwert nicht. Negativ ist die Wirkung auf den Importwert nie.

2. Im Allgemeinen ist der Effekt auf den Exportwert unbestimmt. Im Fall eines preisunelastischen Angebots verändert sich der Exportwert nicht, im Fall preisunelastischer Nachfrage ist die Wirkung positiv, im Fall extrem preiselastischer Nachfrage negativ.

3. Der negative Effekt auf den Exportwert ist umso größer, je höher die Preiselastizität der Nachfrage nach Exportgütern ist.

4. Der Effekt auf den Außenbeitrag kann positiv, unbestimmt oder negativ sein.

5. Eine normale Reaktion zeigt sich mit Sicherheit nur in den Fällen eines preisunelastischen Angebots und einer extrem preiselastischen Nachfrage.

6. Im Normalfall und im Fall extrem hoher Preiselastizität des Angebots ist die Wirkung auf den Außenbeitrag unbestimmt.

7. Bei preisunelastischer Nachfrage bewirkt eine Aufwertung der inländischen Währung das Gegenteil dessen, was sie intendiert: Sie hat einen positiven Effekt auf den Außenbeitrag.

8. Im Allgemeinen ist der negative Effekt auf den Außenbeitrag umso größer, je höher die Preiselastizität der Nachfrage ist.

Die Effekte einer Wechselkurspolitik auf den Export- und den Importwert divergieren, je nachdem, ob eine Abwertung oder eine Aufwertung der inländischen Währung vorgenommen wird. Die entscheidende Frage, wann eine normale Reaktion in Auslandswährung zu erwarten ist, wird bei beiden Wechselkurspolitiken gleich beantwortet.

4.7 Elastizitätsansatz V: Bewertung

4.7.1 Grundlagen

Im Folgenden wird die Wechselkurspolitik evaluiert. Dabei wird zwischen der methodologischen, zeitlichen sowie empirischen Dimension unterschieden.

4.7.2 Methodologische Dimension

Folgende kritische Argumente beziehen sich auf die Methoden des Elastizitätsansatzes:

- hoher Aggregationsgrad,
- Partialanalyse,
- Annahme vollständiger Konkurrenz,
- mangelhafte Messbarkeit von Preiselastizitäten,
- Vernachlässigung von Kreuzpreiselastizitäten,
- Asymmetrie der Fakturierung von Export- beziehungsweise Importgütern,
- Vernachlässigung des außenwirtschaftlichen Gleichgewichts,
- Vernachlässigung der Effizienz.

Der **hohe Aggregationsgrad** dieses Modells kann als Schwäche angesehen werden: Der Elastizitätsansatz geht von hochaggregierten Märkten und Marktteilnehmern aus: Es gibt jeweils nur einen Exportmarkt, Importmarkt, Exporteur, Importeur. In der Realität wirken eine Vielzahl von Märkten und Marktteilnehmern. Gleichwohl liegt das Ziel eines Modells nicht darin, alle Details der Realität zu berücksichtigen. In der Wissenschaftstheorie werden vier Ziele der Modellbildung unterschieden: Beschreiben, Erklären, Vorhersagen und Gestalten. Während für das Beschreiben ökonomischer Verhältnisse sowie für das wirtschaftspolitische Gestalten reale Phänomene in einem hohen Maße zu berücksichtigen sind, gilt dies weniger für die Ziele des Erklärens ökonomischer Zusammenhänge und des Vorhersagens wirtschaftlicher Entwicklungen. An dieser Stelle interessiert der **Erklärungswert** eines Modells. Das Ziel des Elastizitätsansatzes liegt darin, die Ambivalenz einer Wechselkurspolitik aufzuzeigen. Wenn es gelingt, durch **Komplexitätsreduktion** die entscheidenden Phänomene stärker herauszuarbeiten, ist eine modellhafte Vereinfachung nicht nur nicht schädlich, sondern sinnvoll. Deshalb wiegt die Kritik am hohen Aggregationsgrad des Elastizitätsansatzes nicht schwer.

Der Elastizitätsansatz ist ein *partialanalytischer* Ansatz: Er analysiert nur einen Ausschnitt, untersucht aber **weder Übertragungseffekte** (Spillover-Effekte) auf andere Märkte **noch Rückwirkungseffekte** (Feedback-Effekte) von anderen Märkten. Insbesondere Einkommenseffekte werden ausgeblendet. Ein durch einen steigenden Exportwert steigendes Einkommen impliziert jedoch steigende Importe – ein Umstand, der im Elastizitätsansatz unberücksichtigt bleibt. Deshalb verzerrt die Ceteris-paribus-Klausel („unter sonst gleichen Bedingungen") die Ergebnisse, weil sie vernachlässigt, dass Märkte moderner Ökonomien eng mit anderen Märkten verbunden sind, sodass gilt: ceteris non paribus oder tempora mutantur („Die Zeiten ändern sich.").

Die Annahme *vollständiger* **Konkurrenz** vernachlässigt Translokationskosten, die sich beispielsweise in Transport- oder Verwaltungskosten

niederschlagen. Außerhalb des akademischen Elfenbeinturms gibt es jedoch keine polypolistischen Marktstrukturen mit atomistischer Konkurrenz. Trotz durchschnittlich sinkender Translokationskosten können diese auch heute noch eine große Rolle spielen. Zudem ist Außenhandel gekennzeichnet durch Protektionismus, sei es in offener Form wie bei Zöllen oder Importquoten, sei es in subtiler Form wie bei bürokratischen Hürden im Grenzverkehr. Unterschiedliche kulturelle und politische Hintergründe tragen ebenso zu Marktverzerrungen bei. Ein Modell, das die (unrealistische) ideale Marktform unterstellt, kann gleichwohl hilfreich sein, indem es für den Vergleich mit der Realität ein Referenzmodell mit optimalen Voraussetzungen bereitstellt.

Verzerrte Präferenzen

Verzerrte Präferenzen gibt es beispielsweise aus moralischen Gründen auf Drogenmärkten oder aus kulturellen Gründen auf Märkten für Schweinefleisch, Banken und Versicherungen (für 2 Milliarden Muslime), für Rindfleisch und Milchprodukte (für über eine Milliarde Hindus) oder für Alkohol (für Milliarden von Menschen). ◄

Die **Messbarkeit direkter Preiselastizitäten** ist nur zum Teil gegeben: **Mengenreaktionen** erfolgen in der Regel **später als Preisreaktionen**. Unter der Annahme niedriger Preiselastizitäten der Nachfrage sind wechselkurspolitische Maßnahmen skeptischer zu betrachten als unter der Annahme hoher Preiselastizitäten der Nachfrage. Das Hauptproblem, Preiselastizitäten korrekt zu messen, besteht in der Entscheidung, welcher Zeitraum für angemessen gehalten wird, bis sich aufgrund der Preisänderungen die Mengenreaktionen zeigen. Preiselastizitäten variieren stark, wenn unterschiedlich lange Zeitverzögerungen unterstellt werden. Zudem sind Preiselastizitäten nicht konstant: Je länger die Frist, desto höher sind sie, weil sich mehr Möglichkeiten bieten, Güter durch andere Güter zu substituieren.

Die **Vernachlässigung** der **Kreuzpreiselastizitäten** impliziert, dass von substitutionalen oder komplementären Beziehungen zwischen Export- und Importgütern abgesehen wird. In Anbetracht der Tatsache, dass Importgüter – zumindest teilweise – Komponenten von Exportgütern sind, münden steigende Preise für Importgüter ceteris paribus auch in steigende Preise für Exportgüter. Die Vernachlässigung von Kreuzpreiselastizitäten unterschätzt die **Interdependenzen** zwischen Gütern, die beispielsweise im intra-industriellen Handel zu beobachten sind.

Der Anteil des Außenhandels, der in (harter) nationaler Währung **fakturiert** wird, ist bei Exportgütern höher als bei Importgütern, sodass sich wechselkurspolitische Maßnahmen **stärker** auf den **Importwert** als auf den Exportwert auswirken.

Politiker sollten nicht nach einem hohen positiven Außenbeitrag, also nach einer positiven (vereinfachten) Leistungsbilanz streben, sondern nach **außenwirtschaftlichem Gleichgewicht**. Da dies im Devisenbilanzsaldo abzulesen ist, kann ein außenwirtschaftliches Gleichgewicht – bei positivem Kapitalbilanzsaldo – durchaus mit einem Leistungsbilanzdefizit verbunden sein, das gar nicht behoben werden sollte.

Eine Abwertungspolitik kann ineffizient sein, selbst wenn sie effektiv ist. Die entscheidende Frage der **Effizienz** ist die nach den Opportunitätskosten: Es ist zu prüfen, ob das Ziel steigender Produktion, Beschäftigung und Einkommen auch mit Mitteln zu erreichen ist, die zu geringeren allokativen Verzerrungen führen.

4.7.3 Zeitliche Dimension

Folgende kritische Argumente beziehen sich auf die zeitliche Dimension:

- begrenzter Zeithorizont,
- Erosion der Glaubwürdigkeit einer Währung,
- negative Effekte auf die Kapitalbilanz,
- Mangel an Wettbewerbsdruck,
- Vernachlässigung der Terms of Trade,
- Vernachlässigung einer stabilitätsorientierten Währungspolitik,
- Vernachlässigung von Vergeltungsmaßnahmen.

Die typische Ausgangslage für eine Abwertungspolitik ist ein Leistungsbilanzdefizit – genauer: ein negativer Außenbeitrag. Wir unterscheiden drei Phasen der Anpassung: kurz-, mittel- sowie langfristige Effekte:

Kurzfristig zeigen sich weder Mengen- noch Preisreaktionen, weil die zu handelnden Mengen und ihre korrespondierenden Preise in bereits geschlossenen Verträgen festgelegt sind. „**Pacta sunt servanda**", wie die alten Römer zu sagen pflegten: Verträge sind einzuhalten (zu „bedienen"). Die kurzfristigen Effekte sind von der Ausgangslage abhängig: Eine Abwertungspolitik vergrößert zunächst ein Dollar-Defizit, wenn es in Euro umgerechnet wird, bevor sich im Laufe der Zeit die Entwicklung umkehrt und – bei normaler Reaktion – das Defizit abgebaut wird. Es kommt zum „**J**"-**Kurven-Effekt**, weil der Außenbeitrag auf einer Zeitachse – wie beim Großbuchstaben „J" – zunächst sinkt und danach steigt. Im Fall einer ausgeglichenen Leistungsbilanz in der Ausgangssituation ändert sich nichts.

Mittelfristig wirken Preis- und Mengeneffekte: Exportmengen steigen, Importmengen sinken aufgrund der Abwertung. Die mittlere Frist ist der Zeithorizont, der im Elastizitätsansatz berücksichtigt wird.

Die folgenden Probleme, die im Elastizitätsansatz nicht erfasst werden, gelten **langfristig**:

Heutzutage sind Währungen nicht mehr durch Gold oder andere Aktiva gedeckt. Das wichtigste „Aktivum" einer Währung ist ihre **Glaubwürdigkeit**, die sie unter den Marktteilnehmern erfährt. Fortwährende Abwertungen beeinträchtigen die Glaubwürdigkeit einer Währung. Ihre Schwäche offenbart sich im Laufe der Zeit immer mehr Marktteilnehmern, schließlich geht die monetäre Stabilität gänzlich verloren, sodass als einziger Ausweg nur noch drastische Maßnahmen wie eine Währungsreform verbleiben.

Monetäre **Instabilität** manifestiert sich in

- steigenden Inflationsraten,
- steigenden Kapitalexporten,
- sinkenden Kapitalimporten,
- sinkenden Direktinvestitionen.

Es besteht eine hohe Korrelation zwischen dem Grad an *monetärer* Stabilität und dem Grad an *realwirtschaftlicher* Prosperität. Deshalb sollte monetäre Stabilität ein eigenständiges Ziel einer nachhaltigen Wirtschafts- und Währungspolitik sein. Fortwährende Abwertungen schwächen die monetäre Stabilität durch eine Erosion der Glaubwürdigkeit dieser Währung. Steigende Kapitalexporte, sinkende Kapitalimporte sowie sinkende Direktinvestitionen wirken sich **negativ** auf den Saldo der **Kapitalbilanz** aus. Dies kann zu einem Zielkonflikt führen, wenn ein Land das Ziel verfolgt, Anreize für ausländische Direktinvestitionen zu schaffen.

Eine Abwertung der inländischen Währung **reduziert** den **Wettbewerbsdruck** für inländische Exporteure: Wie die graphischen Analysen gezeigt haben, ist es möglich, Güter zu höheren Europreisen zu verkaufen, aber dennoch Nachfrage zu gewinnen, weil im Zuge einer Abwertung die für die Konsumenten relevanten Dollarpreise sinken. Diese externe Unterstützung inländischer Unternehmen wirkt sich auf die unternehmerische Haltung und auf das unternehmerische Verhalten aus: Der Druck, nach Produktivitäts- und Qualitätssteigerungen sowie nach geeigneten Investitionen zu suchen oder das Management zu optimieren, lässt nach, wenn sich Produkte „von alleine" verkaufen lassen. Stoppt eine zur Gewohnheit gewordene Abwertungspolitik jedoch eines Tages, stehen inländische Unternehmer vielfältigen Problemen gegenüber, wenn sie ihre wechselkursbereinigte Wettbewerbsfähigkeit verloren haben.

Eurokrise

Unternehmen der Krisenländer der Europäischen Währungsunion, insbesondere Griechenlands, Italiens, Portugals und Spaniens waren es Jahrzehnte lang gewohnt, ihre an sich mangelhafte Wettbewerbsfähigkeit durch fortwährende Abwertungen der griechischen Drachme, der italienischen Lira, des portugiesischen Escudo beziehungsweise der spanischen Peseta zu verdecken und ihre Güter abzusetzen. Mit Beginn der Währungsunion blieben diese „hilfreichen" Abwertungen aus, und es dauerte nur ein Jahrzehnt, bis die eklatante Wettbewerbsschwäche dieser Mittelmeerländer in die „Eurokrise" mündete. ◄

Preise reagieren in der Regel schneller als Mengen, weil Nachfrageelastizitäten kurzfristig niedriger sind. Deshalb dominieren zunächst die Preiseffekte die Mengeneffekte. Eine Abwertung der inländischen Währung resultiert in sinkenden Preisen für Exportgüter und steigenden Preisen für Importgüter. Dies bedeutet, dass sich die **Terms of Trade** (Exportgüterpreise geteilt durch Importgüterpreise) für das abwertende Land **„verschlechtern"**: Mit den Exporterlösen kann die bisherige Importmenge nicht mehr finanziert werden.

Eine diskretionäre Wechselkurspolitik ist **nicht** mit einer **regelbasierten Stabilitätspolitik** vereinbar, weil sie von Entscheidungen der Politiker abhängt. Dies eröffnet Möglichkeiten zur Korruption. Aus ordoliberaler Perspektive nagt eine dauerhafte Abwertungspolitik am Fundament der Sozialen Marktwirtschaft, die einen starken staatlichen Einfluss auf die Rahmenordnung gutheißt, aber staatliche Zurückhaltung im Wirtschaftsprozess einfordert.

Eine kontinuierliche Abwertungspolitik stößt in anderen Ländern nicht auf Wohlgefallen, sondern ist als „Beggar-thy-Neighbour Policy" (vgl. Robinson 1937b, S. 210 ff.) stigmatisiert. Sie steht im Verdacht, die Wohlfahrt des eigenen Landes auf Kosten anderer Länder erhöhen zu wollen. Es drohen **Vergeltungsmaßnahmen**, die sich zum Beispiel in einem Abwertungswettlauf oder in protektionistischen Maßnahmen niederschlagen können. Werden nicht nur die Aktionen des abwertenden Landes, sondern auch die Reaktionen anderer Länder berücksichtigt, besteht die Gefahr, dass die Abwertungspolitik eines Landes nicht nur andere Länder, sondern auch das abwertende Land selbst schwächt, mithin eine „Lose-Lose"-Situation hervorruft.

4.7.4 Empirische Dimension

Es gibt keine empirischen Belege dafür, dass eine Abwertungspolitik zu nachhaltigen Leistungsbilanzüberschüssen führt. Unter den Ländern, die traditionell Leistungsbilanzüberschüsse aufweisen, befinden sich zahlreiche Länder mit stabiler Währung wie Deutschland, Japan, die Niederlande oder die Schweiz (vgl. statista 2020f, g)

Betrachten wir die 15 Länder, die vor Gründung der EU bereits Mitglieder der EG gewesen sind: Die Staaten, die wie Spanien, Portugal, Griechenland, das Vereinigte Königreich, Irland, Schweden und Finnland, eine Abwertungspolitik verfolgten, wiesen Leistungsbilanzdefizite auf. Hingegen wiesen die Länder, die wie Deutschland, Österreich, die Niederlande, Belgien, Luxemburg und – in geringerem Maße – Dänemark und Frankreich ihre Währungen aufwerteten, typischerweise Leistungsbilanzüberschüsse auf. Die einzige Ausnahme bildete Italien, das trotz seiner schwachen Währung in der Regel Leistungsbilanzüberschüsse aufwies.

Der US-Dollar wertete zwischen 1985 und 1996 gegenüber wichtigen europäischen Währungen um die Hälfte ab. Jedoch verdienten sich die Amerikaner in dieser Zeit den „Titel" des Weltmeisters der Leistungsbilanzdefizite. Während der Abwertung des US-Dollars gegenüber dem Euro um ebenfalls die Hälfte zwischen 2001 und 2009 „verteidigten" die Amerikaner ihren „Titel" „erfolgreich" und erhöhten ihr Leistungsbilanzdefizit von einem „Weltrekord" zum nächsten.

Neben diesen beiden Beispielen gibt es zahlreiche andere Belege, die darauf hindeuten, dass sich eine diskretionäre Wechselkurspolitik langfristig nicht auszahlt.

4.7.5 Interpretation

Eine Wechselkurspolitik scheint auf den ersten Blick erfolgversprechend zu sein, auf den zweiten weniger. In der kurzen Frist zeitigt sie keine Erfolge, weil Handelsmengen durch Verträge im Vorhinein festgelegt werden. Auf mittlere Sicht, die im Elastizitätsansatz berücksichtigt wird, kann Wechselkurspolitik zu den beabsichtigten Konsequenzen führen, braucht es aber nicht. Wenn die Nachfrageelastizitäten nicht besonders hoch sind, bleibt der gewünschte Erfolg aus. Auf lange Sicht werden noch mehr Probleme offenbar. Daher gibt es gute Gründe, einer aktiven Wechselkurspolitik mit Skepsis zu begegnen.

4.8 Absorptionsansatz

4.8.1 Grundlagen

Der im vorherigen Abschnitt behandelte **Elastizitätsansatz** untersucht die Reaktion des Außenbeitrags auf Wechselkursänderungen: In diesem Modell führt eine Abwertung der Inlandswährung (Aufwertung der Auslandswährung) zu einer normalen Reaktion des Außenbeitrags, wenn der inländische Außenbeitrag zunimmt. Eine Aufwertung der Inlandswährung (Abwertung der Auslandswährung) mündet bei normaler Reaktion in einen sinkenden inländischen Außenbeitrag. Die Robinson-Bedingung (vgl. Robinson 1937a, S. 194) beziehungsweise die Marshall-Lerner-Bedingung (vgl. Marshall 1923, S. 354; Lerner 1944, S. 377 ff.) sind in diesen Fällen erfüllt.

Der Elastizitätsansatz untersucht die Wirkungen einer Wechselkurspolitik auf den Außenbeitrag. Unberücksichtigt bleiben hingegen Implikationen, die sich aus der Änderung des Außenbeitrags ergeben, wie:

- Absorptionseffekte,
- Übertragungseffekte (Spillover-Effekte),
- Rückwirkungseffekte (Feedback-Effekte),
- Einkommenseffekte.

Der **Erklärungswert** eines Modells lässt sich auch an seinen Annahmen ablesen: Mangelnde Realitätsnähe ist ein gängiger Vorwurf, der wirtschaftstheoretischen Modellen gemacht wird. Derartige Vorwürfe sind jedoch bei genauerer Überlegung irrelevant: Denn es ist eine inhärente Bedingung eines Modells, von der Realität zu abstrahieren und Komplexitätsreduktion zu betreiben, um Zusammenhänge zu *erklären*, nicht nur zu *beschreiben*. Deshalb ist die Frage, ob Modellannahmen realistisch oder unrealistisch sind, für die Beurteilung des Erklärungswertes unerheblich. Von hoher Relevanz sind stattdessen die Variablen, die für die Erklärung eines bedeutenden Phänomens ausschlaggebend sind. Daher erfordert die kritisch-rationale Analyse eines Modells nicht nur die Untersuchung *expliziter* (ausdrücklich formulierter), sondern auch diejenige *impliziter* (unausgesprochener) **Modellannahmen.**

Eine implizite Modellannahme des Elastizitätsansatzes lautet, dass eine aktive Wechselkurspolitik keine signifikanten **Einkommenseffekte** mit sich bringt. Dem ist aber nicht so: Eine Abwertungspolitik verfolgt ja gerade das Ziel, durch die Ankurbelung der Exportwirtschaft Produktion, Beschäftigung und somit auch die Einkommen zu steigern. Einkommenseffekte sind daher nur vernachlässigbar, wenn die wechselkurspolitischen Maßnahmen keine Früchte tragen. Ist dies der Fall, sollte ohnehin auf derartige Maßnahmen verzichtet werden. Ist dies jedoch nicht der Fall, weil eine Abwertungspolitik die angestrebte Wirkung zeigt, dann besteht diese gerade in den Einkommenseffekten, die deshalb in die Analyse miteinzubeziehen sind.

Ein steigender Außenbeitrag führt ceteris paribus zu steigender Produktion und Beschäftigung sowie zu steigenden Einkommen, die unter anderem steigende Importe nach sich ziehen und somit den Außenbeitrag beeinflussen. Daher bestimmt der Elastizitätsansatz nur die *temporären* **Primäreffekte**, jedoch nicht die *finalen* **Effekte**. Streng genommen gelten die Ergebnisse des Elastizitätsansatzes nur unter der impliziten Annahme, dass sich das Einkommen nicht ändert. Für ein endgültiges Gleichgewicht müssen Einkommenserhöhungen, die bei normaler Reaktion aus einem Anstieg des Außenbeitrags resultieren, berücksichtigt werden, weil die Sekundäreffekte von den Primäreffekten abweichen können.

Im Absorptionsansatz (vgl. Alexander 1952, S. 263–278, 1959, S. 22–42) wird versucht, diese Lücke zu schließen: Im Gegensatz zum Elastizitätsansatz werden **Einkommenseffekte** explizit miteinbezogen. Dadurch werden auch längerfristige Spillover- und Feedback-Effekte für die Evaluation wechselkurspolitischer Maßnahmen berücksichtigt.

4.8.2 Modellannahmen

Im Absorptionsansatz wird – wie es der Name bereits nahelegt – die Absorption einer Volkswirtschaft berücksichtigt.

▶ **Absorption** ist die *inländische* Komponente der gesamtwirtschaftlichen Nachfrage: Sie misst die Ausgaben der Inländer, die für *inländische* **Güter** „absorbiert" werden und daher nicht mehr in die internationale Wirtschaft injiziert werden können:

- Konsumnachfrage,
- Investitionsnachfrage,
- Staatsnachfrage.

Die Absorption ist die Summe der Nachfrage nach *inländischen* Gütern:

$$A = C + I + G \qquad (4.44)$$

Die *reale* **Absorption** A_{real} kann aufgeteilt werden in einen einkommensunabhängigen autonomen Teil A_{aut} und in einen einkommensinduzierten Teil $A_Y \cdot Y_{real}$:

$$A_{real} = A_{aut} + A_Y \cdot Y_{real} \qquad (4.45)$$

Die *marginale* **Absorptionsquote** A_Y ergibt sich – bei Konstanz der Zinssätze – aus der Summe von marginaler Konsumquote C_Y und marginaler Investitionsquote I_Y, die im Absorptionsansatz auch einkommensabhängig ist:

$$A_Y = C_Y + I_Y \qquad (4.46)$$

Die Residualgröße zur marginalen Absorptionsquote A_Y ist die *marginale* **Hortungsquote** H_Y, die angibt, welcher Prozentsatz des zusätzlichen Einkommens für Importe „gehortet" wird. Die marginale Absorptionsquote und die marginale Hortungsquote addieren sich zu eins:

$$A_Y + H_Y = 1 \qquad (4.47)$$

$$\Leftrightarrow H_Y = 1 - A_Y \qquad (4.48)$$

Unter der Annahme, dass die Investitionsnachfrage I nicht nur vom Zinssatz i, sondern auch vom Einkommen Y abhängt, gilt folgende

Gleichgewichtsbedingung für den **Gütermarkt** (in Nominalgrößen):

$$Y = \underset{(+)}{C(Y)} + \underset{(-)}{I(i,Y)} + \underset{(+)}{G} + \underset{(-)}{Ex^{net}(Y)} \quad (4.49)$$

Im Gleichgewicht entspricht das Volkseinkommen Y

- dem einkommensabhängigen Konsum C plus
- den zins- und einkommensabhängigen Investitionen I plus
- den Staatsausgaben G plus
- dem Außenbeitrag Ex^{net}.

Der Außenbeitrag ist die Differenz aus dem Einkommen und der Absorption:

$$Y = A + Ex^{net} \quad (4.50)$$

$$\Leftrightarrow Ex^{net} = Y - A \quad (4.51)$$

Nach Zerlegung der Nominalgrößen in ihre jeweilige Preis- und Realkomponente ergibt sich:

$$Ex^{net} = P \cdot Y_{real} - P \cdot A_{real} \quad (4.52)$$

$$\Leftrightarrow Ex^{net} = P \cdot (Y_{real} - A_{real}) \quad (4.53)$$

$$\Rightarrow Ex^{net} = P \cdot (Y_{real} - A_{aut} - A_Y \cdot Y_{real}) \quad (4.54)$$

Der Nominalwert der Nettoexporte Ex^{net} setzt sich aus einer monetären und einer realwirtschaftlichen Komponente zusammen: dem Preisniveau P sowie der Differenz aus dem Realeinkommen Y_{real} minus – und dies ist der entscheidende Unterschied zum Elastizitätsansatz – der autonomen Absorption A_{aut} minus dem Produkt aus der marginalen Absorptionsquote A_Y und dem Realeinkommen Y_{real}. Wir rekapitulieren, dass die positive Wirkung einer Abwertung auf den Außenbeitrag eines Landes unter Berücksichtigung einer positiven Absorption geringer ausfällt, als es der Elastizitätsansatz erwarten lässt. Da nicht der Wert der Nettoexporte, sondern die Änderung dieses Wertes Untersuchungsobjekt ist, differenzieren wir total:

$$\Rightarrow dEx^{net} = dP \cdot (Y_{real} - A_{aut} - A_Y \cdot Y_{real})$$
$$+ P \cdot (dY_{real} - 0 - A_Y \cdot dY_{real}) \quad (4.55)$$

$$\Leftrightarrow dEx^{net} = dP \cdot (Y_{real} - A_{aut} - A_Y \cdot Y_{real})$$
$$+ P \cdot (dY_{real} - A_Y \cdot dY_{real}) \quad (4.56)$$

$$\Leftrightarrow dEx^{net} = dP \cdot (Y_{real} - A_{aut} - A_Y \cdot Y_{real})$$
$$+ P \cdot (1 - A_Y) \cdot dY_{real} \quad (4.57)$$

Bei einer **Abwertung** der inländischen Währung steigt im Normalfall der Außenbeitrag, der sich in einem *höheren Nominal*einkommen niederschlägt. Dieses resultiert aus einem Anstieg der *realen* Wirtschaftsleistung und/oder des Preisniveaus. Daher empfiehlt sich die Unterscheidung in einen Unterbeschäftigungs- und in einen Vollbeschäftigungsfall: Im *Unterbeschäftigungsfall* werden der analytischen Klarheit wegen ausschließlich *Real*einkommenssteigerungen berücksichtigt, im *Voll*beschäftigungsfall ausschließlich **Preisniveausteigerungen**.

4.8.3 Komparativ-statische Analyse

4.8.3.1 Unterbeschäftigungsfall

Im Fall der Unterbeschäftigung sind die Kapazitäten nicht voll ausgelastet. Daher zieht eine „Verbesserung" des Außenbeitrags *Real*einkommensänderungen nach sich, ohne dass das Preisniveau steigt: $dY_{real} > 0$, $dP = 0$.

Qualitativ ergeben sich die gleichen Ergebnisse unter der weniger strikten Annahme, dass die Zunahme des *Nominal*einkommens stärker ausfällt als der Anstieg des Preisniveaus.

Ausgangspunkt ist die Änderung der Nettoexporte:

$$dEx^{net} = dP \cdot (Y_{real} - A_{aut} - A_Y \cdot Y_{real})$$
$$+ P \cdot (1 - A_Y) \cdot dY_{real} \quad (4.58)$$

Da im Unterbeschäftigungsfall annahmegemäß gilt, dass $dP = 0$ ist, können wir vereinfachen zu:

$$\Rightarrow dEx^{net} = P \cdot (1 - A_Y) \cdot dY_{real} \quad (4.59)$$

Die Wirkung auf den Außenbeitrag hängt von der marginalen Absorptionsquote A_Y ab. Vier Fälle sind zu unterscheiden:

$$a) \ A_Y > 1 \qquad (4.60)$$

$$b) \ A_Y = 1 \qquad (4.61)$$

$$c) \ 0 < A_Y < 1 \qquad (4.62)$$

$$d) \ A_Y = 0 \qquad (4.63)$$

Folgende Ergebnisse lassen sich ableiten:

a. Ist die marginale Absorptionsquote A_Y größer als eins, sinkt der Außenbeitrag. Denn in diesem Fall sind P und dY_{real} positiv, der Klammerausdruck $(1 - A_Y)$ ist jedoch negativ. Allerdings ist diese Annahme für den Fall unterausgelasteter Kapazitäten unwahrscheinlich, weil nicht zu erwarten ist, dass ein Anstieg der Realeinkommen dazu führt, dass die privaten Nachfrager zusätzlich mehr konsumieren beziehungsweise investieren als sie zusätzlich verdienen.

b. Ist die marginale Absorptionsquote A_Y gleich eins, ändert sich der Außenbeitrag nicht. Denn in diesem Fall ist der Klammerausdruck $(1 - A_Y)$ null. Diese Annahme ist jedoch aus Gründen wie oben unrealistisch.

c. Ist die marginale Absorptionsquote A_Y kleiner als eins, steigt der Außenbeitrag. Denn in diesem Fall ist der Klammerausdruck $(1 - A_Y)$ positiv. Dieser Anstieg im Modellrahmen des *Absorptions*ansatzes fällt jedoch geringer aus, als es die Primäreffekte im Modellrahmen des *Elastizitäts*ansatzes nahelegen. Denn unter Berücksichtigung der Absorption steigt das Realeinkommen nur um einen Bruchteil. Die Annahme einer marginalen Absorptionsquote, die zwischen null und eins liegt, ist eine realistische Annahme für den Fall unterausgelasteter Kapazitäten. Es ist nämlich zu erwarten, dass ein Anstieg des Realeinkommmens dazu führt, dass einerseits die privaten Nachfrager mehr konsumieren beziehungsweise investieren und die marginale Absorptionsquote somit größer als null ist, dass aber andererseits ein Teil der

Einkommenserhöhung in Ersparnisse und Importnachfrage fließt und die marginale Absorptionsquote somit kleiner als eins ist.

d. Ist die marginale Absorptionsquote A_Y gleich null, steigt der Außenbeitrag. Denn in diesem Fall ist der Klammerausdruck $(1 - A_Y)$ eins, sodass der Spezialfall vorliegt, wie er im *Elastizitäts*ansatz angenommen wird. Die Vernachlässigung der Absorption ist im *Elastizitäts*ansatz zwar nicht eine *explizite* Annahme, gleichwohl ist sie eine *implizite* Annahme. Ohne Berücksichtigung der Absorption entfaltet eine Wechselkurspolitik ihre größte Wirkung auf den Wert der Nettoexporte. Diese Annahme ist jedoch unrealistisch, da sie bedeutet, dass eine Einkommenserhöhung nur für Ersparnisse und Importe gehortet wird, aber überhaupt nicht in die inländische Nachfrage eingeht.

▶ Unter Berücksichtigung der **Absorption** und der **Einkommenseffekte** werden die beabsichtigten **Wirkungen** einer **Wechselkurspolitik** auf den Außenbeitrag bei Unterbeschäftigung im wahrscheinlichen Fall **geschmälert**, im extremen Fall sogar konterkariert.

Es folgt die Analyse für den Vollbeschäftigungsfall.

4.8.3.2 Vollbeschäftigungsfall

Im Fall der Vollbeschäftigung sind die Kapazitäten voll ausgelastet. Daher zieht eine „Verbesserung" des Außenbeitrags **Preisniveauänderungen** nach sich, ohne dass das Realeinkommen steigt: $dP > 0$, $dY_{real} = 0$.

Qualitativ ergeben sich die gleichen Ergebnisse unter der weniger strikten Annahme, dass der Anstieg des Preisniveaus stärker ausfällt als die Zunahme des Realeinkommens.

Ausgangspunkt ist die Änderung der Nettoexporte:

$$dEx^{net} = dP \cdot \left(Y_{real} - A_{aut} - A_Y \cdot Y_{real} \right)$$
$$+ P \cdot \left(1 - A_Y \right) \cdot dY_{real} \qquad (4.64)$$

Da im Vollbeschäftigungsfall annahmegemäß gilt, dass $dY_{real} = 0$ ist, können wir vereinfachen zu:

$$\Rightarrow dEx^{net} = dP \cdot \left(Y_{real} - A_{aut} - A_Y \cdot Y_{real} \right) \quad (4.65)$$

Die Wirkung auf den Außenbeitrag hängt vom Klammerausdruck $(Y_{real} - A_{aut} - A_Y \cdot Y_{real})$ ab. Dieser spiegelt den *realen* **Außenbeitrag** wider. Drei Fälle sind zu unterscheiden:

a) $\left(Y_{real} - A_{aut} - A_Y \cdot Y_{real} \right) = Ex^{net} > 0 \quad (4.66)$

b) $\left(Y_{real} - A_{aut} - A_Y \cdot Y_{real} \right) = Ex^{net} = 0 \quad (4.67)$

c) $\left(Y_{real} - A_{aut} - A_Y \cdot Y_{real} \right) = Ex^{net} < 0 \quad (4.68)$

Folgende Ergebnisse lassen sich ableiten:

a. Sind der Außenbeitrag und damit die (vereinfachte) Leistungsbilanz in der Ausgangssituation positiv, steigt der Außenbeitrag. Denn in diesem Fall sind dP und der Klammerausdruck $(Y_{real} - A_{aut} - A_Y \cdot Y_{real})$ positiv. In dieser Ausgangssituation ist eine Abwertungspolitik jedoch ohne Relevanz: Die Leistungsbilanz weist bereits einen Überschuss auf, sodass überhaupt kein Handlungsbedarf einer Abwertungspolitik besteht.

b. Sind der Außenbeitrag und damit die (vereinfachte) Leistungsbilanz in der Ausgangssituation ausgeglichen, ändert sich der Außenbeitrag nicht. Denn in diesem Fall ist der Klammerausdruck $(Y_{real} - A_{aut} - A_Y \cdot Y_{real})$ null. Eine Wechselkurspolitik ist weder effektiv noch erforderlich, da ein Leistungsbilanzgleichgewicht bereits in der Ausgangslage besteht.

c. Sind der Außenbeitrag und damit die (vereinfachte) Leistungsbilanz in der Ausgangssituation negativ, sinkt der Außenbeitrag. Denn in diesem Fall ist dP positiv, der Klammerausdruck $(Y_{real} - A_{aut} - A_Y \cdot Y_{real})$ jedoch negativ. Diese Ausgangssituation ist genau der Fall, in dem eine Abwertungspolitik die höchste Relevanz hat: Politiker verfolgen das Ziel, ihre „negative" Leistungs-

bilanz dadurch zu „verbessern". Bei Vollbeschäftigung nimmt der Außenbeitrag im Zuge einer Abwertung jedoch ab, sodass eine Wechselkurspolitik nicht nur ungeeignet, sondern sogar schädlich ist, weil das Gegenteil dessen, was beabsichtigt ist, erreicht wird.

▶ Unter Berücksichtigung der **Absorption** und der **Einkommenseffekte** werden die beabsichtigten **Wirkungen** einer **Wechselkurspolitik** auf den Außenbeitrag bei **Vollbeschäftigung** im wahrscheinlichen Fall **konterkariert**. Nur wenn bereits ein positiver Außenbeitrag vorliegt, sorgt eine Abwertungspolitik für einen (weiteren) Anstieg des Außenbeitrags. In dieser Ausgangslage ist ein solches Ergebnis jedoch nicht erstrebenswert.

Von allen sieben Fällen – vier Fällen bei Unterbeschäftigung sowie drei Fällen bei Vollbeschäftigung – ist der *relevanteste* **Fall** derjenige einer *Unter*beschäftigungssituation mit einer *marginalen* **Absorptionsquote zwischen null und eins**. In diesem Fall werden die Primäreffekte, die der Elastizitätsansatz nahelegt, gemindert, sodass die Skepsis gegenüber einer diskretionären Wechselkurspolitik unter Berücksichtigung der Absorption und der Einkommenseffekte gestärkt wird.

4.8.4 Interpretation

Die Höhe der Absorpion lässt sich nicht eindeutig ermitteln. Es gibt Argumente, die für eine hohe Absorption sprechen, aber auch Argumente, die dagegen sprechen.

Erstens sind die Auswirkungen auf die **Einkommensverteilung** *ambivalent*: Einerseits steigt das Einkommen. Wenn andererseits das Preisniveau stärker steigt als die Lohnsätze, findet eine Umverteilung der Einkommen statt, und zwar zugunsten der Bezieher von Gewinneinkommen und zulasten der Lohn- und Gehaltsempfänger. Geht man davon aus, dass die marginale Konsumquote Letztgenannter höher ist, sinkt die reale Absorption.

Aber: Der geringere reale Konsum kann dadurch ausgeglichen werden, dass Bezieher von Gewinneinkommen, deren marginale Investitionsquote höher ist, mehr investieren.

Wenn *zweitens* Sparer ihr Sparverhalten auch danach ausrichten, dass sie einen gleichbleibenden Bestand an Realkasse zu halten gedenken, wird mehr gespart, wenn das Preisniveau steigt, und damit weniger konsumiert. Dieser auf Don Patinkin (1922–1995) zurückgehende besondere **Realkasseneffekt** (vgl. Patinkin 1948, S. 135–154, 1949, S. 1–27, 1951, S. 134–151) sorgt dafür, dass bei steigendem Preisniveau die reale Absorption sinkt.

Aber: die Wirkung des Patinkin-Effekts ist generell nicht unumstritten, bedeutet sie doch die Abkehr von der klassisch-neoklassischen Dichotomie von monetärer und realwirtschaftlicher Sphäre. Zudem sind die marginale Konsumquote und damit auch die marginale Sparquote langfristig relativ stabil, wie der russisch-amerikanische Nobelpreisträger Simon Smith Kuznets (1901–1985) schon früh (vgl. Kuznets 1946) gezeigt hat, sodass der Patinkin-Effekt – wenn überhaupt – nur kurzfristig wirkt.

Drittens führt bei Vollbeschäftigung ein Anstieg des Preisniveaus P zu steigenden Nominallohnsätzen W und Nominaleinkommen Y. Da die Einkommensteuer T nicht am Real-, sondern am Nominaleinkommen ansetzt, nimmt die Steuerbelastung im Zuge *kalter* **Progression** zu, sodass aufgrund des geringeren realen verfügbaren Einkommens die reale Absorption sinkt:

$$P \uparrow \to W \uparrow \to Y \uparrow \to T \uparrow \to A_{real} \downarrow \quad (4.69)$$

Aber: Werden die Steuermehreinnahmen für zusätzliche staatliche Ausgaben verwendet, wird die ursprüngliche Abnahme der Absorption dadurch kompensiert.

Viertens kommt es zu ***monetären*** **Rückwirkungen**: Mit steigendem Preisniveau P sinken die Reallohnsätze W/P. Die Nominallohnsätze W steigen, um die Realeinkommenseinbußen abzumildern. Damit erhöhen sich die Nominaleinkommen Y. Mit ihnen nimmt auch die nominale Geldnachfrage L zu. Ist das Geldangebot M konstant, steigen die Zinssätze i, die zinssatzabhängige Investitionsnachfrage I sinkt, sodass ceteris paribus die reale Absorption A_{real} abnimmt:

$$P \uparrow \to \frac{W}{P \uparrow} \downarrow \to W \uparrow \to Y \uparrow \to$$
$$\underset{(+)}{L(Y)} \uparrow \to i \uparrow \to \underset{(-)}{I(i)} \downarrow \to A_{real} \downarrow \quad (4.70)$$

Aber: Dass die reale autonome Absorption im Vollbeschäftigungsfall im Zuge einer Erhöhung des Preisniveaus sinkt, hängt von einigen Annahmen ab, die nicht immer erfüllt sind: Im Normalfall zieht eine Erhöhung der Geldnachfrage zwar einen Anstieg des Zinssatzes nach sich. Allerdings hat sich das Zinsniveau seit Ausbruch der Finanzkrise 2007 über viele Jahre hinweg auf historischen Tiefständen bewegt. Deshalb ist nicht damit zu rechnen, dass monetäre Rückwirkungen so stark ausfallen, dass sie die anomale Reaktion des Außenbeitrags zunichtemachen.

Das **Quantitative and Qualitative Monetary Easing (QQE)** der Europäischen Zentralbank, des US-amerikanischen Federal Reserve System sowie der japanischen Notenbank in den Jahren nach der Finanzkrise sorgte für eine Liquiditätsfalle, in welcher der Zinssatz seine Signal- und Steuerungsfunktion für Kapital verlor. Schon vor Ausbruch der Corona-Pandemie 2020 bewegten sich die europäischen Volkswirtschaften nicht nur in einer Liquiditätsfalle, sondern auch in einer Investitionsfalle, in der die Investitionsnachfrage nicht auf Zinssatzänderungen reagierte.

Der Absorptionsansatz verstärkt die Skepsis gegenüber einer diskretionären Abwertungspolitik zum Zwecke der „Verbesserung" des Außenbeitrags. Notwendige Bedingung für einen dauerhaften Anstieg der Nettoexporte ist, dass der Anstieg des realen Inlandsprodukts größer ausfällt als der Anstieg der realen Absorption: $dY_{real} > dA_{real}$

Die „positiven" primären Effekte, die aus dem Elastizitätsansatz insbesondere bei hohen Nachfrageelastizitäten abgeleitet werden können, werden

- im Unterbeschäftigungsfall gedämpft, wenn die marginale Absorptionsquote positiv ist,
- im Vollbeschäftigungsfall unter Berück-

sichtigung monetärer Rückwirkungen, die eine Reduktion der autonomen Absorption nach sich ziehen, gedämpft,

- im Vollbeschäftigungsfall ohne monetäre Rückwirkungen konterkariert, da – ausgehend von einem negativen Außenbeitrag – im Fall einer Abwertungspolitik der Außenbeitrag nicht zunimmt, sondern weiter sinkt.

▶ Eine Abwertungspolitik lässt sich abschließend mit folgenden stichwortartigen Argumenten kritisieren:

- Irrelevanz für die kurze Frist,
- Ineffektivität bei niedrigen Nachfrageelastizitäten für die mittlere Frist,
- Kontraproduktivität für die lange Frist,
- mangelnde Wirksamkeit bei niedrigen Preiselastizitäten,
- Reduktion des Wettbewerbsdrucks inländischer Unternehmen,
- Verlust monetärer Stabilität,
- negative Feedback-Effekte aufgrund von Vergeltungsmaßnahmen des Auslandes,
- Fehlinterpretation eines außenwirtschaftlichen Gleichgewichts,
- Vernachlässigung der Absorption,
- Vernachlässigung von Einkommenseffekten.

Devisenbilanzungleichgewichte haben nicht nur realwirtschaftliche, sondern auch monetäre Ursachen. Dies wird im nächsten Abschnitt erläutert.

4.9 Monetäre Zahlungsbilanztheorie

4.9.1 Grundlagen

Zunächst werden die entscheidenden Annahmen dieses Modells herausgearbeitet, bevor zentrale Charakteristika des inländischen Geldmarktes identifiziert werden.

Die monetäre Zahlungsbilanztheorie wurde vom Wirtschaftsnobelpreisträger Robert Alexander Mundell (1932–2021) entwickelt (vgl. Mundell 1971, Kap. 15–16). Sie legt ihr Augenmerk auf monetäre Phänomene. Ihre zentrale Aussage lautet: **Zahlungsbilanzungleichgewichte** haben ihre **Ursache** in **Ungleichgewichten** auf dem **Geldmarkt**. Insofern liefert die monetäre Zahlungsbilanztheorie weitere mögliche Gründe für das Vorliegen außenwirtschaftlicher Ungleichgewichte, die nicht nur in realwirtschaftlichen Größen wie Güterex- und -importen, sondern eben auch in monetären Größen wie der Geldmenge zu finden sind (vgl. Jarchow und Rühmann 2000, S. 275–282).

Die monetäre Zahlungsbilanztheorie basiert auf folgenden Annahmen:

1. **Ausländische Preise** für Güter und Kapital (= **Zinssätze**) sind **gegeben**: Das Inland ist ein *kleines* **Land** und deshalb **Preisnehmer**. Es hat keinen Einfluss auf die Weltmarktpreise:

$$P_F = \overline{P}_F \qquad (4.71)$$

$$i_F = \overline{i}_F \qquad (4.72)$$

2. **Wechselkurse** sind **fix**:

$$e = \overline{e} \qquad (4.73)$$

3. Es gibt einen **perfekten Kapitalmarkt**, das heißt, es gelten folgende Annahmen:
   a. vollständige Kapitalmobilität,
   b. vollständige Substitutionalität in- und ausländischer Aktiva,
   c. Vernachlässigung von Transaktionskosten.

Sind diese Annahmen erfüllt, gleichen sich die Zinssätze im In- und Ausland an:

$$i = i_F \qquad (4.74)$$

Es gilt die *relative* **Kaufkraftparitätentheorie**. Somit ist das inländische Preisniveau P gleich dem ausländischen Preisniveau P_F, multipliziert mit dem Wechselkurs e und einem Faktor Gamma, der die Translokationskosten widerspiegelt:

$$P = \gamma \cdot e \cdot P_F \qquad (4.75)$$

Der inländische **Geldmarkt** ist durch folgende Beziehungen charakterisiert:

Die **Geldbasis** B („monetary **B**ase") setzt sich zusammen aus der inländischen Komponente H („**H**ome") und den Währungsreserven R („currency **R**eserves"):

$$B = H + R \qquad (4.76)$$

Das **Geldangebot** M („supply of **M**oney") ist gleich der Geldbasis B, multipliziert mit dem Geldmengenmultiplikator μ:

$$M = \mu \cdot B \qquad (4.77)$$

$$\Rightarrow M = \mu \cdot (H + R) \qquad (4.78)$$

Das *reale* **Geldangebot** M/P ist gleich dem *nominalen* Geldangebot M, dividiert durch das Preisniveau P:

$$\frac{M}{P} = \frac{\mu \cdot (H + R)}{\gamma \cdot e \cdot P_F} \qquad (4.79)$$

Die *reale* Geldnachfrage L_{real}, die sich aus einkommensabhängiger Transaktions- sowie zinssatzabhängiger Spekulationskasse zusammensetzt, kann ausgedrückt werden durch:

$$L_{real} = L_{real} \underset{(+)\ (-)}{(Y_{real}, i)} \qquad (4.80)$$

Die Gleichgewichtsbedingung für den Geldmarkt lautet: Das (reale) Geldangebot entspricht der (realen) Geldnachfrage:

$$\frac{M}{P} = L_{real} \underset{(+)\ (-)}{(Y_{real}, i)} \qquad (4.81)$$

Nach Einsetzen erhalten wir:

$$\frac{\mu \cdot (H + R)}{\gamma \cdot e \cdot P_F} = L_{real} \qquad (4.82)$$

$$\Leftrightarrow R = \frac{L_{real} \cdot \gamma \cdot e \cdot P_F}{\mu} - H \qquad (4.83)$$

Der Wert der Reserven ist abhängig von *monetären* **Variablen**, nämlich von:

- der realen Geldnachfrage L_{real},
- dem Wechselkurs e,
- dem ausländischen Preisniveau P_F,

- der Höhe des Geldmengenmultiplikators μ,
- der nationalen Komponente des Geldangebots H.

Deshalb wird dieser Ansatz *monetäre* Zahlungsbilanztheorie genannt. Wenn die Variablen Y_{real} und i, die L_{real} determinieren, sowie γ, e, P_F, μ und H gegeben sind, ist das Devisenbilanzgleichgewicht bestimmt, weil sich in diesem Fall die Reserven R nicht ändern. Die Veränderung der Währungsreserven wird in der Devisenbilanz gemessen: Gemäß herrschender Auffassung sprechen wir von einem Zahlungsbilanzgleichgewicht, wenn die Devisenbilanz im Gleichgewicht ist, das heißt, wenn sich die Währungsreserven nicht verändern. Der Anstieg der Währungsreserven wird als Devisenbilanzüberschuss, ihr Rückgang als Devisenbilanzdefizit bezeichnet:

$$dR > 0 \rightarrow \text{Devisenbilanzüberschuss} \qquad (4.84)$$

$$dR = 0 \rightarrow \text{Devisenbilanzgleichgewicht} \qquad (4.85)$$

$$dR < 0 \rightarrow \text{Devisenbilanzdefizit} \qquad (4.86)$$

4.9.2 Geldpolitik des Auslandes

4.9.2.1 Induzierte Politiken im Inland

Wir nehmen an, dass das **Ausland** eine *expansive* **Geldpolitik** durchführt, mithin seine ausländische Geldmenge M_F („Foreign") erhöht. Die expansive Geldpolitik des Auslandes hat folgende Implikationen für das Inland:

Die ausländische expansive Geldpolitik resultiert in einem Wachsen des realen ausländischen Geldangebots, das zu einem steigenden Preisniveau im Ausland führt. Wegen des **direkten internationalen Preiszusammenhangs** und der angenommenen Geltung der relativen Kaufkraftparitätentheorie steigt ceteris paribus auch das Preisniveau im Inland, sodass das reale inländische Geldangebot sinkt. Mit anderen Worten: Die expansive Geldpolitik des Auslandes **induziert** eine *kontraktive* **Geldpolitik des Inlandes**: Das inländische Geldangebot sinkt.

$$1. M_F \uparrow \rightarrow \frac{M_F \uparrow}{P} \uparrow \rightarrow P_F \uparrow \rightarrow P \uparrow \rightarrow \frac{M}{P \uparrow} \downarrow \quad (4.87)$$

Die expansive Geldpolitik des Auslandes resultiert in einem Sinken der ausländischen Zinssätze. Auf einem *perfekten* Kapitalmarkt sinken auch die Zinssätze im Inland. Mit anderen Worten: Die expansive Geldpolitik des Auslandes **induziert** eine **Zinssenkungspolitik des Inlandes**: Die inländische Geldnachfrage zu Spekulationszwecken steigt.

$$2. M_F \uparrow \rightarrow i_F \downarrow \rightarrow i \downarrow \rightarrow L^S \underset{(-)}{(i)} \uparrow \quad (4.88)$$

Die wegen der expansiven ausländischen Geldpolitik sinkenden Zinssätze im Inland reduzieren die inländischen Refinanzierungskosten. Daher wird im Inland mehr investiert, sodass eine steigende gesamtwirtschaftliche Nachfrage sowie eine steigende Produktion und Beschäftigung zu erwarten sind. Mit anderen Worten: Die expansive Geldpolitik des Auslandes **induziert** eine *expansive* **Beschäftigungspolitik des Inlandes**: Die inländische Geldnachfrage zu Transaktionszwecken steigt.

$$3. M_F \uparrow \rightarrow i_F \downarrow \rightarrow i \downarrow \rightarrow$$
$$I \underset{(-)}{(i)} \uparrow \rightarrow Y^d \uparrow \rightarrow Y^s \uparrow \rightarrow Y_{real} \uparrow \rightarrow$$
$$L^T \underset{(+)}{(Y)} \uparrow \quad (4.89)$$

4.9.2.2 Transmissionsmechanismus

Die induzierte Geld-, Zins- und Beschäftigungspolitik im Inland führt zunächst aus drei Gründen zu einem **Nachfrageüberschuss** auf dem **Geldmarkt**: *Erstens* steht der realen Geldnachfrage nunmehr ein gesunkenes reales Geldangebot gegenüber. *Zweitens* implizieren sinkende Zinssätze eine steigende reale Geldnachfrage zu Spekulationszwecken, die den Nachfrageüberschuss auf dem Geldmarkt zusätzlich erhöht. *Drittens* geht die steigende Beschäftigung mit einem steigenden Einkommen einher, welches einen Anstieg der Geldnachfrage zu Transaktionszwecken nach sich zieht und die gesamte reale Geldnachfrage ein weiteres Mal erhöht.

Gemäß der monetären Zahlungsbilanztheorie reduziert dieser Nachfrageüberschuss nach Liquidität die Nachfrage nach inländischen Gütern Y^d sowie nach Wertpapieren B^d. Die damit einhergehenden **Angebotsüberschüsse** auf dem **Gütermarkt** sowie auf dem **Wertpapiermarkt** führen zu steigenden Nettoexporten Ex^{net} beziehungsweise zu steigenden Nettokapitalimporten Cim^{net} und somit zu einer positiven Kapitalbilanz. Beide Phänomene münden in einen **Devisenbilanzüberschuss**.

So verursacht ein Ungleichgewicht auf dem Geldmarkt ein Ungleichgewicht in der Devisenbilanz, die einen Angebotsüberschuss ausweist. Die Zentralbank ist verpflichtet, Devisen zu einem festen Wechselkurs zu kaufen. Somit steigen die Währungsreserven der Zentralbank R: Das reale inländische Geldangebot M/P wächst, bis wieder ein Geldmarktgleichgewicht und schließlich ein **Devisenbilanzgleichgewicht** erreicht wird. Abb. 4.26 zeigt die Interdependenzen, die aus einer expansiven Geldpolitik im Ausland entstehen: $dM_F > 0$.

4.9.3　Interpretation

Die monetäre Zahlungsbilanztheorie liefert eine weitere Erklärung für ein Devisenbilanzungleichgewicht.

▶ Die Kernaussage der monetären Zahlungsbilanztheorie lautet: Devisenbilanzungleichgewichte können monetäre Ursachen wie Ungleichgewichte auf dem Geldmarkt haben.

Zudem können *intertemporale* **Präferenzen** zu erwünschten Leistungsbilanzungleichgewichten beitragen: In Phasen, in denen ein Land in einer Aufbauphase – wie der deutschen Wiedervereinigung Anfang der 1990er-Jahre – Direktinvestitionen und andere Kapitalimporte präferiert, werden Leistungsbilanzdefizite in Kauf genommen. In Phasen, in denen die Bekämpfung der Arbeitslosigkeit höchste Priorität genießt, sind Leistungsbilanzüberschüsse attraktiver als -defizite, weil Produktion und Arbeitsplätze im In-

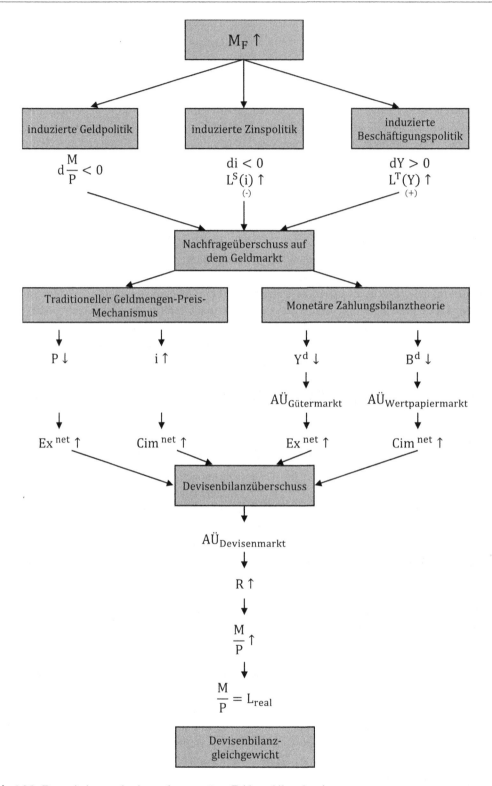

Abb. 4.26 Transmissionsmechanismus der monetären Zahlungsbilanztheorie

land verbleiben. Daher ist in diesem Zusammenhang eine typische ökonomische Floskel von hoher Relevanz: „Es kommt darauf an", nämlich auf die wirtschaftspolitischen Ziele und auf die anderen Teilbilanzen, ob Leistungsbilanzüberschüsse oder – defizite positiv oder negativ zu beurteilen sind.

4.10 Zusammenfassung und Aufgaben

4.10.1 Zusammenfassung

Die wichtigsten Ergebnisse dieses Kapitels sind zusammengefasst:

1. In der Zahlungsbilanz sollen alle ökonomischen Transaktionen zwischen Inländern und Ausländern innerhalb eines Jahres systematisch erfasst werden.
2. Die Zahlungsbilanz gliedert sich in mehrere Teilbilanzen, von denen die Leistungsbilanz, die Kapitalbilanz und die Devisenbilanz die wichtigsten sind.
3. Außenwirtschaftliches Gleichgewicht bedeutet Zahlungsbilanzgleichgewicht. Dies wiederum bedeutet nach herrschender Auffassung Devisenbilanzgleichgewicht. Dies ist erfüllt, wenn die Leistungsbilanz das Spiegelbild der Kapitalbilanz ist.
4. Deutschland weist typischerweise Leistungsbilanzüberschüsse in Verbindung mit Kapitalbilanzdefiziten auf, sodass außenwirtschaftliches Gleichgewicht herrscht.
5. Während der ersten Dekade nach der Wiedervereinigung wurden das außenwirtschaftliche Gleichgewicht mit für Deutschland untypischen Leistungsbilanzdefiziten und Kapitalbilanzüberschüssen erreicht.

6. Eine normale Reaktion des Außenbeitrags bedeutet, dass der Außenbeitrag auf eine Abwertung der inländischen Währung positiv und auf eine Aufwertung der inländischen Währung negativ reagiert.
7. Je höher die Preiselastizitäten der Nachfrage sind, desto eher zeigt der Außenbeitrag auf Wechselkursänderungen eine normale Reaktion.
8. Im Fall niedriger Preiselastizitäten der Nachfrage führt eine Abwertungspolitik zum Gegenteil dessen, was sie beabsichtigt, nämlich zu einer „Verschlechterung" des Außenbeitrags.
9. Methodologische Kritikpunkte am Elastizitätsansatz sind sein hoher Aggregationsgrad, die Partialanalyse, die Annahme vollständiger Konkurrenz, die mangelhafte Messbarkeit von Preiselastizitäten, die Vernachlässigung von Kreuzpreiselastizitäten, die Asymmetrie der Fakturierung von Export- beziehungsweise Importgütern, die Vernachlässigung des außenwirtschaftlichen Gleichgewichts, die Vernachlässigung der Effizienz.
10. Kritik an einer Abwertungspolitik, welche die zeitliche Dimension betrifft, äußert sich in folgenden Stichworten: begrenzter Zeithorizont, Erosion der Glaubwürdigkeit einer Währung und dadurch höhere Inflationsraten, negative Effekte auf die Kapitalbilanz durch geringere ausländische Direktinvestitionen und damit geringere Kapitalimporte, höhere Kapitalexporte, Mangel an Wettbewerbsdruck, Vernachlässigung der Terms of Trade, Vernachlässigung einer stabilitätsorientierten Währungspolitik, Vernachlässigung von Vergeltungsmaßnahmen.
11. Die Aussage, dass eine Abwertungspolitik sich positiv auf den Außenbei-

trag eines Landes auswirkt, ist empirisch nicht gestützt.

12. Unter Berücksichtigung der Absorption und der Einkommenseffekte werden die beabsichtigten Wirkungen einer Wechselkurspolitik auf den Außenbeitrag bei Unterbeschäftigung im wahrscheinlichen Fall geschmälert, im extremen Fall sogar konterkariert.

13. Unter Berücksichtigung der Absorption und der Einkommenseffekte werden die beabsichtigten Wirkungen einer Wechselkurspolitik auf den Außenbeitrag bei Vollbeschäftigung im wahrscheinlichen Fall konterkariert.

14. Die monetäre Zahlungsbilanztheorie betont die hohe Bedeutung monetärer Variabler für das Vorliegen eines außenwirtschaftlichen Gleichgewichts.

15. Geldpolitik im Ausland kann über eine induzierte Geld-, Zins- und Beschäftigungspolitik im Inland Ungleichgewichte auf dem Geldmarkt auslösen, die in Devisenbilanzungleichgewichte münden.

4.10.2 Wiederholungsfragen

1. Welche Posten hat die Zahlungsbilanz? Lösung Abschn. 4.2.2
2. Was bedeutet „außenwirtschaftliches Gleichgewicht"? Lösung Abschn. 4.2.2
3. Welche Länder sind große Handelsnationen? Lösung Abschn. 4.2.2
4. Inwiefern sind Außenhandelsraten zu hoch ausgewiesen? Lösung Abschn. 4.2.2
5. Was besagt die relative Kaufkraftparitätentheorie? Lösung Abschn. 4.2.3
6. Unter welchen Bedingungen führt eine Wechselkurspolitik zu einer normalen Reaktion des Außenbeitrags in Inlandswährung? Lösung Abschn. 4.3.4

7. Unter welchen Bedingungen führt eine Wechselkurspolitik zu einer normalen Reaktion des Außenbeitrags in Auslandswährung? Lösung Abschn. 4.4.4
8. Welche möglichen Gründe sprechen langfristig gegen eine diskretionäre Abwertungspolitik? Lösung Abschn. 4.7.3
9. Wie lautet die Kernaussage des Absorptionsansatzes? Lösung Abschn. 4.8.3
10. Wie lautet die Kernaussage der monetären Zahlungsbilanztheorie? Lösung Abschn. 4.9.3

4.10.3 Aufgaben

Aufgabe 1
Erläutern Sie, welche Gefahr besteht, wenn eine Regierung gleichzeitig seine Exportindustrie unterstützen und seine Attraktivität für ausländische Direktinvestitionen steigern möchte.

Aufgabe 2
Erläutern Sie, wie ein Ausscheren Griechenlands aus dem Euro kurz-, mittel- und langfristig auf den Außenbeitrag Griechenlands wirken könnte.

Aufgabe 3
Erläutern Sie, inwiefern die Absorption die Effektivität der Wechselkurspolitik reduziert.

4.10.4 Lösungen

Lösung zu Aufgabe 1
Die staatliche Unterstützung der inländischen Exportindustrie beispielsweise durch Subventionen verfolgt das Ziel, den Leistungsbilanzsaldo zu „verbessern". Die staatliche Unterstützung, ausländische Direktinvestitionen in das Inland zu locken, verfolgt das Ziel, den Kapitalbilanzsaldo zu „verbessern". Werden beide Salden positiv, liegt ein Devisenbilanzüberschuss vor. Dies bedeutet, dass im Inland Devisen angeboten und gegen inländische Währung getauscht werden. Dies erhöht ceteris paribus die

inländische Geldmenge und trägt die Gefahr einer importierten Inflation in sich.

Lösung zu Aufgabe 2

Sollte Griechenland die Europäische Wirtschafts- und Währungsunion verlassen und den Euro für eine nationale Währung aufgeben, könnte die neue griechische Währung – nennen wir sie wie die alte „Drachme" – abgewertet werden, um die – bisher mangelhafte – internationale Wettbewerbsfähigkeit griechischer Unternehmen herzustellen. Kurzfristig zieht dies noch keine Mengeneffekte nach sich, sofern Verträge aus der Vergangenheit eingehalten werden. Mittelfristig sind bei normaler Reaktion des Außenbeitrags gemäß Elastizitätsansatz „positive" Effekte auf die griechische Leistungsbilanz zu erwarten. Diese führen zu positiven Einkommenseffekten, welche gemäß Absorptionsansatz die Primärwirkung der Wechselkurspolitik schmälern. Eine Abwertung der Drachme führt allerdings zu einer Erhöhung griechischer – in Auslandswährung denominierter – Auslandsschulden, sodass die ohnehin wackelige Tragfähigkeit griechischer Schulden zusätzlich in Mitleidenschaft gezogen wird. Kreditausfälle sind wahrscheinlich. Vertraut Griechenland langfristig auf eine anhaltende Abwertungspolitik, kommen die negativen langfristigen Wirkungen einer Abwertungspolitik wie mangelnde monetäre Stabilität oder mangelnder Wettbewerbsdruck auf griechische Unternehmen mit all ihren negativen Langzeitfolgen zum Tragen.

Lösung zu Aufgabe 3

Absorption ist die inländische Komponente der gesamtwirtschaftlichen Nachfrage: Sie misst die Ausgaben der Inländer, die für inländische Güter „absorbiert" werden und daher nicht mehr in die internationale Wirtschaft injiziert werden können: Konsumnachfrage, Investitionsnachfrage und Staatsnachfrage. Unter Berücksichtigung der Absorption und der Einkommenseffekte werden die beabsichtigten Wirkungen einer Wechselkurspolitik auf den Außenbeitrag bei Unterbeschäftigung im wahrscheinlichen Fall geschmälert, im extremen Fall sogar konterkariert,

bei Vollbeschäftigung im wahrscheinlichen Fall ebenfalls konterkariert.

Literatur

Alexander, S. S. (1952). Effects of a devaluation on the trade balance. *IMF: International Monetary Fund Staff Papers, 2*(2), 263–278.

Alexander, S. S. (1959). Effects of a devaluation: A simplified synthesis of elasticities and absorption approaches. *American Economic Review, 49*(1), 22–42.

Banerjee, A. V. (1992). A simple model of herd behavior. *Quaterly Journal of Economics, 107*(3), 797–817.

Benartzi, S., Beshears, J., Milkman, K. L., Sunstein, C. R., Thaler, R. H., Shankar, M., Tucker-Ray, W., Congdon, W. J. & Galing, S. (2017). Should governments invest more in nudging? *Psychological Science, 28*(8), 1041–1055.

BPM (2009). Balance of Payments and International Position of Investment Manual. International Monetary Fund (IMF), 6. Aufl., Washington D.C.

Cassel, K. G. (1923). *The theory of social economy.* London: T. Fisher Unwin.

destatis (2021). Außenhandel: Die Volksrepublik China ist erneut Deutschlands wichtigster Handelspartner. Statistisches Bundesamt. https://www.destatis.de/DE/Themen/Wirtschaft/Aussenhandel/handelspartner-jahr.html;jsessionid=C396E53F776B37E-98803D02EB77C848B.internet8722. Zugegriffen am 12.01.2021.

Dornbusch, R. (1976a). Expectations and exchange rate dynamics. *Journal of Political Economy, 84*(6), 1161–1176.

Dornbusch, R. (1976b). Exchange rate expectations and monetary policy. *Journal of International Economics, 6*, 231–244.

ESVG 2010 (2014). Europäisches System Volkswirtschaftlicher Gesamtrechnungen. Annex A of Regulation (EU) No 549/2013. Eurostat & Europäische Kommission, Luxemburg.

Jarchow, H.-J. & Rühmann, P. (2000). *Monetäre Außenwirtschaft I: Monetäre Außenwirtschaftstheorie* (5. Aufl.). Göttingen: Vandenhoeck & Ruprecht.

Kahneman, D. (2011). *Thinking, fast and slow.* London: Allen Lane.

Kahneman, D. (2012/2011). *Schnelles Denken, langsames Denken.* München: Siedler.

Kuznets, S. S. (1946). *National income: A summary of findings (NBER).* New York: Arno Press.

Lerner, A. P. (1944). *The economics of control. Principle of welfare economics.* New York: Macmillan.

Marshall, A. (1923). *Money, credit and commerce.* London: Macmillan.

Meese, R. A. & Rogoff, K. S. (1983). Empirical exchange rate models of the seventies: Do they fit out of sample? *Journal of International Economics, 14*(1–2), 3–24.

Menkhoff, L. (1998). The noise trading approach – Questionnaire evidence from foreign exchange. *Journal of International Money and Finance, 17*(3), 547–564.

Monatsberichte der Deutschen Bundesbank, Statistischer Teil: Außenwirtschaft, neueste Ausgabe, Frankfurt/Main, diverse Jahrgänge.

Mundell, R. A. (1971). *Monetary theory, inflation, interest and growth in the world economy*. Pacific Palisades: Goodyear Publishing.

Patinkin, D. (1948). Relative prices, Say's law and the demand for money. *Econometrica, 16*(2), 135–154.

Patinkin, D. (1949). The indeterminacy of absolute prices in classical economic theory. *Econometrica, 17*(1), 1–27.

Patinkin, D. (1951). The invalidity of classical monetary theory. *Econometrica, 19*(2), 134–151.

Robinson, J. V. (1937a). The foreign exchanges. In J. V. Robinson (Hrsg.), *Essays in the theory of employment* (S. 183 ff.). London: Macmillan.

Robinson, J. V. (1937b). Beggar-my-neighbour remedies for unemployment. In J. Robinson (Hrsg.), *Essays in the theory of employment* (S. 210 ff.). London: Macmillan.

Rogoff, K. S. (2002). Dornbusch's overshooting model after twenty-five years. In IMF Staff Papers, 02/39, Washington, D. C.

statista (2020a). Die 20 größten Exportländer weltweit im Jahr 2019. https://de.statista.com/statistik/daten/studie/37013/umfrage/ranking-der-top-20-exportlaender-weltweit/. Zugegriffen am 13.11.2020.

statista (2020b). Die 20 größten Importländer weltweit im Jahr 2019. https://de.statista.com/statistik/daten/studie/157858/umfrage/groesste-importlaender-weltweit/. Zugegriffen am 13.11.2020.

statista (2020c). Die 20 Länder mit dem größten Handelsbilanzdefizit 2019. https://de.statista.com/statistik/daten/studie/242564/umfrage/laender-mit-dem-groessten-handelsbilanzdefizit/. Zugegriffen am 13.11.2020.

statista (2020d). Die 20 Länder mit dem größten Handelsbilanzüberschuss 2019. https://de.statista.com/statistik/daten/studie/242539/umfrage/laender-mit-dem-groessten-handelsbilanzueberschuss/. Zugegriffen am 13.11.2020.

statista (2020e). Die 20 Länder mit der größten aktiven Dienstleistungsbilanz weltweit im Jahr 2019. https://de.statista.com/statistik/daten/studie/982058/umfrage/ranking-der-top-20-laender-nach-aktiver-dienstleistungsbilanz-weltweit/. Zugegriffen am 13.11.2020.

statista (2020f). Leistungsbilanzsaldo der wichtigsten Industrie- und Schwellenländer im Jahr 2018 und Prognosen für 2018 bis 2024. https://de.statista.com/statistik/daten/studie/982722/umfrage/prognostizierter-leistungsbilanzsaldo-der-wichtigsten-industrie-und-schwellenlaendern/. Zugegriffen am 13.11.2020.

statista (2020g). Ranking der 20 Länder mit dem größten Leistungsbilanzüberschuss im Jahr 2018. https://de.statista.com/statistik/daten/studie/981932/umfrage/ranking-der-20-laender-mit-dem-groessten-leistungsbilanzueberschuss/. Zugegriffen am 13.11.2020.

statista (2020h). Saldo der Außenhandelsbilanz (Differenz zwischen Exporten und Importen von Waren) von Deutschland von 1991 bis 2019. https://de.statista.com/statistik/daten/studie/37793/umfrage/exportueberschuss-in-deutschland-seit-1999/. Zugegriffen am 14.11.2020.

statista (2020i). Währungsreserven ausgewählter Länder weltweit im Juni 2020. https://de.statista.com/statistik/daten/studie/157870/umfrage/waehrungsreserven-ausgewaehlter-laender/. Zugegriffen am 13.11.2020.

Sunstein, C. R. & Thaler, R. H. (2003). Libertarian paternalism is not an oxymoron. *The University of Chicago Law Review, 70*, 1159–1202.

Thaler, R. H. & Sunstein, C. R. (2003). Libertarian paternalism. *American Economic Review, 93*(2), 175–179.

Thaler, R. H. & Sunstein, C. R. (2008). *Nudge: Improving decision about health, wealth and happiness*. New Haven/Connecticut: Yale University Press.

Thornton, H. (1802). *An enquiry into the nature and effects of the paper credit of Great Britain*. London: Hatchard & Rivington.

Wheatley, J. (1803). *Remarks on currency and commerce*. London: T. Burton.

World Bank (2020a). Export of goods and services (% of GDP). https://data.worldbank.org/indicator/NE.EXP.GNFS.ZS?name_desc=false. Zugegriffen am 13.11.2020.

World Bank (2020b). Import of goods and services (% of GDP). https://data.worldbank.org/indicator/NE.IMP.GNFS.ZS?year_high_desc=true. Zugegriffen am 13.11.2020.

Stabilisierungspolitik

5

Zusammenfassung

Stabilisierungspolitik vertraut im Gegensatz zur Stabilitätspolitik auf staatliche Eingriffe in den Wirtschaftsprozess. Diese keynesianisch geprägte Politik versucht vor allem über Geld- und Fiskalpolitik Produktion, Beschäftigung und Einkommen zu erhöhen. In diesem Kapitel werden die Wirkungen stabilisierungspolitischer Maßnahmen für offene Volkswirtschaften untersucht, die sich durch vielfältige realwirtschaftliche und monetäre Verflechtungen mit anderen Ländern auszeichnen. In einem Gütermarktmodell werden die Einkommens- sowie Außenbeitragsmultiplikatoren hergeleitet und internationale Spillover- und Feedback-Effekte miteinbezogen, welche die Primärergebnisse ändern. Von herausragender Bedeutung ist das Ergebnis, dass Länder von einer Stabilisierungspolitik anderer Länder besonders profitieren, ohne dafür die Rechnung zahlen zu müssen. Auch unterschiedliche Wechselkursregimes sowie unterschiedliche Grade von Kapitalmobilität beeinflussen die Effektivität stabilisierungspolitischer Interventionen. Diese Wechselwirkungen zwischen Güter-, Geld- und Devisenmarkt werden im Modell des Nobelpreisträgers Mundell und seines kanadischen Landsmanns Fleming analysiert.

5.1 Einführung

Lernziele: Beschreiben, Erklären, Interpretieren, Beurteilen

- des Einkommensmultiplikators und Außenbeitragsmultiplikators einer offenen Volkswirtschaft,
- der Wirkungen einer inländischen Fiskalpolitik auf den Gütermarkt,
- der Wirkungen einer ausländischen Fiskalpolitik auf den Gütermarkt,
- internationaler Übertragungs- und Rückwirkungseffekte,
- inländischer Präferenzen für eine ausländische Fiskalpolitik,
- der Effektivität geldpolitischer Maßnahmen in einer offenen Volkswirtschaft im System fester und flexibler Wechselkurse,

© Springer Fachmedien Wiesbaden GmbH, ein Teil von Springer Nature 2021
R. Richert, *Internationale Wirtschaftsbeziehungen klipp & klar*, WiWi klipp & klar,
https://doi.org/10.1007/978-3-658-34768-0_5

- der Effektivität fiskalpolitischer Maßnahmen in einer offenen Volkswirtschaft im System fester und flexibler Wechselkurse.

Wir beginnen mit einem Gütermarktmodell und untersuchen die Auswirkungen fiskalpolitischer Maßnahmen auf Produktion, Beschäftigung und Einkommen sowie auf den Außenbeitrag. Dieses Modell ist ein Modell keynesianischer Provenienz, in dem differenziert wird, ob fiskalpolitische Impulse aus dem Inland oder aus dem Ausland kommen (vgl. Jarchow und Rühmann 2000, S. 71–78, 115–148).

Im zweiten Schritt wird das Gütermarktmodell um den Geldmarkt und um die Bedingung des außenwirtschaftlichen Gleichgewichts erweitert. Im ebenfalls keynesianisch geprägten Mundell-Fleming-Modell vergleichen wir die Effektivität von Geld- und Fiskalpolitik im System fester Wechselkurse mit derjenigen im System flexibler Wechselkurse.

5.2   Gütermarkt

5.2.1   Grundlagen

In diesem Gütermarktmodell werden zwei Fälle untersucht: Im ersten Fall werden internationale Übertragungseffekte (Spillover-Effekte) und Rückwirkungseffekte (Feedback-Effekte) vernachlässigt. Dieser Fall ist relevant für „kleine" Länder, die keinen starken Einfluss auf die Weltwirtschaft ausüben. Im zweiten Fall werden beide Effekte berücksichtigt. Dieser Fall ist relevant für „große" Länder, die einen starken Einfluss auf die Weltwirtschaft ausüben.

In beiden Fällen untersuchen wir die Effekte expansiver Fiskalpolitik auf:

- das Einkommen,
- den Exportwert,
- den Importwert,
- den Außenbeitrag.

Wir leiten den Einkommens- und den Außenbeitragsmultiplikator her. Wegen annahmegemäß

fixer Wechselkurse ergibt es keinen Unterschied, ob die Analyse in inländischer oder in ausländischer Währung durchgeführt wird. Die hier getroffene Entscheidung für die inländische Währung ist einzig ihrer größeren Vertrautheit geschuldet.

Die Gleichgewichtsbedingung für den Gütermarkt lautet:

$$Y = Y^d = \underset{(+)}{C(Y)} + \underset{(-)}{I(i)} + G + \underset{(+)}{Ex(Y_F)} - \underset{(+)}{Im(Y)} \quad (5.1)$$

Das Güterangebot Y entspricht der Güternachfrage Y^d, die sich aus folgenden Größen zusammensetzt:

- Konsumnachfrage C, die positiv vom Einkommen Y abhängt,
- Investitionsnachfrage I, die negativ vom Zinssatz i abhängt,
- Staatsnachfrage G, die exogen ist,
- Exportwert Ex, der positiv vom *ausländischen* Einkommen Y_F abhängt,
- Importwert Im, der positiv vom *inländischen* Einkommen Y abhängt.

Da Effekte des inländischen Einkommens im Vordergrund dieses Modells stehen, werden der Zinssatz und das ausländische Einkommen als gegeben betrachtet:

$$\Rightarrow Y = Y^d = \underset{(+)}{C(Y)} + \overline{I} + \overline{G} + \overline{Ex} - \underset{(+)}{Im(Y)} \quad (5.2)$$

Die Konsumnachfrage C setzt sich zusammen aus der *autonomen* Konsumnachfrage C_{aut} und der *einkommensinduzierten* Konsumnachfrage $C_Y \cdot Y$:

$$C = \overline{C}_{aut} + C_Y \cdot Y \quad (5.3)$$

Die *marginale* Konsumquote C_Y ist positiv, aber kleiner als eins:

$$0 < C_Y < 1 \quad (5.4)$$

Die Importe Im setzen sich zusammen aus den *autonomen* Importen Im_{aut} und den *einkommensinduzierten* Importen $Im_Y \cdot Y$:

$$Im = \overline{Im}_{aut} + Im_Y \cdot Y \quad (5.5)$$

Die *marginale* Importquote Im_Y ist positiv, aber kleiner als eins:

$$0 < \text{Im}_Y < 1 \qquad (5.6)$$

Die Gleichgewichtsbedingung für den Gütermarkt kann modifiziert werden zu:

$$Y = Y^d = \overline{C}_{aut} + C_Y \cdot Y + \overline{I} + \overline{G} + \overline{Ex} - \overline{Im}_{aut} - \text{Im}_Y \cdot Y \qquad (5.7)$$

Durch diverse Umstellungen werden alle exogenen Variablen auf der rechten Seite der Gleichung platziert:

$$\Leftrightarrow Y - C_Y \cdot Y + \text{Im}_Y \cdot Y = \overline{C}_{aut} + \overline{I} + \overline{G} + \overline{Ex} - \overline{Im}_{aut} \qquad (5.8)$$

$$\Leftrightarrow (1 - C_Y + \text{Im}_Y) \cdot Y = \overline{C}_{aut} + \overline{I} + \overline{G} + \overline{Ex} - \overline{Im}_{aut} \qquad (5.9)$$

$$\Leftrightarrow Y = \frac{1}{1 - C_Y + \text{Im}_Y} \left(\overline{C}_{aut} + \overline{I} + \overline{G} + \overline{Ex} - \overline{Im}_{aut}\right) \qquad (5.10)$$

Die Summe aus *marginaler* Konsumquote C_Y und *marginaler* Sparquote S_Y beträgt eins:

$$C_Y + S_Y = 1 \qquad (5.11)$$

Daher lässt sich (1-C_Y) durch die marginale Sparquote S_Y substituieren:

$$\Leftrightarrow S_Y = 1 - C_Y \qquad (5.12)$$

Schließlich lautet die **Gleichgewichtsbedingung** für den **Gütermarkt**:

$$Y = \frac{1}{S_Y + \text{Im}_Y} \left(\overline{C}_{aut} + \overline{I} + \overline{G} + \overline{Ex} - \overline{Im}_{aut}\right) \qquad (5.13)$$

Der **Außenbeitrag** ist die Differenz zwischen dem Exportwert und dem Importwert:

$$Ex^{net} = \overline{Ex} - \overline{Im}_{aut} - \text{Im}_Y \cdot Y \qquad (5.14)$$

5.2.2 Allgemeine Multiplikatoren

5.2.2.1 Einkommensmultiplikator

In einer komparativ-statischen Analyse werden Anfangsgleichgewichte mit Endgleichgewichten nach exogenen Schocks verglichen. Folgende Erläuterungen gelten gleichermaßen für in- und ausländische Fiskalpolitik, für Änderungen des autonomen Konsums, der exogenen Investitionen, der exogenen Exporte sowie der (negativen) autonomen Importe. An dieser Stelle werden die Wirkungen expansiver Fiskalpolitik betrachtet, weil diese die gegenwärtige Wirtschaftspolitik zahlreicher Länder am besten beschreibt.

Zunächst steht eine *generelle* Analyse im Vordergrund, in der die *allgemeinen* Multiplikatoren für das Einkommen und den Außenbeitrag bei in- beziehungsweise ausländischer Fiskalpolitik hergeleitet werden. Im Anschluss daran wird untersucht, wie Fiskalpolitik im Inland über Übertragungs- und Rückwirkungseffekte auf das Einkommen und den Außenbeitrag des In- und Auslandes wirkt. Danach wird diese Analyse analog auf den Fall übertragen, dass das Ausland fiskalpolitische Maßnahmen ergreift. Schließlich werden die Effekte beider Fälle miteinander verglichen.

Ausgangspunkt für die Herleitung des Einkommensmultiplikators ist die Gleichgewichtsbedingung für den Gütermarkt:

$$Y = \frac{1}{S_Y + \text{Im}_Y} \left(\overline{C}_{aut} + \overline{I} + \overline{G} + \overline{Ex} - \overline{Im}_{aut}\right) \qquad (5.15)$$

Änderungen des Einkommens implizieren:

$$\Rightarrow dY = \frac{1}{S_Y + \text{Im}_Y} \left(d\overline{C}_{aut} + d\overline{I} + d\overline{G} + d\overline{Ex} - d\overline{Im}_{aut}\right) \qquad (5.16)$$

Der **Einkommensmultiplikator** lautet:

$$\frac{1}{S_Y + \text{Im}_Y} \qquad (5.17)$$

▶ Der keynesianische **Einkommensmultiplikator** einer *offenen* Volkswirtschaft ist kleiner als derjenige einer *geschlossenen*:

$$\frac{1}{S_Y + \text{Im}_Y} < \frac{1}{S_Y}$$

Dass der Einkommensmultiplikator mit Außenhandel kleiner ist als ohne Außenhandel, liegt an den **Sickereffekten (leakage effects)** durch

*   **Ersparnisse** (wie in einer *geschlossenen* Volkswirtschaft),
*   **Importe** (nur in einer *offenen* Volkswirtschaft).

Einkommen, das für Ersparisse oder Importe verwendet wird, ist „verloren" für den Konsum inländischer Güter. Daher ist die marginale Konsumquote kleiner als sie sein könnte, nicht nur aufgrund der Ersparnisse, sondern auch aufgrund der Importe.

5.2.2.2 Außenbeitragsmultiplikator

Ausgangspunkt für die Herleitung des Außenbeitragsmultiplikators ist der Außenbeitrag:

$$\mathrm{Ex}^{\mathrm{net}} = \overline{\mathrm{Ex}} - \overline{\mathrm{Im}}_{\mathrm{aut}} - \mathrm{Im}_{\mathrm{Y}} \cdot \mathrm{Y} \qquad (5.18)$$

Änderungen der Nettoexporte sind Änderungen der exogenen Exporte minus Änderungen der autonomen Importe minus Änderungen der einkommensinduzierten Importe:

$$\Rightarrow \mathrm{dEx}^{\mathrm{net}} = \mathrm{d}\overline{\mathrm{Ex}} - \mathrm{d}\overline{\mathrm{Im}}_{\mathrm{aut}} - \mathrm{Im}_{\mathrm{Y}} \cdot \mathrm{dY} \qquad (5.19)$$

Nach Einsetzen der Einkommensänderung ergibt sich:

$$\Rightarrow \mathrm{dEx}^{\mathrm{net}} = \mathrm{d}\overline{\mathrm{Ex}} - \mathrm{d}\overline{\mathrm{Im}}_{\mathrm{aut}} - Im_{\mathrm{Y}} \cdot \frac{1}{\mathrm{S}_{\mathrm{Y}} + \mathrm{Im}_{\mathrm{Y}}}$$
$$\left(\mathrm{d}\overline{\mathrm{C}}_{\mathrm{aut}} + \mathrm{d}\overline{\mathrm{I}} + \mathrm{d}\overline{\mathrm{G}} + \mathrm{d}\overline{\mathrm{Ex}} - \mathrm{d}\overline{\mathrm{Im}}_{\mathrm{aut}} \right) \qquad (5.20)$$

$$\Leftrightarrow \mathrm{dEx}^{\mathrm{net}} = \mathrm{d}\overline{\mathrm{Ex}} - \mathrm{d}\overline{\mathrm{Im}}_{\mathrm{aut}} - \frac{\mathrm{Im}_{\mathrm{Y}}}{\mathrm{S}_{\mathrm{Y}} + \mathrm{Im}_{\mathrm{Y}}} \cdot$$
$$\left(\mathrm{d}\overline{\mathrm{C}}_{\mathrm{aut}} + \mathrm{d}\overline{\mathrm{I}} + \mathrm{d}\overline{\mathrm{G}} + \mathrm{d}\overline{\mathrm{Ex}} - \mathrm{d}\overline{\mathrm{Im}}_{\mathrm{aut}} \right) \qquad (5.21)$$

Der **Außenbeitragsmultiplikator** lautet:

$$-\frac{Im_{\mathrm{Y}}}{\mathrm{S}_{\mathrm{Y}} + \mathrm{Im}_{\mathrm{Y}}} \qquad (5.22)$$

Dieser Multiplikator ist **negativ**, weil ein steigendes Einkommen zu steigenden Importen und somit ceteris paribus zu sinkenden Nettoexporten führt.

5.2.3 Fiskalpolitik im Inland

5.2.3.1 Einkommensmultiplikator

Im Folgenden wird eine Fiskalpolitik im Inland analysiert, die durch einen exogenen Schock zu einer Erhöhung der *inländischen* Nachfrage führt. Ob diese Initialzündung dadurch hervorgerufen wird, dass im *Inland* – wie bei einer expansiven Fiskalpolitik – die Staatsausgaben zunehmen oder stattdessen der autonome Konsum, die exogenen Investitionen, die exogenen Exporte steigen oder die autonomen Importe sinken, ist für das Ergebnis unerheblich: Die entsprechenden Einkommens- und Außenbeitragsmultiplikatoren unterscheiden sich im Prinzip nicht.

▶ Ausgangspunkt ist der allgemeine Einkommensmultiplikator:

$$\mathrm{dY} = \frac{1}{\mathrm{S}_{\mathrm{Y}} + \mathrm{Im}_{\mathrm{Y}}} \left(\mathrm{d}\overline{\mathrm{C}}_{\mathrm{aut}} + \mathrm{d}\overline{\mathrm{I}} + \mathrm{d}\overline{\mathrm{G}} + \mathrm{d}\overline{\mathrm{Ex}} - \mathrm{d}\overline{\mathrm{Im}}_{\mathrm{aut}} \right)$$

Die Annahme einer expansiven Fiskalpolitik bedeutet implizit, dass die anderen exogenen Variablen unverändert bleiben. Daher können wir vereinfachen zu:

$$\Rightarrow \mathrm{dY} = \frac{1}{\mathrm{S}_{\mathrm{Y}} + \mathrm{Im}_{\mathrm{Y}}} \cdot \mathrm{d}\overline{\mathrm{G}} \qquad (5.23)$$

Die expansive inländische Fiskalpolitik resultiert in einem *steigenden* **inländischen Einkommen**, weil die marginale Sparquote S_{Y}, die marginale Importquote Im_{Y} sowie der Anstieg der Staatsausgaben $\mathrm{d}\overline{G}$ alle positiv sind:

$$\mathrm{dY} > 0 \qquad (5.24)$$

5.2.3.2 Außenbeitragsmultiplikator

Nun wird die Wirkung der expansiven Fiskalpolitik auf den Außenbeitrag ermittelt:

▶ Ausgangspunkt ist der allgemeine Außenbeitragsmultiplikator:

$$\mathrm{dEx}^{\mathrm{net}} = \mathrm{d}\overline{\mathrm{Ex}} - \mathrm{d}\overline{\mathrm{Im}}_{\mathrm{aut}} - \frac{\mathrm{Im}_{\mathrm{Y}}}{\mathrm{S}_{\mathrm{Y}} + \mathrm{Im}_{\mathrm{Y}}} \cdot$$
$$\left(\mathrm{d}\overline{\mathrm{C}}_{\mathrm{aut}} + \mathrm{d}\overline{\mathrm{I}} + \mathrm{d}\overline{\mathrm{G}} + \mathrm{d}\overline{\mathrm{Ex}} - \mathrm{d}\overline{\mathrm{Im}}_{\mathrm{aut}} \right)$$

Weil die Staatsausgaben die einzige exogene Variable sind, die sich ändert, können wir vereinfachen zu:

$$\Rightarrow dEx^{net} = -\frac{Im_Y}{S_Y + Im_Y} \cdot d\overline{G} \qquad (5.25)$$

Der Außenbeitragsmultiplikator ist negativ:

$$dEx^{net} < 0 \qquad (5.26)$$

Eine **expansive Fiskalpolitik** im **Inland** füht zu einer **„Verschlechterung"** des **Außenbeitrags**: Steigende Staatsausgaben ermöglichen via steigende Einkommen eine Zunahme der Importe, die sich ceteris paribus negativ auf die Nettoexporte auswirken.

5.2.3.3 Graphische Analyse
Eine expansive Fiskalpolitik im Inland sorgt für eine steigende *inländische* Nachfrage. In einer graphischen Analyse untersuchen wir die Wirkungen auf den

- Exportwert,
- Importwert,
- Außenbeitrag.

Der Nachfrageanstieg im Inland hat unterschiedliche Auswirkungen:

Der Teil der zusätzlichen Nachfrage, der auf Güter entfällt, die das Inland auch exportiert, beeinflusst den **Exportmarkt**, auf dem das Inland als Exporteur und somit als Anbieter agiert: Wenn aufgrund der expansiven Fiskalpolitik im Inland mehr abgesetzt werden kann, ist mit einer Preiserhöhung auf dem Inlandsmarkt und wegen Jevons' Gesetz der Unterschiedslosigkeit der Preise auch auf dem Weltmarkt zu rechnen. Deshalb verschiebt sich die *globale* Angebotskurve, die der inländischen Angebotsüberschusskurve entspricht, nach oben. Die globale Nachfragekurve, die der ausländischen Nachfrageüberschusskurve entspricht, bleibt unverändert. Diese Zusammenhänge sind in Abb. 5.1 zu erkennen.

Die Änderung des **Exportwerts** ist *unbestimmt*: Der Preis steigt, die Menge sinkt. Aus dem Elastizitätsansatz ist bekannt, dass die Nachfrageelastizitäten die entscheidenden Elastizitäten sind: Je niedriger die Preiselastizität der (ausländischen) Nachfrage nach (inländischen) Exportgütern ist, desto größer ist der Exportwert:

$$|\eta_{Ex}| < 1 \rightarrow dEx > 0 \qquad (5.27)$$

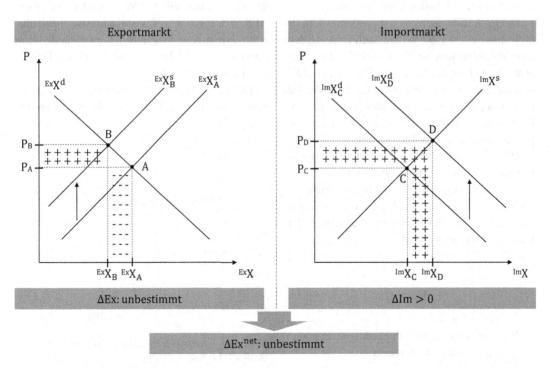

Abb. 5.1 Expansive Fiskalpolitik im Inland

$$|\eta_{Ex}| = 1 \rightarrow dEx = 0 \qquad (5.28)$$

$$|\eta_{Ex}| > 1 \rightarrow dEx < 0 \qquad (5.29)$$

Der Teil der zusätzlichen Nachfrage, der auf Güter entfällt, die das Inland auch importiert, beeinflusst den **Importmarkt**, auf dem das Inland als Importeur und somit als Nachfrager agiert: Wenn aufgrund der expansiven Fiskalpolitik im Inland mehr abgesetzt werden kann, ist mit einer Preiserhöhung auf dem Inlandsmarkt und wegen Jevons' Gesetz der Unterschiedslosigkeit der Preise auch auf dem Weltmarkt zu rechnen. Deshalb verschiebt sich die *globale* **Nachfragekurve**, die der inländischen Nachfrageüberschusskurve entspricht, nach oben. Die globale Angebotskurve, die der ausländischen Angebotsüberschusskurve entspricht, bleibt unverändert. Diese Zusammenhänge sind in Abb. 5.1 zu erkennen.

Die Änderung des **Importwerts** ist *positiv*: Preis und Menge steigen.

Die Wirkungen auf den *inländischen* **Außenbeitrag** sind unbestimmt, aber *generell* **negativ**: Zwei Gründe sind dafür verantwortlich:

Erstens beeinflussen der *positive* Preis- und der positive Mengeneffekt den Importwert positiv und somit den Außenbeitrag *negativ*.

Zweitens sinkt auch der Exportwert, sofern die Preiselastizität der Nachfrage nach Exportgütern nicht relativ niedrig ist. Dies beeinflusst den Außenbeitrag ebenfalls negativ. Selbst wenn der Effekt auf den Exportwert positiv ist, kann der Außenbeitrag sinken, wenn nämlich der positive Effekt auf den Exportwert kleiner ausfällt als der positive Effekt auf den Importwert.

Die Bedingungen für einen *untypisch* **positiven Effekt** auf den Außenbeitrag sind restriktiv:

Die Preiselastizität der Nachfrage nach Exportgütern muss relativ niedrig sein. Zudem muss der Effekt auf den Exportwert größer sein als derjenige auf den Importwert:

1. $|\eta_{Ex}| < 1$

2. $dEx > dIm$

▶ Eine expansive Fiskalpolitik im Inland führt grundsätzlich zu einem

• *positiven* Effekt auf das Einkommen,
• *negativen* Effekt auf den **Außenbeitrag**, es sei denn, die Preiselastizität der (ausländischen) Nachfrage nach (inländischen) Exportgütern ist kleiner als eins und die positiven Effekte auf den Exportwert übersteigen die positiven Effekte auf den Importwert.

Im Folgenden werden internationale Spillover- und Feedback-Effekte berücksichtigt.

5.2.3.4 Internationale Übertragungs- und Rückwirkungseffekte

Eine Analyse, die Übertragungs- und Rückwirkungseffekte zwischen Ländern vernachlässigt, passt auf „kleine" Länder, die keinen signifikanten Einfluss auf die Weltwirtschaft ausüben. Abb. 5.2 zeigt den Transmissionsmechanismus einer expansiven Fiskalpolitik im Inland, wenn internationale Spillover- und Feedback-Effekte unberücksichtigt bleiben: Aufgrund der Einkommenssteigerung nehmen die Importe zu und schlagen mit einem sinkenden Außenbeitrag zu Buche.

Eine Analyse, die **Übertragungs-** und **Rückwirkungseffekte** zwischen Ländern berücksichtigt, passt auf „große" Länder, die einen signifikanten Einfluss auf die Weltwirtschaft ausüben. Abb. 5.3 zeigt den Transmissionsmechanismus einer expansiven Fiskalpolitik im Inland, wenn internationale Spillover- und Feedback-Effekte miteinbezogen werden:

Dabei vergegenwärtigen wir uns, dass in einem Zwei-Länder-Fall *inländische* **Exporte**

$$G \uparrow$$
$$\Downarrow$$
$$Y \uparrow \quad dY = \frac{1}{s_Y + Im_Y} \cdot d\overline{G}$$
$$\Downarrow$$
$$Im \uparrow$$
$$\Downarrow$$
$$Ex^{net} \downarrow \quad dEx^{net} = -\frac{Im_Y}{s_Y + Im_Y} \cdot d\overline{G}$$

Abb. 5.2 Fiskalpolitik im Inland ohne Spillover- und Feedback-Effekte

Inland: Ausland:

Phase A:

G ↑

⇓

$Y ↑ \quad dY = \dfrac{1}{s_Y + Im_Y} \cdot d\overline{G}$

⇓   Phase B:

Im ↑⇒   ⇒ Ex$_F$ ↑

⇓   ⇓

$Ex^{net} ↓ \quad dEx^{net} = -\dfrac{Im_Y}{s_Y + Im_Y} \cdot d\overline{G}$ Y$_F$ ↑

Phase C: ⇓

Ex ↑   ⇐   Im$_F$ ↑ ⇒ Ex$_F^{net}$ ↑

⇓

Y ↑

⇓

Im ↑

⇓

Ex^{net} ↑

Abb. 5.3 Fiskalpolitik im Inland mit Spillover- und Feedback-Effekten

und *ausländische* **Importe** sowie *inländische* **Importe** und *ausländische* **Exporte** identisch sind:

$$Ex \equiv Im_F \qquad (5.30)$$

$$Im \equiv Ex_F \qquad (5.31)$$

Steigende inländische *Exporte* führen daher

- im *Inland* zu einer *Zunahme* von Produktion, Beschäftigung und Einkommen,
- im *Ausland* zu einer *Abnahme* von Produktion, Beschäftigung und Einkommen:

$$Ex ↑→ Y ↑ \qquad (5.32)$$

$$Ex ↑→ Im_F ↑→ Y_F ↓ \qquad (5.33)$$

Steigende inländische *Importe* führen daher

- im *Inland* zu einer *Abnahme* von Produktion, Beschäftigung und Einkommen,
- im *Ausland* zu einer *Zunahme* von Produktion, Beschäftigung und Einkommen:

$$Im ↑→ Y ↓ \qquad (5.34)$$

$$Im ↑→ Ex_F ↑→ Y_F ↑ \qquad (5.35)$$

Abb. 5.3 zeigt den Transmssionsmechanismus einer expansiven Fiskalpolitik im Inland, wenn internationale Spillover- und Feedback-Effekte miteinbezogen werden.

Phase **A** gilt für beide Fälle: sowohl für den Fall bei Vernachlässigung von Spillover- und Feedback-Effekten als auch für den Fall unter Berücksichtigung derselben. Eine expansive Fiskalpolitik im Inland resultiert in einem steigenden Einkommen. Ein steigendes Einkommen zieht einen positiven Effekt auf den Importwert nach sich, sodass der Außenbeitrag sinkt.

In Phase **B** werden die internationalen **Spillover-Effekte** vom Inland auf das Ausland berücksichtigt: Steigende *inländische* Importe sind identisch mit steigenden *ausländischen* Exporten. Daher wächst das *ausländische* Einkommen, was steigende *ausländische* Importe nach sich zieht. Weil die expansive Wirkung stärker ausfällt als die kontraktive, steigt der *ausländische* Außenbeitrag.

In Phase **C** werden die internationalen **Feedback-Effekte** vom Ausland auf das Inland berücksichtigt: Steigende *ausländische* Importe sind identisch mit steigenden *inländischen* Exporten. Daher wächst das *inländische* Einkommen, was steigende *inländische* Importe nach sich zieht. Die *primäre* Einkommenserhöhung wird verstärkt, die *primäre* „Verschlechterung" des Außenbeitrags teilweise kompensiert.

Diese wechselseitigen Spillover- und Feedback-Effekte sind prinzipiell von unendlicher Dauer. Allerdings nehmen die einkommensinduzierten Effekte quantitativ immer mehr ab, weil die marginale Importquote kleiner als eins ist. Deshalb sind *frühere* Änderungen von Exporten und Importen größer als *spätere*. Somit sind auch frühere Änderungen der Außenbeiträge und der Einkommen größer als *spätere*.

▶ **Internationale Übertragungs- und Rückwirkungseffekte** verändern die *Primär*ergebnisse einer expansiven Fiskalpolitik:

1. Das *inländische* **Einkommen steigt**, sogar **stärker** als nach den Primäreffekten.
2. Der *inländische* **Außenbeitrag sinkt**, allerdings um **weniger** als nach den Primäreffekten.
3. Das *ausländische* **Einkommen steigt**, allerdings um **weniger** als nach den Primäreffekten.
4. Der *ausländische* **Außenbeitrag steigt**, allerdings um **weniger** als nach den Primäreffekten.
5. Die **finanzielle Last** trägt allein das **Inland**, nicht das Ausland.

Das **Ausland profitiert** von einer Fiskalpolitik im Inland, weil sich sein **Einkommen erhöht** und sein **Außenbeitrag „verbessert"**, ohne dass es zu zusätzlichen Staatsausgaben kommt. Deshalb hat das Ausland einen Anreiz, das Inland zu bitten oder gar zu bedrängen, fiskalpolitische Maßnahmen zu ergreifen.

5.2.4 Fiskalpolitik im Ausland

5.2.4.1 Einkommensmultiplikator

Im Folgenden wird eine Fiskalpolitik im Ausland analysiert, die durch einen exogenen Schock zu einer Erhöhung der *ausländischen* Nachfrage führt. Ob diese Initialzündung dadurch hervorgerufen wird, dass im *Ausland* – wie bei einer expansiven Fiskalpolitik – die Staatsausgaben zunehmen oder stattdessen der autonome Konsum, die exogenen Investitionen, die exogenen Exporte steigen oder die autonomen Importe sinken, ist für das Ergebnis unerheblich: Die entsprechenden Einkommens- und Außenbeitragsmultiplikatoren unterscheiden sich nicht.

Ausgangspunkt ist der allgemeine Einkommensmultiplikator:

$$dY = \frac{1}{S_Y + Im_Y} \left(d\overline{C}_{aut} + d\overline{I} + d\overline{G} + d\overline{Ex} - d\overline{Im}_{aut} \right) \quad (5.36)$$

Eine expansive Fiskalpolitik im Ausland führt zu zunehmenden *ausländischen* Importen. Diese sind identisch mit *inländischen* Exporten, sodass wir vereinfachen können zu:

$$\Rightarrow dY = \frac{1}{S_Y + Im_Y} \cdot d\overline{Ex} \quad (5.37)$$

Eine expansive Fiskalpolitik im Ausland resultiert in einem *steigenden* inländischen **Einkommen**, weil die marginale Sparquote S_Y, die marginale Importquote Im_Y sowie der Anstieg der Exporte dEx alle positiv sind:

$$dY > 0 \quad (5.38)$$

Die Wirkung einer expansiven Fiskalpolitik im Ausland hat ähnliche Wirkungen auf das inländische Einkommen wie eine expansive Fiskalpolitik im Inland, die oben illustriert worden ist. Allerdings fällt die Änderung des *ausländischen* Einkommens dY_F im Normalfall stärker aus als die Änderung des *inländischen* Einkommens dY, weil das Ausland nicht sein gesamtes zusätzliches Einkommen für *ausländische* Importe verwendet.

5.2.4.2 Außenbeitragsmultiplikator

Ausgangspunkt ist der allgemeine Außenbeitragsmultiplikator:

$$dEx^{net} = d\overline{Ex} - d\overline{Im}_{aut} - \frac{Im_Y}{S_Y + Im_Y} \cdot$$
$$\left(d\overline{C}_{aut} + d\overline{I} + d\overline{G} + d\overline{Ex} - d\overline{Im}_{aut} \right) \quad (5.39)$$

Weil der Exportwert die einzige exogene Variable ist, die sich ändert, können wir vereinfachen zu:

$$\Rightarrow dEx^{net} = d\overline{Ex} - d\overline{Im}_{aut} - \frac{Im_Y}{S_Y + Im_Y} \cdot d\overline{Ex} \quad (5.40)$$

Durch Multiplikation des Minuenden mit dem Quotienten $(S_Y + Im_Y)/(S_Y + Im_Y)$, der genau eins ergibt, ändert sich der Wert der Subtrahenden nicht. Die Höhe der autonomen Importe ändert sich ex definitione nicht:

$$\Rightarrow dEx^{net} = \frac{S_Y + Im_Y}{S_Y + Im_Y} \cdot d\overline{Ex} -$$
$$\frac{Im_Y}{S_Y + Im_Y} \cdot d\overline{Ex} \quad (5.41)$$

$$\Leftrightarrow dEx^{net} = \frac{S_Y + Im_Y - Im_Y}{S_Y + Im_Y} \cdot d\overline{Ex} \quad (5.42)$$

$$\Leftrightarrow dEx^{net} = \frac{S_Y}{S_Y + Im_Y} \cdot d\overline{Ex} \quad (5.43)$$

Der **Außenbeitragsmultiplikator** ist **positiv**:

$$dEx^{net} > 0 \quad (5.44)$$

Eine **expansive Fiskalpolitik** im **Ausland** führt zu einer „**Verbesserung**" des *inländischen* **Außenbeitrags**: Steigende Staatsausgaben des Auslands führen zu steigenden *ausländischen* Einkommen, dadurch zu einer Zunahme *ausländischer* Importe, die gleichbedeutend mit *inländischen* Exporten sind, sodass der *inländische* Außenbeitrag zunimmt.

Allerdings steigt der Außenbeitrag um weniger als der Exportwert:

$$\frac{S_Y}{S_Y + Im_Y} < 1 \quad (5.45)$$

Der positive Effekt des steigenden Exportwerts auf den Außenbeitrag wird zum Teil kompensiert durch eine (geringere) Zunahme des Importwerts, die durch die steigenden *inländischen* Einkommen hervorgerufen wird.

5.2.4.3 Graphische Analyse

Eine expansive Fiskalpolitik im Ausland sorgt für steigende *ausländische* Nachfrage. In Abb. 5.4 untersuchen wir die Wirkungen auf den

- Exportwert,
- Importwert,
- Außenbeitrag.

Der Nachfrageanstieg im Ausland hat unterschiedliche Auswirkungen:

Der Teil der zusätzlichen Nachfrage, der auf Güter entfällt, die das Ausland auch importiert, beeinflusst den **Exportmarkt**, auf dem das Ausland als Importeur und somit als Nachfrager agiert: Wenn aufgrund der expansiven Fiskalpoli-

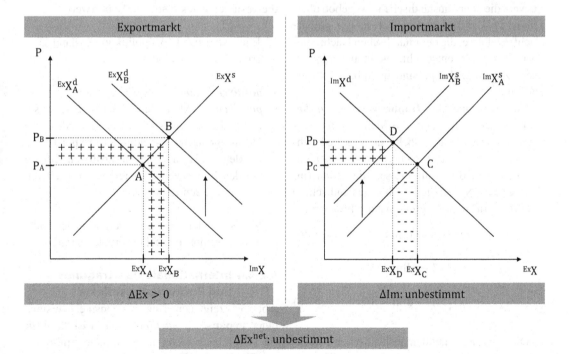

Abb. 5.4 Expansive Fiskalpolitik im Ausland

tik im Ausland mehr abgesetzt werden kann, ist mit einer Preiserhöhung auf dem Auslandsmarkt und wegen Jevons' Gesetz der Unterschiedslosigkeit der Preise auch auf dem Weltmarkt zu rechnen. Deshalb verschiebt sich die **globale Nachfragekurve**, die der ausländischen Nachfrageüberschusskurve entspricht, nach oben. Die globale Angebotskurvekurve, die der inländischen Angebotsüberschusskurve entspricht, bleibt unverändert. Diese Zusammenhänge sind in Abb. 5.4 zu erkennen.

Die Änderung des **Exportwerts** ist *positiv*: Preis und Menge steigen.

Der Teil der zusätzlichen Nachfrage, der auf Güter entfällt, die das Ausland auch exportiert, beeinflusst den **Importmarkt**, auf dem das Ausland als Exporteur und somit als Anbieter agiert: Wenn aufgrund der expansiven Fiskalpolitik im Ausland mehr abgesetzt werden kann, ist mit einer Preiserhöhung auf dem Auslandsmarkt und wegen Jevons' Gesetz der Unterschiedslosigkeit der Preise auch auf dem Weltmarkt zu rechnen. Deshalb verschiebt sich die **globale Angebotskurve**, die der ausländischen Angebotsüberschusskurve entspricht, nach oben. Die globale Nachfragekurve, die der inländischen Nachfrageüberschusskurve entspricht, bleibt unverändert. Diese Zusammenhänge sind in Abb. 5.4 zu erkennen.

Die Änderung des **Importwerts** ist **unbestimmt**: Der Preis steigt, die Menge sinkt. Aus dem Elastizitätsansatz ist bekannt, dass die Nachfrageelastizitäten die entscheidenden Elastizitäten sind: Je niedriger die Preiselastizität der (inländischen) Nachfrage nach (ausländischen) Importgütern ist, desto größer ist der Importwert:

$$|\eta_{\text{Im}}| < 1 \rightarrow d\text{Im} > 0 \qquad (5.46)$$

$$|\eta_{\text{Im}}| = 1 \rightarrow d\text{Im} = 0 \qquad (5.47)$$

$$|\eta_{\text{Im}}| > 1 \rightarrow d\text{Im} < 0 \qquad (5.48)$$

Die Wirkungen auf den ausländischen Außenbeitrag sind negativ.

Die Wirkungen auf den *inländischen* **Außenbeitrag** sind unbestimmt, aber *generell* **positiv**: Zwei Gründe sind dafür verantwortlich:

Erstens beeinflusst der positive Effekt auf den inländischen Exportwert den Außenbeitrag positiv.

Zweitens sinkt auch der Importwert, sofern die Preiselastizität der Nachfrage nach Importgütern nicht relativ niedrig ist. Dies beeinflusst den Außenbeitrag ebenfalls positiv. Selbst wenn der Effekt auf den Importwert positiv ist, kann der Außenbeitrag steigen, wenn nämlich der positive Effekt auf den Importwert kleiner ausfällt als der positive Effekt auf den Exportwert.

Die Bedingungen für einen **untypisch negativen Effekt** auf den Außenbeitrag sind restriktiv:

$$1. \ |\eta_{\text{Im}}| < 1 \qquad (5.49)$$

$$2. \ d\text{Im} > d\text{Ex} \qquad (5.50)$$

Bei einer expansiven Fiskalpolitik im Ausland ist grundsätzlich ein positiver Effekt auf den Außenbeitrag zu erwarten, es sei denn, die Preiselastizität der (inländischen) Nachfrage nach (ausländischen) Importgütern ist kleiner als eins und die positiven Effekte auf den Importwert übersteigen die positiven Effekte auf den Exportwert.

▶ Eine expansive Fiskalpolitik im Ausland führt grundsätzlich zu einem

• *positiven* Effekt auf das Einkommen,
• *positiven* Effekt auf den **Außenbeitrag**, es sei denn, die Preiselastizität der (inländischen) Nachfrage nach (ausländischen) Exportgütern ist kleiner als eins und die positiven Effekte auf den Importwert übersteigen die positiven Effekte auf den Exportwert.

Im Folgenden werden internationale Spillover- und Feedback-Effekte berücksichtigt.

5.2.4.4 Internationale Übertragungs- und Rückwirkungseffekte

Abb. 5.5 zeigt den Transmissionsmechanismus einer **expansiven *ausländischen* Fiskalpolitik** für das Inland, wenn internationale **Spillover-** und **Feedback-Effekte** berücksichtigt werden.

Die expansive Fiskalpolitik im Ausland führt über eine steigende ausländische Staatsnachfrage zu einem steigenden ausländischen Einkommen.

Abb. 5.5 Fiskalpolitik im Ausland mit Spillover- und Feedback-Effekten

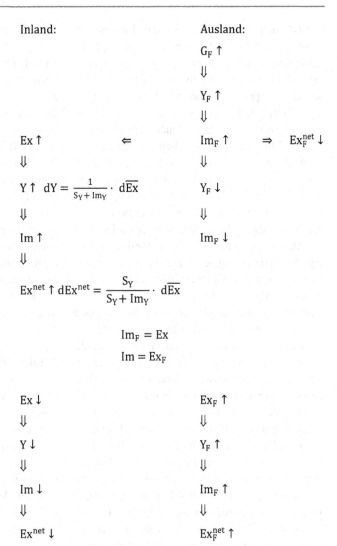

Inland:

Ausland:

$$G_F \uparrow$$
$$\Downarrow$$
$$Y_F \uparrow$$
$$\Downarrow$$

$$\text{Ex} \uparrow \quad\quad \Leftarrow \quad\quad \text{Im}_F \uparrow \quad \Rightarrow \quad \text{Ex}_F^{net} \downarrow$$
$$\Downarrow \quad\quad\quad\quad\quad\quad\quad \Downarrow$$

$$Y \uparrow \quad dY = \frac{1}{S_Y + \text{Im}_Y} \cdot d\overline{\text{Ex}} \quad\quad Y_F \downarrow$$
$$\Downarrow \quad\quad\quad\quad\quad\quad\quad\quad\quad\quad \Downarrow$$

$$\text{Im} \uparrow \quad\quad\quad\quad\quad\quad\quad\quad \text{Im}_F \downarrow$$
$$\Downarrow$$

$$\text{Ex}^{net} \uparrow \quad d\text{Ex}^{net} = \frac{S_Y}{S_Y + \text{Im}_Y} \cdot d\overline{\text{Ex}}$$

$$\text{Im}_F = \text{Ex}$$
$$\text{Im} = \text{Ex}_F$$

$$\text{Ex} \downarrow \quad\quad\quad\quad\quad\quad\quad\quad \text{Ex}_F \uparrow$$
$$\Downarrow \quad\quad\quad\quad\quad\quad\quad\quad\quad \Downarrow$$
$$Y \downarrow \quad\quad\quad\quad\quad\quad\quad\quad\quad Y_F \uparrow$$
$$\Downarrow \quad\quad\quad\quad\quad\quad\quad\quad\quad \Downarrow$$
$$\text{Im} \downarrow \quad\quad\quad\quad\quad\quad\quad\quad \text{Im}_F \uparrow$$
$$\Downarrow \quad\quad\quad\quad\quad\quad\quad\quad\quad \Downarrow$$
$$\text{Ex}^{net} \downarrow \quad\quad\quad\quad\quad\quad\quad \text{Ex}_F^{net} \uparrow$$

Dies impliziert eine zunehmende ausländische Importnachfrage und somit ceteris paribus einen sinkenden ausländischen Außenbeitrag.

Steigende *ausländische* Importe sind gleichbedeutend mit steigenden *inländischen* Exporten. Daher steigt das inländische Einkommen. Dies impliziert eine zunehmende inländische Importnachfrage. Insgesamt erhöht sich der inländische Außenbeitrag, obwohl die frühere Zunahme des Exportwerts durch die spätere Zunahme des Importwerts zum Teil kompensiert wird.

Zwei Phänomene sind zu beachten:

Erstens muss zwischen unabhängigen und abhängigen Variablen unterschieden werden: Ist das Einkommen die unabhängige Variable („wenn") und der Importwert die abhängige („dann"), so besteht im folgenden Konditionalsatz eine *positive* Beziehung zwischen dem Einkommen und dem Importwert: *Wenn* das Einkommen steigt, *dann* steigt auch der Importwert. Ist jedoch der Importwert die unabhängige Variable („wenn") und das Einkommen die abhängige („dann"), so besteht im folgenden Konditionalsatz eine *negative* Beziehung: Wenn der Importwert steigt, dann sinkt das Einkommen.

Zweitens steigt der inländische Außenbeitrag, obwohl nicht nur der Exportwert, sondern auch der Importwert steigt: Der Grund für den Nettoanstieg liegt darin, dass der Exportwert stärker zunimmt als der Importwert. Denn die durch die zusätzlichen Exporte generierten Einkommen werden nur zum Teil für den Kauf von Importen verwendet. Andere Verwendungsmöglichkeiten sind inländischer Konsum oder inländische Ersparnis. Im prinzipiell unendlich lange währenden Transmissionsmechanismus werden die quantitativen Wirkungen immer kleiner, sodass frühere Effekte stärker ausfallen als spätere.

Weil sinkende *ausländische* Importe identisch mit sinkenden *inländischen* Exporten sind, können Spillover- und Feedback-Effekte ausgemacht werden: Das Sinken inländischer Exporte reduziert das inländische Einkommen, das seinerseits sinkende Importe nach sich zieht. Weil die vorgelagerte Verringerung des Exportwerts stärker ausfällt als die nachgelagerte Reduktion des Importwerts, sinkt der inländische Außenbeitrag. Allerdings sinken die inländischen Nettoexporte aufgrund sinkender ausländischer Importe um weniger als sie nach der vorgelagerten Berücksichtigung steigender ausländischer Importe gestiegen sind, sodass der inländische Außenbeitrag insgesamt immer noch zunimmt.

Steigende *inländische* Importe sind gleichbedeutend mit steigenden *ausländischen* Exporten. Aufgrund dieser ausländischen Ausfuhren nehmen das ausländische Einkommen und damit auch die ausländischen Einfuhren zu. Weil die Zunahme des ausländischen Exportwerts stärker ist als die Zunahme des ausländischen Importwerts, steigt der ausländische Außenbeitrag und kompensiert sein ursprüngliches Sinken zumindest teilweise.

Unter Berücksichtigung **internationaler Spillover- und Feedback-Effekte** verändern sich die Primäreffekte. Folgende Effekte stechen hervor:

1. Das *inländische* **Einkommen steigt**, aber um **weniger** als nach den Primäreffekten.
2. Der *inländische* **Außenbeitrag steigt**, aber um **weniger** als nach den Primäreffekten.
3. Das *ausländische* **Einkommen steigt**, sogar um **mehr** als nach den Primäreffekten.
4. Der *ausländische* **Außenbeitrag sinkt**, aber um **weniger** als nach den Primäreffekten.
5. Die *finanzielle* **Last** trägt allein das **Ausland**, nicht das Inland.

Qualitativ ändert sich keiner der ersten vier Effekte, aber quantitativ fallen die Effekte 1, 2 und 4 unter Berücksichtigung internationaler Übertragungs- und Rückwirkungseffekte geringer aus. Nur das *ausländische* Einkommen steigt durch die Sekundär- und Tertiäreffekte noch stärker.

Das **Inland profitiert** von einer expansiven Fiskalpolitik des Auslandes, weil sich sein **Einkommen erhöht** und sein **Außenbeitrag „verbessert"**. Daher hat das Inland einen Anreiz, das Ausland dazu zu bewegen, expansive Fiskalpolitik zu betreiben. Das Ausland profitiert in geringerem Ausmaß, weil sich zwar der ursprüngliche Anstieg des ausländischen Einkommens aufgrund internationaler Spillover- und Feedback-Effekte erhöht, sich der ausländische Außenbeitrag aber „verschlechtert". Das Ausland zahlt die Rechnung, das Inland erntet die Früchte.

5.2.4.5 Direkte internationale Konjunktur- und Preiszusammenhänge

Folgender **direkter internationaler Konjunkturzusammenhang** ist zu beobachten:

Eine expansive Fiskalpolitik im **Inland** führt:

- im *Inland* zu einer Einkommenserhöhung und einer „Verschlechterung" des Außenbeitrags,
- im *Ausland* zu einer Einkommenserhöhung und einer „Verbesserung" des Außenbeitrags.

Spillover- und **Feedback-Effekte** sorgen:

- im *Inland* für eine Verstärkung der Einkommenserhöhung und eine Abschwächung der „Verschlechterung" des Außenbeitrags,
- im *Ausland* für eine Abschwächung der Einkommenserhöhung und der „Verbesserung" des Außenbeitrags.

Eine expansive Fiskalpolitik im **Ausland** führt:

- im *Inland* zu einer Einkommenserhöhung und einer „Verbesserung" des Außenbeitrags,
- im *Ausland* zu einer Einkommenserhöhung und einer „Verschlechterung" des Außenbeitrags.

Spillover- und **Feedback-Effekte** sorgen:

- im *Inland* für eine Abschwächung der Einkommenserhöhung und der „Verbesserung" des Außenbeitrags,
- im *Ausland* für eine Verstärkung der Einkommenserhöhung und eine Abschwächung der „Verbesserung" des Außenbeitrags.

▶ *Andere* **Länder** aufzufordern, als „**Lokomotive"** die führende Rolle bei der Ankurbelung der gesamtwirtschaftlichen Nachfrage zu übernehmen, ist eine attraktive politische Strategie:

▶ Das fiskalpolitisch *aktive* **Land**

- erhöht zwar sein Einkommen,
- „verschlechtert" aber seinen Außenbeitrag,
- trägt allein die Kosten der expansiven Fiskalpolitik.

▶ Das fiskalpolitisch *passive* **Land**

- erhöht sein Einkommen,
- „verbessert" seinen Außenbeitrag,
- trägt unmittelbar keine Kosten für die expansive Fiskalpolitik des anderen Landes.

Das Ausland stellt sich besser, wenn das Inland seine Konjunktur ankurbelt, das Inland stellt sich besser, wenn das Ausland seine Konjunktur ankurbelt. Deshalb besteht die Gefahr, dass eine „**Beggar-thy-neighbour"-Politik** verfolgt wird (vgl. Robinson 1937, S. 210 ff.): Staaten versuchen, die finanziellen Lasten wirtschaftlicher Konjunkturprogramme anderen Ländern aufzubürden, weil sie selbst von so einer Politik profitieren, ohne sich an den Kosten beteiligen zu müssen. Diese Dilemmata können dadurch vermieden werden, dass diskretionäre Konjunkturpolitik durch eine *regelbasierte* **Politik** und *automatische* **Stabilisatoren** ersetzt wird.

Folgender **direkte internationale Preiszusammenhang** lässt sich feststellen: Preiserhöhungen im Ausland führen zu Preiserhöhungen im Inland:

Für **Importe** ist festzustellen: Ein höheres *ausländisches* Preisniveau verteuert inländische Importgüter. Teurere inländische Importgüter verteuern *inländische* Güter, deren Produktion auf Importgüter angewiesen sind.

Für **Exporte** ist festzustellen: Eine steigende Attraktivität von Exporten führt zu einem *sinkenden* Güterangebot im Inland, weil mehr Güter im Ausland verkauft werden. Die Verknappung des inländischen Güterangebots impliziert steigende Preise für handelbare Güter (tradeables) im Inland. Ein höheres Preisniveau im Ausland schafft Anreize für die zusätzliche Produktion von Exportgütern. In diesem Fall steigt die Nachfrage nach Produktionsfaktoren, was die inländischen Faktorpreise in die Höhe treibt. Ein Anstieg inländischer Faktorpreise impliziert einen Anstieg inländischer Güterpreise, auch der international nicht gehandelten Güter (non-tradeables).

Sowohl für **Exporte** als auch für **Importe** ist festzustellen: Ein Preisanstieg handelbarer Güter führt aufgrund von Interdependenzen zu einem Preisanstieg nicht-handelbarer Güter.

▶ Eine **importierte Inflation** ist nicht nur möglich, wenn der **Außenbeitrag steigt**, weil dann mit steigenden Nettokapitalimporten zu rechnen ist. Sie ist sogar möglich, wenn der **Außenbeitrag sinkt**. Der direkte internationale Preiszusammenhang ist unabhängig von Änderungen des Außenbeitrags.

Bei – in- und ausländischer – Fiskalpolitik steigt das Preisniveau sowohl auf dem Exportmarkt als auch auf dem Importmarkt.

5.2.5 Interpretation

Tab. 5.1 gibt einen Überblick über die unterschiedlichen Fälle einer Fiskalpolitik, die wir in den vorhergehenden Abschnitten untersucht haben.

Folgende Schlussfolgerungen können aus den Ausführungen gezogen werden:

Tab. 5.1 Fiskalpolitische Effekte durch das In- und Ausland auf das Einkommen und den Außenbeitrag

		ohne Rückwirkungseffekte		mit Übertragungs- und Rückwirkungseffekten	
		inländische Nachfrage ↑	ausländische Nachfrage ↑	inländische Nachfrage ↑	ausländische Nachfrage ↑
Inland	dY	+ +	+ +	+ + +	+
	dEx^{net}	– –	+ +	–	+
Ausland	dY_F	+ +	+ +	+	+ + +
	dEx_F^{net}	+ +	– –	+	–
präferiert durch		Ausland	Inland	Ausland, falls Fokus auf dem Außenbeitrag	Inland, falls Fokus auf dem Außenbeitrag

▶ Eine expansive Fiskalpolitik im Inland hat generell eine negative Wirkung auf den inländischen Außenbeitrag.

Eine expansive Fiskalpolitik im Ausland hat generell eine positive Wirkung auf den inländischen Außenbeitrag.

Der internationale Konjunktur- und Preiszusammenhang gilt unabhängig davon, ob der Außenbeitrag positiv oder negativ ist, sodass eine importierte Inflation auch möglich ist, wenn sich der Außenbeitrag „verschlechtert".

Im nächsten Abschnitt erweitern wir das bisherige Gütermarktmodell um den Geldmarkt.

5.3 Güter- und Geldmarkt

5.3.1 Grundlagen

Nachdem die Wirkungen fiskalpolitischer Maßnahmen auf den Gütermarkt erläutert worden sind, wird nun der Geldmarkt miteinbezogen. Die Erweiterung der bisherigen Partialanalyse trägt dazu bei, das Verständnis für Wechselwirkungen zwischen den Märkten zu wecken. Für die Beurteilung einer Stabilisierungspolitik sind nicht nur deren Primäreffekte, sondern auch Sekundär- (Übertragungen) und Tertiäreffekte (Rückwirkungen) auf andere Märkte zu berücksichtigen. Das bekannteste makroökonomische Modell einer offenen Volkswirtschaft, in dem stabilisierungspolitische Effekte auf dem Güter- und Geldmarkt untersucht werden, ist das **Mundell-Fleming-Modell**, das eine Erweiterung des traditionellen IS-LM-Modells darstellt: Während

Hicks' IS-LM-Modell eine geschlossene Volkswirtschaft analysiert (vgl. Keynes 1936, S. 667–686; Hicks 1937, S. 147–159; Hansen 1941), betrachten Robert Alexander Mundell (1932–2021), Wirtschaftsnobelpreisträger von 1999, und Marcus Fleming in ihrem Modell eine offene Volkswirtschaft, die internationale Handels- und Kapitalströme miteinbezieht (vgl. Mundell 1962, S. 70–79; Fleming 1962, S. 369–380; Mundell 1963, S. 475–485). Kurzum kann das Mundell-Fleming-Modell als IS-LM-Modell für eine offene Volkswirtschaft angesehen werden.

Im Mundell-Fleming-Modell gehen wir von der **Gültigkeit der Robinson-Bedingung** aus. Dies bedeutet, dass Wechselkursänderungen immer eine normale Reaktion des Außenbeitrags nach sich ziehen: Eine Abwertung der inländischen Währung resultiert in einem Anstieg des Außenbeitrags, eine Aufwertung in einem Sinken des Außenbeitrags.

Drei Gleichgewichtsbedingungen sind zentral für die Struktur des Mundell-Fleming-Modells:

▶ Die Gleichgewichtsbedingung für den **Gütermarkt**, die graphisch durch die **IS-Kurve** repräsentiert wird, lautet:

$$1.\ Y = C\underset{(+)}{(Y)} + I\underset{(-)}{(i)} + G + Ex^{net}\underset{(+)\ (-)(+)}{(Y_F, Y, e)}$$

Das reale Güterangebot Y ist gleich

• der realen Konsumnachfrage C, die positiv vom laufenden inländischen Einkommen Y abhängt,

• plus der realen Investitionsnachfrage I, die negativ vom Zinssatz i abhängt,

- plus der realen exogenen Staatsnachfrage G,
- plus des realen Außenbeitrags Ex^{net}, der positiv vom realen ausländischen Einkommen Y_F, negativ vom realen inländischen Einkommen Y sowie positiv vom Wechselkurs e abhängt.

▶ Die Gleichgewichtsbedingung für den **Geldmarkt**, die graphisch durch die **LM-Kurve** repräsentiert wird, lautet:

$$2. \ M = L\underset{(+)(-)}{(Y,i)}$$

Das reale exogene Geldangebot M ist gleich der realen Geldnachfrage L, die positiv vom realen inländischen Einkommen (Transaktionskasse L^T) und negativ vom Zinssatz (Spekulationskasse L^S) abhängt.

▶ Die Gleichgewichtsbedingung für die **Zahlungsbilanz**, die graphisch durch die **ZZ-Kurve** repräsentiert wird, lautet:

$$3. \ ZZ = Ex^{net}\underset{(+) \ \ (-)(+)}{(Y_F,Y,e)} + Cim^{net}\underset{(+)(-)}{(i,i_F)} = 0$$

Außenwirtschaftliches (externes) Gleichgewicht liegt vor, wenn die Zahlungsbilanz – genauer: die Devisenbilanz – ausgeglichen ist:
Der Außenbeitrag Ex^{net}, der

- positiv vom realen ausländischen Einkommen Y_F,
- negativ vom realen inländischen Einkommen Y,
- positiv vom Wechselkurs e abhängt,

und der Wert der Nettokapitalimporte Cim^{net}, der

- positiv vom inländischen Zinssatz i,
- negativ vom ausländischen Zinssatz i_F abhängt,

müssen sich ausgleichen und in Summe null ergeben. Die Steigung der ZZ-Kurve ist positiv: Wenn der Zinssatz i steigt, werden die Nettokapitalimporte zunehmen, mit der Wirkung, dass der Außenbeitrag sinken muss, um weiterhin ein au-

ßenwirtschaftliches Gleichgewicht aufzuweisen. Dies erfordert einen Anstieg des (inländischen) Einkommens Y, sodass der Importwert zunimmt.

5.3.2 Simultanes internes und externes Gleichgewicht

Ausgangssituation für die Stabilisierungspolitik ist ein simultanes internes und externes Gleichgewicht.

▶ Das *interne (binnenwirtschaftliche)* **Gleichgewicht** verkörpert das simultane Gleichgewicht auf dem Güter- und Geldmarkt und wird graphisch durch den Schnittpunkt von IS- und LM-Kurve repräsentiert.

▶ Das *externe (außenwirtschaftliche)* **Gleichgewicht** verkörpert das Gleichgewicht der Zahlungsbilanz, genau genommen der Devisenbilanz, und wird graphisch durch einen beliebigen Punkt auf der ZZ-Kurve repräsentiert.

Optimal ist ein simultanes internes und externes Gleichgewicht, das in Abb. 5.6 durch den Schnittpunkt von IS-, LM- und ZZ-Kurve repräsentiert wird.
Devisenbilanzungleichgewichte können Devisenbilanzüberschüsse oder Devisenbilanzdefizite sein. Zunächst werden die Transmissionsmechanismen zu neuen Devisenbilanzgleichgewichten für feste Wechselkurse dargestellt.

5.3.3 Externe Ungleichgewichte im System fester Wechselkurse

5.3.3.1 Devisenbilanzüberschuss
Wenn außenwirtschaftliche Ungleichgewichte in Kauf genommen werden, weil sich das Augenmerk eines Landes auf das interne Gleichgewicht richtet, führt die Regierung eine Neutralisierungspolitik durch, die das außenwirtschaftliche Gleichgewicht aufrechterhält. Ansonsten führen – bei Abwesenheit einer Neutralisierungspolitik – Anpassungen zu einem neuen simultanen internen und externen Gleichgewicht. Externe Ungleichge-

Abb. 5.6 Simultanes
internes und externes
Gleichgewicht

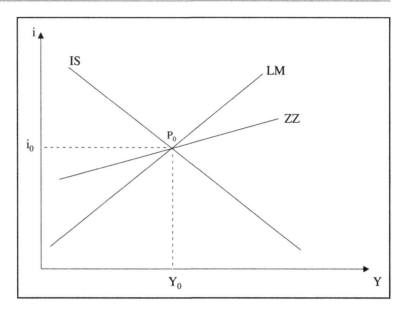

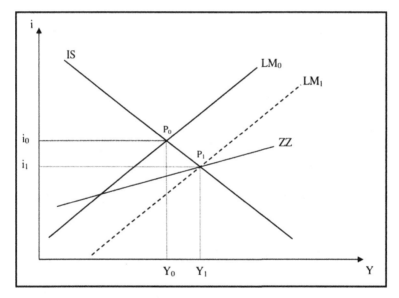

Abb. 5.7 Devisenbilanzüberschuss im System fester Wechselkurse

wichte existieren in Form von Devisenbilanzüberschüssen oder Devisenbilanzdefiziten.

Im System fester Wechselkurse werden außenwirtschaftliche Gleichgewichte über Änderungen der Geldmenge wiederhergestellt:

Ist der Zinssatz zu hoch für ein außenwirtschaftliches Gleichgewicht, setzt folgender Transmissionsmechanismus (Übertragungsmechanismus) ein:

→ Kapitalimporte zu hoch

→ Devisenbilanzüberschuss

→ Angebotsüberschuss von Devisen

→ steigende Geldmenge infolge des Umtausches von Devisen in inländische Währung

→ Rechtsverschiebung der LM-Kurve

→ Devisenbilanzgleichgewicht

Abb. 5.7 zeigt die graphische Lösung.

5.3.3.2 Devisenbilanzdefizit

Ein Devisenbilanzdefizit weist zu geringe Nettoexporte und/oder zu geringe Nettokapitalimporte auf: Ist der Zinssatz zu niedrig für ein außenwirtschaftliches Gleichgewicht, setzt folgender Transmissionsmechanismus (Übertragungsmechanismus) ein:

→ Kapitalimporte zu niedrig
→ Devisenbilanzdefizit
→ Nachfrageüberschuss von Devisen
→ sinkende Geldmenge infolge des Umtausches inländischer Währung in Devisen
→ Linksverschiebung der LM-Kurve
→ Devisenbilanzgleichgewicht

Abb. 5.8 zeigt die graphische Lösung.

Es folgt die Beschreibung der Transmissionsmechanismen von Devisenbilanzungleichgewichten zu neuen Devisenbilanzgleichgewichten bei flexiblen Wechselkursen.

5.3.4 Externe Ungleichgewichte im System flexibler Wechselkurse

5.3.4.1 Devisenbilanzüberschuss

Im System flexibler Wechselkurse läuft der Transmissionsmechanismus über Änderungen der Preise für ausländische Währungseinheiten, sprich: über Änderungen der Wechselkurse. Wie auf anderen Märkten führt ein Angebotsüberschuss von Devisen zu einem niedrigeren Preis/Wechselkurs, ein Nachfrageüberschuss von Devisen zu einem höheren Preis/Wechselkurs.

Ist der Zinssatz zu hoch für ein außenwirtschaftliches Gleichgewicht, setzt folgender Transmissionsmechanismus ein:

→ Kapitalimporte zu hoch
→ Devisenbilanzüberschuss
→ Angebotsüberschuss von Devisen
→ Preis für Devisen (= Wechselkurs) sinkt
→ Aufwertung der inländischen Währung
→ Sinken des Außenbeitrags
  a) Verschiebung der IS-Kurve nach links
  b) Kapitalimporte müssen steigen
    → (inländischer) Zinssatz muss steigen
    → Verschiebung der ZZ-Kurve nach oben
  → Devisenbilanzgleichgewicht

Da die Übertragung sowohl über den Gütermarkt als auch über die Zahlungsbilanz erfolgt, werden bei flexiblen Wechselkursen zwei Kurven verschoben, wie in Abb. 5.9 zu sehen ist.

Es folgt analog der Transmissionsmechanismus von einem Devisenbilanzdefizit zu einem neuen Devisenbilanzgleichgewicht.

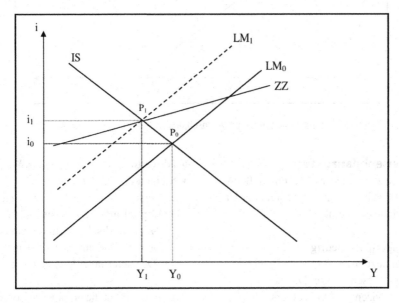

Abb. 5.8 Devisenbilanzdefizit im System fester Wechselkurse

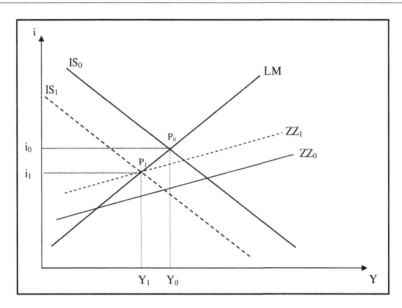

Abb. 5.9 Devisenbilanzüberschuss im System flexibler Wechselkurse

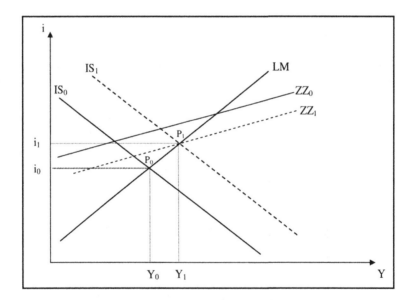

Abb. 5.10 Devisenbilanzdefizit im System flexibler Wechselkurse

5.3.4.2 Devisenbilanzdefizit

Ist der Zinssatz zu niedrig für ein außenwirt-schaftliches Gleichgewicht, setzt folgender Über-tragungsmechanismus ein:

→ Kapitalimporte zu niedrig
→ Devisenbilanzdefizit
→ Nachfrageüberschuss von Devisen
→ Preis für Devisen (= Wechselkurs) steigt

→ Abwertung der inländischen Währung
→ Steigen des Außenbeitrags
  a) Verschiebung der IS-Kurve nach rechts
  b) Kapitalimporte müssen sinken
     → (inländischer) Zinssatz muss sinken
     → Verschiebung der ZZ-Kurve nach unten
  → Devisenbilanzgleichgewicht

In Abb. 5.10 ist die graphische Lösung zu sehen.

Zunächst wird die Wirksamkeit einer expansiven Geldpolitik im System fester Wechselkurse untersucht.

5.3.5 Geldpolitik im System fester Wechselkurse

Eine expansive Geldpolitik, wie sie von den meisten Ländern in den ersten beiden Dekaden des 21. Jahrhunderts durchgeführt worden ist, wirkt sich in einem System fixer Wechselkurse anders aus als in einem System flexibler Wechselkurse. Beide Fälle sind für Deutschland von hoher Relevanz: Die Analyse im Modell fester Wechselkurse ist ausgerichtet auf Länder, zwischen denen die Wechselkurse fixiert sind, wie dies beispielsweise in der Europäischen Wirtschafts- und Währungsunion der Fall ist. Die Analyse im Modell flexibler Wechselkurse ist ausgerichtet auf Länder, deren Wechselkurse schwanken, wie dies beispielsweise zwischen den USA und Deutschland der Fall ist.

Wir führen eine expansive Geldpolitik durch. Beginnend mit einem simultanen internen und externen Gleichgewicht, steigt die (inländische) Geldmenge:

Expansive Geldpolitik: Rechtsverschiebung der LM-Kurve: $P_0 \rightarrow P_1$

→ Devisenbilanzdefizit
→ Nachfrageüberschuss von Devisen
→ Sinken der Geldmenge, weil inländische Währung in Devisen getauscht wird
→ Linksverschiebung der LM-Kurve: $LM_0 = LM_2$
→ Devisenbilanzgleichgewicht: $P_0 = P_2$

Abb. 5.11 zeigt die graphische Lösung.

Die auf dem Geldmarkt ausgelösten Rückwirkungen machen die ursprüngliche Geldmengenerhöhung zunichte.

▶ Im System fester Wechselkurse ist Geldpolitik in einer offenen Volkswirtschaft nicht effektiv.

Expansive Geldpolitik im System flexibler Wechselkurse führt zu anderen Ergebnissen.

5.3.6 Geldpolitik im System flexibler Wechselkurse

Im System flexibler Wechselkurse ist der Dreh- und Angelpunkt der Wechselkurs:

Expansive Geldpolitik: Rechtsverschiebung der LM-Kurve: $P_0 \rightarrow P_1$

Abb. 5.11 Geldpolitik im System fester Wechselkurse

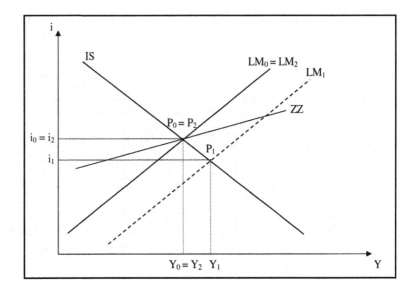

→ Devisenbilanzdefizit

→ Nachfrageüberschuss von Devisen

→ Preis für Devisen (= Wechselkurs) steigt

→ Abwertung der inländischen Währung

→ Steigen des Außenbeitrags

   a) Verschiebung der IS-Kurve nach rechts

   b) Kapitalimporte müssen sinken

      → (inländischer) Zinssatz muss sinken

      → Verschiebung der ZZ-Kurve nach unten

      → Devisenbilanzgleichgewicht: P_2

In Abb. 5.12 wird die graphische Lösung veranschaulicht.

Geldpolitik wirkt bei flexiblen Wechselkursen.

▷ Im System flexibler Wechselkurse ist Geldpolitik in einer offenen Volkswirtschaft effektiv und darüber hinaus wirksamer als in einer geschlossenen Volkswirtschaft.

Aufgrund der Flexibilität des Wechselkurses kommt es zu einer Abwertung der inländischen Währung, die gemäß der Robinson-Bedingung zu erhöhten Nettoexporten, zu erhöhter inländischer Produktion und Beschäftigung sowie zu steigenden Einkommen führt.

5.3.7 Fiskalpolitik im System fester Wechselkurse

5.3.7.1 Fall relativ hoher Zinssatzelastizität der Kapitalbewegungen

Bei Fiskalpolitik unterscheiden sich die Effekte, je nachdem, ob die Kapitalmobilität relativ hoch oder relativ niedrig ist. Auf annähernd vollkommenen Kapitalmärkten ist die Zinssatzelastizität der Kapitalbewegungen relativ hoch, sodass die ZZ-Kurve flacher verläuft als die LM-Kurve. Der Transmissionsmechanismus im System fester Wechselkurse lautet:

Rechtsverschiebung der IS-Kurve: $P_0 \rightarrow P_1$

→ Devisenbilanzüberschuss

→ Angebotsüberschuss von Devisen

→ Steigen der Geldmenge, weil Devisen gegen inländische Währung getauscht werden

→ Rechtsverschiebung der IS-Kurve

→ Devisenbilanzgleichgewicht: P_2

Abb. 5.13 zeigt den Fall bei festen Wechselkursen und relativ hoher Kapitalmobilität.

Die Annahme hoher Kapitalmobilität ist für die meisten Industrieländer zutreffend.

Abb. 5.12 Geldpolitik im System flexibler Wechselkurse

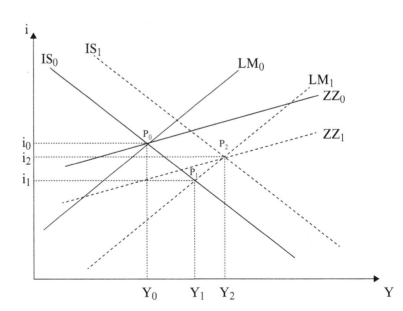

Abb. 5.13 Fiskalpolitik
bei relativ hoher
Kapitalmobilität im
System fester
Wechselkurse

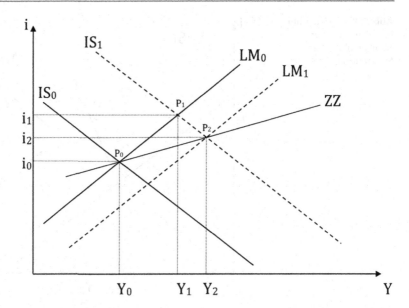

▶ Im System fester Wechselkurse mit relativ hoher Zinssatzelastizität der Kapitalbewegungen ist Fiskalpolitik in einer offenen Volkswirtschaft effektiv und darüber hinaus wirksamer als in einer geschlossenen Volkswirtschaft.

5.3.7.2 Fall relativ niedriger Zinssatzelastizität der Kapitalbewegungen

Auf unvollkommenen Kapitalmärkten mit Mobilitätseinschränkungen wie Kapitalverkehrskontrollen ist die Zinssatzelastizität der Kapitalbewegungen relativ niedrig, sodass die ZZ-Kurve steiler verläuft als die LM-Kurve. Der Transmissionsmechanismus im System fester Wechselkurse lautet:

Expansive Fiskalpolitik: Rechtsverschiebung der IS-Kurve: $P_0 \rightarrow P_1$

→ Devisenbilanzdefizit
→ Nachfrageüberschuss von Devisen
→ Sinken der Geldmenge, weil inländische Währung gegen Devisen getauscht wird
→ Linksverschiebung der LM-Kurve
→ Devisenbilanzgleichgewicht: P_2

Abb. 5.14 zeigt den Fall bei festen Wechselkursen und relativ geringer Kapitalmobilität.

Mangelnde Kapitalmobilität schwächt den Erfolg von Fiskalpolitik.

▶ Im System fester Wechselkurse mit relativ niedriger Zinssatzelastizität der Kapitalbewegungen ist Fiskalpolitik in einer offenen Volkswirtschaft zwar effektiv, aber weniger wirksam als in einer geschlossenen Volkswirtschaft.

Auch im System flexibler Wechselkurse ist die Wirksamkeit expansiver Fiskalpolitik vom Grad der Kapitalmobilität abhängig.

5.3.8 Fiskalpolitik im System flexibler Wechselkurse

5.3.8.1 Fall relativ hoher Zinssatzelastizität der Kapitalbewegungen

Der Transmissionsmechanismus im System flexibler Wechselkurse bei relativ hoher Kapitalmobilität lautet:

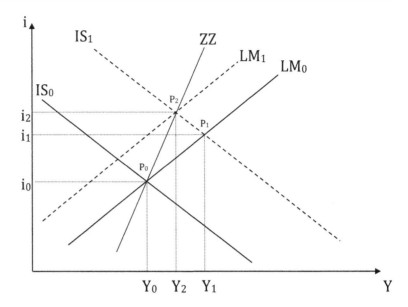

Abb. 5.14 Fiskalpolitik bei relativ geringer Kapitalmobilität im System fester Wechselkurse

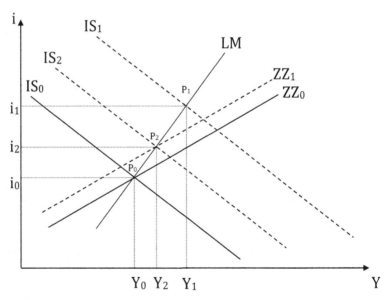

Abb. 5.15 Fiskalpolitik bei relativ hoher Kapitalmobilität im System flexibler Wechselkurse

Expansive Fiskalpolitik: Rechtsverschiebung der IS-Kurve: $P_0 \rightarrow P_1$

→ Devisenbilanzüberschuss
→ Angebotsüberschuss von Devisen
→ Preis für Devisen (= Wechselkurs) sinkt
→ Aufwertung der inländischen Währung
→ Sinken des Außenbeitrags
  a) Verschiebung der IS-Kurve nach links

b) Kapitalimporte müssen steigen
  → (inländischer) Zinssatz muss steigen
  → Verschiebung der ZZ-Kurve nach oben
  → Devisenbilanzgleichgewicht: P_2

Abb. 5.15 zeigt den Fall bei flexiblen Wechselkursen und relativ hoher Kapitalmobilität.

Bei flexiblen Wechselkursen ist der Effekt umgekehrt zu festen Wechselkursen: Bei relativ hoher Kapitalmobilität ist Fiskalpolitik nicht besonders wirksam.

▶ Im System flexibler Wechselkurse mit relativ hoher Zinssatzelastizität der Kapitalbewegungen ist Fiskalpolitik in einer offenen Volkswirtschaft zwar effektiv, aber weniger wirksam als in einer geschlossenen Volkswirtschaft.

Die Höhe der Kapitalmobilität entscheidet darüber, ob expansive Fiskalpolitik einen Devisenbilanzüberschuss oder ein Devisenbilanzdefizit hervorruft.

5.3.8.2 Fall relativ niedriger Zinssatzelastizität der Kapitalbewegungen

Der Transmissionsmechanismus im System flexibler Wechselkurse bei relativ hoher Kapitalmobilität lautet:

Expansive Fiskalpolitik: Rechtsverschiebung der IS-Kurve: $P_0 \rightarrow P_1$

$\rightarrow$ Devisenbilanzdefizit
$\rightarrow$ Nachfrageüberschuss von Devisen
$\rightarrow$ Preis für Devisen (= Wechselkurs) steigt
$\rightarrow$ Abwertung der inländischen Währung
$\rightarrow$ Steigen des Außenbeitrags

a) Verschiebung der IS-Kurve nach rechts
b) Kapitalimporte müssen sinken
   $\rightarrow$ (inländischer) Zinssatz muss sinken
   $\rightarrow$ Verschiebung der ZZ-Kurve nach unten
$\rightarrow$ Devisenbilanzgleichgewicht: P_2

Abb. 5.16 zeigt den Fall bei flexiblen Wechselkursen und relativ geringer Kapitalmobilität.
Bei relativ geringer Kapitalmobilität ist Fiskalpolitik besonders wirksam.

▶ Im System flexibler Wechselkurse mit relativ niedriger Zinssatzelastizität der Kapitalbewegungen ist Fiskalpolitik in einer offenen Volkswirtschaft effektiv und darüber hinaus wirksamer als in einer geschlossenen Volkswirtschaft.

Im Folgenden werden die wichtigsten Faktoren genannt, die für die Wirksamkeit stabilisierungspolitischer Maßnahmen von Bedeutung sind.

5.3.9 Interpretation

Das Mundell-Fleming-Modell ist das IS-LM-Modell für eine offene Volkswirtschaft. Ob die Effekte von Geld- und Fiskalpolitik für eine geschlossene oder für eine offene Volkswirtschaft

Abb. 5.16 Fiskalpolitik bei relativ geringer Kapitalmobilität im System flexibler Wechselkurse

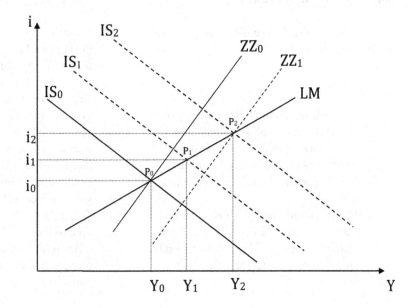

untersucht werden, ist von erheblicher Bedeutung. Stabilisierungspolitik kann daher nicht ohne Weiteres beurteilt werden. Ihr Erfolg hängt unter anderem davon ab, ob

- die Zinssatzelastizität der Investitionsnachfrage hoch oder niedrig ist,
- die Zinssatzelastizität der Geldnachfrage hoch oder niedrig ist,
- die marginale Konsumquote hoch oder niedrig ist,
- die marginale Sparquote hoch oder niedrig ist,
- die marginale Importquote hoch oder niedrig ist,
- die Kapitalmobilität hoch oder niedrig ist,
- die Wechselkurse fest oder flexibel sind,
- die keynesianischen Annahmen realistisch sind oder nicht,
- Stabilisierungspolitik einer Stabilitätspolitik vorzuziehen ist oder nicht.

Diese Faktoren verdeutlichen, wie schwierig es ist, eine passgenaue Stabilisierungspolitik durchzuführen.

5.4   Zusammenfassung und Aufgaben

5.4.1   Zusammenfassung

Die wichtigsten Ergebnisse dieses Kapitels sind zusammengefasst:

1. Der Einkommensmultiplikator einer offenen Volkswirtschaft ist kleiner als derjenige einer geschlossenen Volkswirtschaft, weil in jener neben Ersparnissen auch Importe zu Sickerverlusten beitragen.
2. Im Gütermarktmodell führt eine expansive Fiskalpolitik im Inland zu einem Anstieg des Einkommens und einer „Verschlechterung" des Außenbeitrags.

3. Im Gütermarktmodell führt eine expansive Fiskalpolitik im Ausland zu einem Anstieg des Einkommens und einer „Verbesserung" des inländischen Außenbeitrags.
4. Eine „Beggar-thy-neighbour"-Politik lässt andere Länder Konjunkturprogramme zahlen und selbst die Früchte ernten.
5. Ein direkter internationaler Preiszusammenhang sorgt für eine Angleichung der Preise.
6. Ein direkter internationaler Konjunkturzusammenhang verändert über Übertragungs- und Rückwirkungseffekte die Primäreffekte fiskalpolitischer Maßnahmen.
7. Der internationale Konjunktur- und Preiszusammenhang gilt unabhängig davon, ob der Außenbeitrag positiv oder negativ ist, sodass eine importierte Inflation auch möglich ist, wenn sich der Außenbeitrag „verschlechtert".
8. Das Mundell-Fleming-Modell ist das keynesianische IS-LM-Modell für eine offene Volkswirtschaft.
9. Simultanes internes und externes Gleichgewicht liegt vor, wenn Gütermarkt, Geldmarkt sowie die Zahlungsbilanz im Gleichgewicht sind.
10. Anpassungen von Devisenbilanzungleichgewichten erfolgen im System fester Wechselkurse über den Geldmarkt (LM-Kurve).
11. Anpassungen von Devisenbilanzungleichgewichten erfolgen im System flexibler Wechselkurse über den Gütermarkt (IS-Kurve) und die Zahlungsbilanz (ZZ-Kurve).
12. Geldpolitik ist im System fester Wechselkurse nicht effektiv.
13. Geldpolitik ist im System flexibler Wechselkurse effektiv. Sie ist in einer offenen Volkswirtschaft sogar wirksamer als in einer geschlossenen Volkswirtschaft.

14. Bei relativ hoher Zinssatzelastizität der Kapitalbewegungen ist Fiskalpolitik im System fester Wechselkurse wirksamer als im System flexibler Wechselkurse.

15. Bei relativ niedriger Zinssatzelastizität der Kapitalbewegungen ist Fiskalpolitik im System flexibler Wechselkurse wirksamer als im System fester Wechselkurse.

5.4.2 Wiederholungsfragen

1. Warum ist der Einkommensmultiplikator einer offenen Volkswirtschaft kleiner als derjenige einer geschlossenen Volkswirtschaft? Lösung Abschn. 5.2.2

2. Warum ist der Außenbeitragsmultiplikator negativ? Lösung Abschn. 5.2.2

3. Wie ändern sich die Ergebnisse einer im Inland durchgeführten expansiven Fiskalpolitik auf das Einkommen und auf den Außenbeitrag des Inlandes, wenn internationale Übertragungs- und Rückwirkungseffekte miteinbezogen werden? Lösung Abschn. 5.2.3

4. Wie ändern sich die Ergebnisse einer im Ausland durchgeführten expansiven Fiskalpolitik auf das Einkommen und auf den Außenbeitrag des Inlandes, wenn internationale Übertragungs- und Rückwirkungseffekte miteinbezogen werden? Lösung Abschn. 5.2.4

5. Warum hoffen Politiker darauf, dass andere Länder konjunkturpolitische Maßnahmen ergreifen? Lösung Abschn. 5.2.5

6. Wie lautet im Mundell-Fleming-Modell die Gleichgewichtsbedingung für den Gütermarkt? Lösung Abschn. 5.3.1

7. Wie lautet im Mundell-Fleming-Modell die Gleichgewichtsbedingung für die Zahlungsbilanz? Lösung Abschn. 5.3.1

8. Wie lautet im Mundell-Fleming-Modell der Transmissionsmechanismus zu einem neuen simultanen internen und externen Gleichgewicht im System fester Wechselkurse? Lösung Abschn. 5.3.3

9. Wie lautet im Mundell-Fleming-Modell der Transmissionsmechanismus zu einem neuen simultanen internen und externen Gleichgewicht im System flexibler Wechselkurse? Lösung Abschn. 5.3.4

10. Unter welchen Bedingungen ist Geldpolitik im System flexibler Wechselkurse besonders wirksam? Lösung Abschn. 5.3.6

5.4.3 Aufgaben

Aufgabe 1
Anfang der 2020er Jahre befinden wir uns in Deutschland in einer Investitions- und in einer Liquiditätsfalle. Vergleichen Sie die Wirksamkeit einer expansiven Geldpolitik in dieser Situation im System fester Wechselkurse mit derjenigen im System flexibler Wechselkurse.

Aufgabe 2
Vergleichen Sie die Wirksamkeit einer expansiven Fiskalpolitik bei Vorliegen einer Investitionsfalle und einer Liquiditätsfalle im System fester Wechselkurse mit derjenigen im System flexibler Wechselkurse.

Aufgabe 3
Anfang der 2020er Jahre wird in der Europäischen Wirtschafts- und Währungsunion zum einen ein Quantitative and Qualitative Monetary Easing (QQE) betrieben. Zum anderen haben die Länder der Währungsunion umfangreiche Konjunkturpakete aufgelegt. Erläutern Sie, inwiefern diese wirtschaftspolitische Kombination auch aus keynesianischer, einer Stabilisierungspolitik aufgeschlossen gegenüberstehenden Perspektive als inkonsistent angesehen werden kann.

5.4.4 Lösungen

Lösung zu Aufgabe 1
Bei Vorliegen einer Investitions- und Liquiditätsfalle ist eine expansive Geldpolitik sowohl bei festen als auch bei flexiblen Wechselkursen unwirksam. Eine expansive Geldpolitik zielt darauf ab, über Zinssatzsenkungen die Investitionsnach-

frage anzukurbeln und den Multiplikatorprozess über eine steigende gesamtwirtschaftliche Nachfrage und ein steigendes gesamtwirtschaftliches Angebot in Gang zu setzen. Ist die Investitionsnachfrage jedoch wie in der Investitionsfalle zinssatzunabhängig, weil beispielsweise aufgrund negativer Erwartungen Investitionen auch bei günstigen Finanzierungsbedingungen ausbleiben, kommt der erhoffte Produktions-, Beschäftigungs- und Einkommenseffekt nicht zur Geltung. Ist die Geldnachfrage wie in der Liquiditätsfalle vollkommen zinssatzabhängig, wirkt sich eine minimale Zinssatzsenkung extrem stark auf die Geldnachfrage aus, sodass der Zinssatz kaum – nur um einen unendlich kleinen Betrag – sinken kann. Dadurch bleibt eine stimulierende Wirkung auf die Investitionen aus.

Lösung zu Aufgabe 2

Bei Vorliegen einer Liquiditätsfalle ist eine expansive Fiskalpolitik sowohl bei festen als auch bei flexiblen Wechselkursen wirksam. Eine expansive Fiskalpolitik zielt darauf ab, über eine Erhöhung der Staatsausgaben den Multiplikatorprozess über eine steigende gesamtwirtschaftliche Nachfrage und ein steigendes gesamtwirtschaftliches Angebot in Gang zu setzen. Bei relativ hoher Kapitalmobilität ist Fiskalpolitik im System fester Wechselkurse wirksamer als im System flexibler Wechselkurse. Bei relativ niedriger Kapitalmobilität ist Fiskalpolitik im System flexibler Wechselkurse wirksamer als im System fester Wechselkurse.

Lösung zu Aufgabe 3

Die Volkswirtschaften der Europäischen Wirtschafts- und Währungsunion sind offene Volkswirtschaften. Aus keynesianischer Perspektive stellt daher das Mundell-Fleming-Modell einen angemessenen Modellrahmen zur Verfügung. Quantitative and Qualitative Easing (QQE) bedeutet expansive Geldpolitik. Das Auflegen von Konjunkturpaketen bedeutet expansive Fiskalpolitik. Es geht in der Aufgabe also darum zu ermitteln, inwiefern eine simultan durchgeführte expansive Geld- und Fiskalpolitik als eine schlüssige, konsistente Politik angesehen werden kann. Die Wirksamkeit beider stabilisierungspolitischer Maßnahmen hängt unter anderem von den jeweiligen Zinssatzelastizitäten der Investitions-

nachfrage, der Geldnachfrage sowie der Kapitalbewegungen ab. Widersprüche der simultanen Durchführung beider Politiken können darin gesehen werden, dass eine Geldpolitik genau in der Konstellation – vollkommen zinssatzelastische Investitionsnachfrage, zinssatzunelastische Geldnachfrage – die höchste Effektivität aufweist, in der Fiskalpolitik ineffektiv ist. Fiskalpolitik hingegen weist in der Konstellation – zinssatzunelastische Investitionsnachfrage, vollkommen zinssatzelastische Geldnachfrage – die höchste Effektivität auf, in der Geldpolitik ineffektiv ist. Wird einem festen Wechselkurssystem eine höhere Relevanz für die Länder der Europäischen Wirtschafts- und Währungsunion zugebilligt, ist Geldpolitik unwirksam, Fiskalpolitik hingegen wirksam. Wird einem flexiblen Wechselkurssystem eine höhere Relevanz zugebilligt und eine relativ hohe Kapitalmobilität unterstellt, ist Geldpolitik effektiv, Fiskalpolitik auch, aber in einem geringeren Ausmaß als in einem System fester Wechselkurse. Generell bietet sich – je nach Ausgangslage – eine der beiden Stabilisierungspolitiken an. Werden sowohl eine expansive Geld- als auch eine expansive Fiskalpolitik betrieben, ist sicher, dass eine der beiden Formen nicht die optimale Wahl für die relevante Ausgangslage ist.

Literatur

Fleming, J. M. (1962). Domestic financial policies under fixed and under floating exchange rates. *IMF Staff Papers, 9*, 369–379.

Hansen, A. H. (1941). *Fiscal policy and business cycles.* New York: Norton.

Hicks, J. R. (1937). Mr. Keynes and the „classics". A suggested interpretation. *Econometrica, 5*(2), 147–159.

Jarchow, H.-J. & Rühmann, P. (2000). *Monetäre Außenwirtschaft I: Monetäre Außenwirtschaftstheorie* (5. Aufl.). Göttingen: Mohr Siebeck.

Keynes, J. M. (1936). *The general theory of employment, interest and money.* London: Macmillan.

Mundell, R. A. (1962). The appropriate use of monetary and fiscal policy for internal and external balance. *IMF Staff Papers, 9*, 70–79.

Mundell, R. A. (1963). Capital mobility and stabilization under fixed and flexible exchange rates. *Canadian Journal of Economics and Political Science, 29*, 475–485.

Robinson, J. (1937). Beggar-my-neighbour remedies for unemployment. In J. Robinson (Hrsg.), *Essays in the theory of employment* (S. 210 ff.). London: Macmillan.

Resümee

6

In diesem Buch wurden außenwirtschaftstheoretische Grundlagen erläutert, die das Verständnis der internationalen Wirtschaftsbeziehungen erhöhen sollen. Die Auswahl der Themen beruht selbstredend nicht auf Vollständigkeit, eine „Auswahl" ist immer „selektiv". Es wurden sowohl Inhalte der realen als auch der monetären Außenwirtschaftstheorie behandelt.

In der **Außenhandelstheorie** zeigte sich, dass eine Rechtfertigung des Freihandels zwar nicht monokausal erfolgen kann. Gleichwohl kommt der über 200 Jahre alten Theorie komparativer Vorteile eine besondere Erklärungskraft zu, die ob ihrer theoretischen Simplizität in Kombination mit ihrer Wirkmächtigkeit Züge der Genialität in sich trägt. Bemerkenswert ist das Ergebnis, dass sich Freihandel für alle Länder lohnt, ausdrücklich auch für die Länder, die in jeder Hinsicht zu den unproduktivsten zählen. Ausschlaggebend für die Entscheidung, was im Inland produziert und was aus dem Ausland importiert werden soll, ist nicht die Frage, welches Land ein Produkt besser herstellen kann. Entscheidend ist die Antwort auf die Frage, um wieviel besser beziehungsweise schlechter ein Land in der Herstellung eines Gutes im Vergleich zu anderen Ländern ist. Deshalb kommen auch Länder mit geringer Produktivität in den Bereichen zum Zuge, in denen sie geringere Schwächen aufweisen. Zudem basiert die Frage nach dem komparativen Vorteil und damit der freie Austausch von Gütern nicht auf Lohndumping, sondern auf den Lohnstückkosten, sodass eine Volkswirtschaft bei entsprechender Produktivität auch mit hohen Lohnsätzen wettbewerbsfähig sein kann. Paradigmatisch dafür steht die deutsche Volkswirtschaft, die trotz vergleichsweise hoher Lohn- und sehr hoher Arbeitskosten (einschließlich „sozialer", zumeist finanzieller Leistungen) eine hohe Wettbewerbsfähigkeit erkennen lässt.

Sowohl theoretisch als auch empirisch lässt sich die Hypothese untermauern, dass Freihandel eine effiziente entwicklungspolitische Maßnahme zur Bekämpfung von Armut darstellt. Allerdings sind die distributiven Wirkungen des Freihandels nicht nur positiv einzuschätzen. Es gibt auch Verlierer des Freihandels, so zum Beispiel die Eigentümer der spezifischen Produktionsfaktoren der Wirtschaftszweige, in denen Güter hergestellt werden, die mit ausländischen Importen in Konkurrenz stehen. Das Modell spezifischer Faktoren sowie das Heckscher-Ohlin-Modell nehmen sich dieses Verteilungsproblems an. In beiden Modellen wird unter anderem untersucht, welche Marktakteure sich unter welchen Bedingungen bei Freihandel besser- beziehungsweise schlechterstellen. Die Identifikation der Verlierer einer liberalen Handelsordnung ist wichtig, um Möglichkeiten zu eruieren, wie Verlierer adäquat kompensiert werden können. Denn bei erfolgreicher Kompensation ist das Positivsummenspiel „Freihandel" Pareto-optimal.

© Springer Fachmedien Wiesbaden GmbH, ein Teil von Springer Nature 2021
R. Richert, *Internationale Wirtschaftsbeziehungen klipp & klar*, WiWi klipp & klar,
https://doi.org/10.1007/978-3-658-34768-0_6

Außenhandel kann auch als Alternative zu Faktorwanderungen angesehen werden: Güterexporte spiegeln den „Export" reichlich vorhandener Produktionsfaktoren wider, Güterimporte den „Import" knapp vorhandener Produktionsfaktoren.

Die Neue Außenhandelstheorie versucht die axiomatischen Defizite der Alten Außenhandelstheorie zu beseitigen: Gehen die traditionellen Ansätze idealistisch von vollständiger Konkurrenz ohne Marktfriktionen aus, gilt für die modernen Ansätze die Annahme monopolistischer Konkurrenz mit Marktfriktionen. Auf diese Weise lässt sich die inzwischen bedeutendste Form des internationalen Handels, nämlich der intra-industrielle Handel, nicht nur empirisch belegen, sondern auch theoretisch fundieren. Phänomene wie Produktdifferenzierung und – diversifikation, die Fragmentierung von Märkten, steigende Skalenerträge oder das Auftreten externer Effekte werden ebenso berücksichtigt wie die nicht immer unbedeutenden Transportkosten und staatlichen Hilfen. Zudem tragen die Neuen Außenhandelstheoretiker der Heterogenität von Unternehmen Rechnung. Bei der Bewertung der Vor- und Nachteile des Freihandels werden nicht nur statische, sondern auch dynamische Handelsgewinne berücksichtigt, die Forderungen nach einer Liberalisierung des Außenhandels ein noch größeres Gewicht verleihen. Denn durch Freihandel werden nicht nur kurzfristig direkte Gewinne generiert, sondern auch langfristig indirekte Gewinne, die durch Reallokationen die Produktivität inländischer Unternehmen erhöhen.

Die Auswirkungen von **Protektionismus** wurden in Inzidenzanalysen ermittelt. Das Interesse bestand dabei weniger in der Ermittlung der populären formalen Inzidenz, die danach fragt, wer die Last einer protektionistischen Maßnahme tragen soll oder wer sie formal trägt, sondern vielmehr in der Ermittlung der effektiven Inzidenz, die danach fragt, wer diese Last tatsächlich trägt. Bemerkenswert ist das Ergebnis, dass die Hauptlast von Zöllen, Exportsubventionen, Exportkreditsubventionen, Importquoten, freiwilligen Exportbeschränkungen und Außenhandelsregulierungen die Konsumenten des Landes tragen,

das diese Handelsbarrieren zu seinem „Schutz" errichtet.

Es gibt wohl kaum ein Fachgebiet der Wirtschaftswissenschaften, in dem die Diskrepanz zwischen formaler und ökonomischer Inzidenz so groß ausfällt wie im Außenhandel. Es ist ein außenhandelspolitisches Paradoxon, dass gerade diejenigen, die unter einem protektionistischen Regime besonders stark leiden, nämlich die inländischen Konsumenten, sich für die Umsetzung desselben stark machen, während die tatsächlichen Ergebnisse protektionistischer Politik von den intendierten Zielen eben dieser stark abweichen. Im Normalfall ist bei Zöllen, Importquoten oder anderen Handelsbarrieren damit zu rechnen, dass die inländischen Preise steigen, die im Inland abgesetzten Mengen zurückgehen, unproduktive Unternehmen künstlich am Leben erhalten werden und die inländischen Konsumenten weniger in- und ausländische Güter konsumieren als ohne protektionistische Maßnahmen.

Entwicklungsländer haben – im Gegensatz zur öffentlichen und zur veröffentlichten Meinung – unter Protektionismus besonders stark zu leiden. Eine liberale Handelspolitik ist daher nicht nur mit einer Wirtschaftspolitik zu assoziieren, die dem Gewinnmaximierungskalkül Vorschub leistet, sondern auch mit einer Sozialpolitik und einer Entwicklungspolitik, die das Gemeinwohl und insbesondere das Wohl der Schwachen im Auge behält. Dagegen führt das „beste" protektionistische Instrument, ein Zollsatz, zu einem ähnlichen Ergebnis wie eine Politik, die sich einer Steuererhöhung und einer Subventionierung unproduktiver Unternehmen verschrieben hat. Unter dem Protektionismus leiden nicht nur aktuelle Konsumenten, sondern auch potenzielle, denen in einem protektionistischen Regime die Preise zu hoch sind, sodass sie ihren Konsum nicht nur einschränken, sondern gänzlich auf ihn verzichten.

In der **Zahlungsbilanztheorie** offenbarte sich die Ohnmacht der Politik, eine nicht steuerbare Zukunft steuern zu wollen: Eine Abwertungspolitik, die mittelfristig die außenwirtschaftliche Position eines Landes zu verbessern scheint, kann langfristig sogar zu einer Verschlechterung führen. Denn eine Wechselkurspolitik, welche die eigene Währung „billiger" macht, reduziert den Wettbewerbsdruck inländischer Unternehmen, sodass langfristig die Wettbewerbsfähigkeit verloren gehen kann. Zudem geht dies zulasten monetärer Stabilität, einer Conditio sine qua non für nachhaltige wirtschaftliche Prosperität.

Wirtschaftspolitischer Aktionismus, der vorgibt, sich des Wechselkurses als Instrument einer Politik zu mehr wirtschaftlichem Wohlstand zu bedienen, endet nicht selten in einem wirtschaftlichen Fiasko. So hilfreich die Kunst der Kybernetik auf hoher See beziehungsweise bei Marktversagen ist, so ohnmächtig scheinen Steuermänner und -frauen stürmischer See beziehungsweise ökonomischen Verwerfungen ausgeliefert zu sein. Anstatt direkt gegen die Kräfte der Natur beziehungsweise der Märkte zu steuern, bietet die indirekte Steuerung über Restriktionen zur Stärkung der Resistenz und Resilienz der Matrosen beziehungsweise der Marktakteure bessere Perspektiven.

Die Schwierigkeiten einer aktiven Wechselkurspolitik beginnen bereits mit der Bestimmung dessen, was ein außenwirtschaftliches Gleichgewicht und damit ein Zahlungsbilanzgleichgewicht darstellen soll. Es ist mitnichten die medial in den Vordergrund gestellte ausgeglichene Außenhandelsbilanz, die nur einen Ausschnitt der außenwirtschaftlichen Aktivitäten offenzulegen vermag. Pars pro toto gilt hier nicht. Beispiele wie die Vereinigten Staaten und das Vereinigte Königreich, beides Länder mit den traditionell höchsten Außenhandelsbilanzdefiziten der Welt, belegen, dass mehr Warenimporte als -exporte nicht Merkmale armer Länder sind, sondern auch Kennzeichen reicher Staaten sein können.

Die global bedeutendsten Handelsnationen sind nicht immer bedeutend, weil sie besonders offene Volkswirtschaften sind. Oft ist ein banaler Grund die Ursache für deren hohe Bedeutung im Welthandel, nämlich ihre hohe Bevölkerungszahl. Große Akteure im Welthandel wie China, die USA, Japan, Russland, Brasilien oder Indien haben Außenhandelsraten, die unterhalb des Weltdurchschnitts liegen. Dass 2,8 Milliarden Chinesen und Inder mehr Außenhandel betreiben als beispielsweise 17 Millionen Niederländer, ist nicht der Rede wert. Dass die beiden größten asiatischen Länder vor Ausbruch der Corona-Krise jedoch international nicht einmal viermal so viele Waren umgesetzt haben wie die Niederländer, dafür umso mehr. Bildlich gesprochen hat ein Niederländer mehr als zwanzigmal so viel exportiert wie ein Chinese und fast zweihundertmal so viel wie ein Inder.

Schließlich zeigte die Untersuchung der **Stabilisierungspolitik** in offenen Volkswirtschaften, dass auch in einer – im Übrigen Jahrtausende alten – „Wissensgesellschaft" Steuermänner und -frauen an einer Übertragung kybernetischer Prinzipien auf die Stabilisierungspolitik durchaus scheitern können, wenn diese Politik im falschen Szenario verfolgt wird. Selbst wenn sich die keynesianischen Annahmen erfüllen, wonach eine steigende staatliche Nachfrage nicht zu Preissteigerungen, sondern zu einem erhöhten Angebot führt und sich steigende Einkommen in erhöhtem Konsum sowie sinkende Zinssätze in erhöhten Investitionen niederschlagen, sodass der Multiplikatorprozess seinen Lauf nehmen kann, ist die Wirksamkeit fiskalpolitischer Maßnahmen nicht sichergestellt: In einer offenen Volkswirtschaft spielen schrankenlose beziehungsweise beschränkte grenzüberschreitende Kapitaltransaktionen sowie die geltenden Wechselkursregime eine entscheidende Rolle für die Effektivität einer Stabilisierungspolitik. Was in einem System fester Wechselkurse empfehlenswert ist kann in einem System flexibler Wechselkurse zum Scheitern verurteilt sein und umgekehrt. Besonders problematisch ist die Entscheidung, wenn Länder wie Deutschland gegenüber ihren wichtigsten Handelspartnern feste (Frankreich, Niederlande), flexible (USA, Vereinigtes Königreich) oder auch hybride (China) Wechselkurssysteme haben.

Unter Berücksichtigung politökonomischer Aspekte erweist sich die Werbung für Konjunkturpakete in anderen Ländern nicht immer als altruistische Empfehlung, sondern als egoistische Strategie: Denn für die Spillover- und Feedback-Effekte, die sich aus der Lokomotivfunktion einer konjunkturpolitisch aktiven Volkswirtschaft ergeben, hat der Betreiber der Lokomotive zu zahlen, während andere als Trittbrettfahrer auf den Zug aufspringen und sich von ihm in das Wirtschaftswunderland fahren lassen, ohne – der Solidarität gehorchend – eine Fahrkarte zu lösen oder dem Zugführer wenigstens ein ordentliches Trinkgeld zuzustecken.

Zeigt sich die Stabilisierungspolitik in Form expansiver Geldpolitik, drohen Gefahren, die aufgrund zeitinkonsistenten Verhaltens unterschätzt werden: Fortwährende monetäre Impulse im Inland bergen auf lange Sicht Risiken für Inflation, unterminieren die substantielle Kreditwürdigkeit, bestrafen Sparer, „subventionieren" über marktwidrig niedrige Zinssätze ein Leben auf Kosten anderer und lassen die Stabilität des Finanzsektors langfristig erodieren. Fortwäh-

rende monetäre Impulse im Ausland bergen die Gefahr nicht-intendierter, aber induzierter Politiken im Inland, die in außenwirtschaftliche Ungleichgewichte münden können.

Die Welt ist komplex, Komplexitätsreduktion ist aus analytischen Gründen erforderlich, um Phänomene erklären zu können, birgt aber hohe Risiken, wenn daraus wirtschaftspolitische Handlungsempfehlungen abgeleitet werden. Auch wenn wir als Menschen das Ziel vollständiger Erkenntnis nie erreichen werden, sollte uns nichts davon abhalten, in guter sokratischer Tradition diesem Ziel zumindest etwas näher zu kommen. Wenn dieses Buch dazu einen kleinen Beitrag geleistet und der Leser das eine oder andere Mal einen „Aha"-Effekt gehabt hat, dann haben sich die vielen Stunden des Schreibens und Redigierens für den Autor gelohnt.

Stichwortverzeichnis

© Springer Fachmedien Wiesbaden GmbH, ein Teil von Springer Nature 2021
R. Richert, *Internationale Wirtschaftsbeziehungen klipp & klar*, WiWi klipp & klar,
https://doi.org/10.1007/978-3-658-34768-0